Jean-Claude Wolf
Das Böse

Grundthemen Philosophie

Herausgegeben von
Dieter Birnbacher
Pirmin Stekeler-Weithofer
Holm Tetens

DE GRUYTER

Jean-Claude Wolf

Das Böse

DE GRUYTER

ISBN 978-3-11-025085-5
e-ISBN 978-3-11-025086-2

Library of Congress Cataloging-in-Publication Data

Wolf, Jean-Claude.
  Das Böse / Jean-Claude Wolf.
    p. cm. -- (Grundthemen Philosophie)
  Includes bibliographical references and index.
  ISBN 978-3-11-025085-5 (pbk. : alk. paper)
  1. Good and evil. I. Title.
  BJ1403.W619 2011
  170--dc22
                                                            2011013935

Bibliografische Information der Deutschen Nationalbibliothek
Die Deutsche Nationalbibliothek verzeichnet dieses Publikation in der Deutschen
Nationalbibliographie; detaillierte bibliografische Daten sind im Internet über
http://dnb.d-nb.de abrufbar

© 2011 Walter de Gruyter GmbH & Co. KG, Berlin/Boston

Umschlaggestaltung: Martin Zech, Bremen
Umschlagkonzept: +malsy, Willich
Satzherstellung: vitaledesign, Berlin
Druck und buchbinderische Verarbeitung: Hubert & Co. GmbH & Co. KG, Göttingen

∞ Printed on acid-free paper

Printed in Germany

www.degruyter.com

Inhalt

Einleitung 1

Erster Teil: Keime des Bösen 13
I 1   Impulse zum Bösen und die menschliche Freiheit 13
I 2   Symbole des Bösen 20
I 3   Der Janus-Charakter der Tugenden und Laster 26
I 4   Egoismus und Konkurrenz 33
I 5   Neugier und Langeweile 41
I 6   Ehrgeiz, Ehrsucht, Karrierismus, Eitelkeit, gekränkte Ehre .. 44
I 7   Angst vor Fremden 48
I 8   Grausamkeit 51
I 9   Neid und Eifersucht 59
I 10 Hass und Selbsthass 62
I 11 Lust an der Zerstörung 68
I 12 Eifer, Zorn und Fanatismus 73
I 13 Wehret den Anfängen? Ausrottung des Bösen? 80

Zweiter Teil: Etablierung des Bösen 86
II 1   Verrat, Lüge und Täuschung 86
II 2   Leugnung von Verantwortung, Lebenslüge
       und das Argument „tu quoque" 91
II 3   Verschwörung und kollektive Verantwortung 97
II 4   Routine, Rollen und Arbeitsteilung 101
II 5   Vielfache Rache als Tradition und Institution 105
II 6   Exzessive Strafen 107
II 7   Entwurzelung und Marginalisierung 110
II 8   Despotie 114
II 9   Metropolis 119
II 10 Administrative Massentötung 126
II 11 Krieg gegen das Böse, der Fanatismus der Tugend
       und der Endsieg über das Böse 129

Dritter Teil: Gegenkräfte des Bösen 134
III 1   Liebe, Vergebung, Versöhnung 134
III 2   Maß und Mäßigung 139
III 3   Die inneren Abwehrkräfte: Scham,
        Schuld, Gewissen, Reue, Hoffnung 143
III 4   Tadel 151
III 5   Strafe 156
III 6   Die Schaffung verbesserter Lebensbedingungen,
        der Traum des Sozialismus 160
III 7   Der konstruktive Egoismus und weitere Korrektive gegen das Böse   164

Literatur 170

Personenregister 177

Sachregister 179

Einleitung

Jean: Gibt es das Böse?

Claude: Ich verteidige die Kraft des Urteilens und damit die Unterscheidung von Gut und Böse. Sie ist uns bekannt und wir sind fähig, physische und moralische Übel aufzuzählen: Erdbeben, Pest und Tod auf der einen Seite, Verrat, Massaker und Völkermord auf der anderen Seite. Die Opfer des Bösen bezeugen die Realität des Bösen.

Jean: Gibt es nicht Menschen, die lediglich glauben, Opfer zu sein, aber zu empfindlich reagieren (wie einige Menschen, die glauben, Mobbingopfer zu sein, nur weil sie eine Evaluation über sich ergehen lassen müssen), oder Menschen, die sich selber täuschen und nicht (nur) Opfer, sondern auch Täter sind?

Claude: Mit Irrtümern, Fehleinschätzungen und Selbsttäuschung müssen wir rechnen. Ganze Völker und ihre Führer können sich täuschen – sie halten sich für „Opfer von Barbaren" und glauben sich legitimiert, als überlegene Zivilisation die „Barbaren" zu bekriegen und zu unterwerfen. Doch ich kann nicht glauben, dass alle Opfer Scheinopfer sind und dass ein wenig mehr positives Denken aus allen Opfern „normale Menschen" macht. Eine Unsicherheit mag bleiben: Es macht einen Unterschied, ob ich Opfer böser Absichten bin, oder ob ich Opfer von Gleichgültigkeit der andern bin, oder Opfer einer Naturkatastrophe, oder Opfer von ungesteuerten und unsteuerbaren Vorgängen (z. B. ungeplanter oder „nicht-gemachter" Arbeitslosigkeit). Das Böse wird nicht nur als Folge absichtlicher Benachteiligungen erfahren, sondern auch als Ausschluss, Nicht-Anerkennung, Nicht-Aufnahme in eine Solidargemeinschaft. Da es unschuldige Opfer von Gewaltverbrechen gibt, z. B. Säuglinge als Opfer eines Bombenattentats, unbeteiligte Zivilisten, die als Geiseln gehalten werden, Lagerinsassen, die man verhungern lässt etc., brauchen wir nicht einmal immer Zeugen – es scheint so etwas wie Fakten des Bösen zu geben, nämlich zahlreiche Opfer, deren Unschuld unbestreitbar ist. Verstümmelung und Tötung von Säuglingen sind Beispiele für böse oder „barbarische" Taten, die wir als „unmenschlich" bezeichnen, weil sie einem menschlichen Menschen eigentlich nicht zuzutrauen sind. Es sind allerdings keine rohen Fakten, sondern Fakten, die wir im Lichte unserer Einstellungen und Bewertungen als böse und „unmenschlich" erkennen.

Jean: Ist das Böse ein säkularer Begriff?

Claude: Ich verwende einen säkularen Begriff, weil ich das Böse an menschliche Verantwortung binde und auch an das Verständnis dessen, was es heißt, Mensch und menschlich zu sein. Das Böse begegnet den Opfern in der Welt – insofern ist es weltlich. Sofern das Böse von Menschen gemacht oder zugelassen wird, ist es ebenfalls ein weltlicher Begriff. Weil der Zusammenhang von schlimmen Folgen und bösen Absichten nicht immer klar und eindeutig ist, weil bei der Entstehung und Verbreitung des Bösen auch andere Faktoren wie Natur, Zufall oder unbekannte Faktoren eine Rolle spielen und der Anteil des Individuums nicht immer gewiss ist, gibt es einen Rest des Unerklärbaren im Bösen. Kierkegaard nennt das den „qualitativen Sprung der Sünde", und er meint damit genau jenes Moment der Entscheidung des Einzelnen, das sich nicht vollständig aus anderen Faktoren oder Instanzen erklären lässt. Dem Bösen kann also eine scheinbar grundlose Entscheidung zugrunde liegen, die bei genauerem Hinsehen bis zu einem gewissen Grade als motiviert und begründet aufgeklärt werden kann. Wer aus Langeweile mordet, kann sich nicht damit entschuldigen: „Es war mir langweilig." Er kann anderen seine Entscheidung auch nicht völlig verständlich machen mit dem Hinweis: „Es war mir langweilig." Ich habe nicht immer eine plausible oder gar eine vollständige Erklärung für das Böse – so betrachtet bleibt es zwar weltlich, aber teilweise unerklärt, vielleicht unerklärlich. Obwohl ich den Begriff säkular verstehe, glaube ich, dass man aus der Theologie viel lernen kann. Eine ihrer faszinierendsten Abhandlungen über das Böse ist die Theodizee von Leibniz. Einer seiner Grundgedanken ist die Einsicht, dass das Böse in einer holistischen Sicht der Welt nützlich oder funktional wertvoll sein kann. Leibniz glaubt jedoch auch, dass wir in der besten aller möglichen Welten leben, in der das Böse funktional nützlich sein muss. Auf solche Spekulationen würde ich mich lieber nicht einlassen.

Jean: Woher kommt das Böse?

Claude: Das Böse hat innere und äußere Ursachen. Bei der Zuschreibung von Verantwortung interessieren zunächst die inneren Faktoren. Das Böse stammt aus der Tiefe des Individuums. Das klingt geheimnisvoll, meint aber nicht, dass wir aus dem Inneren des Individuums ein Mysterium machen sollten. Das Innere des Individuums ist vielleicht nur eine Blackbox mit mehrheitlich banalen und konfusen Inhalten. Manches im Inneren des Individuums und darunter auch Entschlüsse zum Bösen bleiben dessen Geheimnis, aber solche Geheimnisse sind nicht immer besonders wertvoll oder in irgendeinem Sinne verehrungswürdig und kostbar. Auch wenn das Böse „aus der Tiefe" des Täters stammt, so ist es deshalb nicht „tiefsinnig" oder bewundernswert. Es ist auch nicht völlig unverständlich, gehören doch zu den inneren Grübeleien der Bösen auch so stereotype Nöte wie „niemand achtet mich" oder „ich wurde zutiefst gekränkt".

Jean: Ist es unvernünftig, böse zu sein?

Claude: Die meisten Menschen sind der Ausführung des extrem Bösen (z. B. des Massenmordes) nicht gewachsen. Frivol gesagt: Sie sind nicht einmal virtuose Egoisten, geschweige denn virtuose Bösewichte. „Menschen wie du und ich" sind nicht raffiniert, berechnend, skrupellos genug. Sie verfügen schon nicht über das umfassende theoretische Wissen, das sie zu perfekt kalkulierenden Egoisten befähigte (vgl. Erhard 1970/1795, 123). Durchschnittsmenschen sind eher dem „kleinen Bösen" gewachsen, sofern sie einen Rückhalt in den Massen oder Institutionen finden oder Gelegenheit haben, heimlich fies zu sein. Wenn eine vernünftige Lebensführung darin besteht, nur das zu tun, was ich wahrscheinlich ausführen kann, dann ist es für die meisten Menschen unvernünftig, isolierte Massenmörder zu sein, aber es ist in diesem Sinne nicht unvernünftig, von Einrichtungen und Arrangements zu profitieren, die Böses schaffen oder zulassen. (Ich verwende den Ausdruck ‚vernünftig' hier nicht als Ausdruck der Empfehlung oder Billigung.) Ich möchte mich in Bezug auf Vernunft und Unvernunft nicht generell festlegen. Ich gehe davon aus, dass auch Menschen, die böse sind oder Böses tun, darin etwas Vorteilhaftes suchen, vielleicht sogar einen Beitrag zum Sinn ihres Lebens. Ein verrücktes Beispiel: Für einen Lustmörder ist vielleicht vernünftig zu morden, sofern er sonst nie zur Lust gelangt. Zwar begibt er sich in große Gefahr, entdeckt zu werden, vielleicht martert ihn auch eine innere Stimme (sein Gewissen), vielleicht leidet er unter der Einsamkeit seines lasterhaften Lebens – aber ist es völlig unvernünftig (und für andere völlig unverständlich), wenn jemand mordet, weil er sonst auf Sex verzichten muss? Das Problem des Bösen ist weniger die Frage von Vernunft oder Unvernunft, sondern die Frage, ob ein gutes und sinnvolles Leben darin bestehen kann, den Sinn und die Qualität des Lebens anderer Menschen systematisch zu zerstören.

Diese Frage mag schockieren. Es fällt leichter zu glauben, das Böse sei immer unvernünftig. In der Kindermoral gilt es als unvernünftig, ungehorsam zu sein, und Ungehorsam ist das kindliche Konzept des Bösen. Deshalb sagt man einem Kind auf Französisch: „Sois sage et obéis." (Sei brav [vernünftig] und gehorche!) In der Kindermoral scheint es noch eine vollkommene Koinzidenz zwischen Moral, Gehorsam und Vernunft zu geben. In den Moralvorstellungen der Erwachsenen gibt es diesen engen Zusammenhang zwischen Vernunft, Moral und Gehorsam nicht mehr. Es kann vernünftig sein, böse zu sein, weil ich vielleicht davon profitiere oder weil es im weiteren Sinne mein Leben interessant und lebenswert macht. Das Böse mag in einem außermoralischen Sinne vielleicht gut sein, so wie Licht und Wasser einer Pflanze gut tun, aber es ist deshalb nicht moralisch gut. Es gibt keine vollkommene Koinzidenz mehr zwischen Moral, Gehorsam und Vernunft, doch es bleibt der Wunsch, in einer gesellschaftlichen Ordnung zu leben, in der sich Gehorsam gegenüber dem Gesetz und der konventionellen Moral lohnt oder, alles in allem betrachtet, zumindest niemanden benachteiligt oder schädigt.

Jean: Gibt es eine Definition des Bösen?

Claude: Es gibt zahlreiche Vorschläge, aber nicht alle Menschen, die definieren, wissen, was sie tun. Meist entwickeln sie unter dem Deckmantel von Definitionen bereits spezifische Theorien. Definitionen sind meines Erachtens nur dann nützlich, wenn sie sich darauf beschränken, die Verwendung eines sprachlichen Ausdrucks zu begrenzen. Nicht alles, was in der Alltagsprache böse genannt wird, soll damit abgedeckt werden. (Ein böser Tumor oder ein böser Hund fallen nicht unter den von mir bevorzugten Begriff.) Ich schlage folgende Definitionen vor:

Definition$_1$: ‚Böse' bezeichnet das, was mehr als nur moralisch falsch ist oder was schrecklich falsch ist. Es ist das spiegelbildliche Gegenteil von dem, was über alle Pflicht hinaus gut ist (das Supererogatorische). – Der Vorteil dieser Definition besteht darin, dass sie eine systematische Symmetrie zwischen dem Bösen und den höheren moralischen Idealen einführt. Beide führen als Steigerungsformen über das durchschnittlich Richtige und Falsche hinaus, aber in entgegengesetzter Richtung. Der Nachteil besteht darin, dass die Grenzlinie zwischen Falsch (moral wrong) und Böse (moral evil) nicht präzise angegeben werden kann, ebenso wie es notorisch schwierig ist, eine Grenzlinie zwischen dem Guten und dem Supererogatorischen anzugeben. Deshalb sind auch die Trennung von lässlichen Sünden und Todsünden sowie die Fixierung des Übergangs von den Anfängen des Bösen zum manifesten Bösen problematisch.

Definition$_2$: ‚Böse' ist der allgemeinste Ausdruck der (moralischen) Verurteilung. – Der Vorteil dieser Definition besteht darin, dass ‚böse' nicht primär als deskriptiver Begriff eingeführt wird. ‚Böse' ist ein Ausdruck mit einer relativ armen deskriptiven Bedeutung, aber einer ausgeprägten präskriptiven Bedeutung. Diese Definition bleibt inhaltlich neutral und bezieht sich nicht auf konkrete Standards des Bösen. Die Schwäche liegt aber in diesem „leeren Formalismus", der eine Funktion des Ausdrucks in den Vordergrund stellt, die auch Ausdrücken des Ekels, der Empörung oder Abscheu zukommt.

Definition$_3$: ‚Böse' bezeichnet im Kontext der jüdisch-christlichen Tradition das symbolische System von Befleckung, Verirrung und Last der Schuld. – Der Vorteil dieser Definition besteht darin, dass sie die engen Grenzen der Moral sprengt und den tieferen Widersprüchen zwischen äußeren und inneren Faktoren des Bösen Rechnung trägt. Das Böse kann mich von außen befallen, verführen, verderben und anstecken, aber es kommt auch als Bereitschaft und Neigung aus dem Inneren. Im Medium der Symbole ist es nicht nötig, solche Widersprüche aufzulösen. Der Nachteil dieser Definition ist eine Tendenz zur Vermischung von Ethik und Religion und eine Fixierung auf die jüdisch-christliche Tradition.

Definition$_4$: ‚Böse' bedeutet eine Zusammenfassung dessen, was die „Todsünden" konkretisieren: Habgier (auch Geiz), Hochmut (auch Eitelkeit und Ruhmsucht), Neid (auch Eifersucht), Trägheit (auch Feigheit und Ignoranz), Völlerei (auch Unmäßigkeit), Wollust (sexuelle Ausschweifungen, Perversitäten) und Zorn (auch Vergeltung und Rachsucht). – Der Vorteil dieser Auffassung ist ihre Anschaulichkeit; sie lässt sich leicht aus dem Repertoire des kulturellen Gedächtnisses abrufen. Der Nachteil besteht darin, dass es einen historischen Wandel der Tugendauffassungen gibt und dass sich solche Kataloge beliebig erweitern oder einschränken lassen. Die Festlegung von leichten und schweren Lastern ist in einigen Fällen umstritten. Zudem haben Laster Janus-Charakter, d. h. sie lassen sich unter Umständen auch als Vorzüge bewerten. Schließlich ist es umstritten, ob sich Menschen von solchen stabilen Dispositionen oder eher von situativen Merkmalen zum Handeln motivieren lassen, Macht der Charakter Diebe, oder trifft eher das Sprichwort zu, das besagt: „Gelegenheit macht Diebe"?

Definition$_5$: ‚Böse' bedeutet eine Zusammenfassung dessen, was das Recht als Bestandteile einer besonders verwerflichen vorsätzlichen Tötung zusammenfasst: Mordlust, sexuelle Motive, Habgier, Rachsucht, krasse Selbstsucht, Wut aus nichtigem Anlass, eventuell Eifersucht oder Blutrache. – Die Vorteile dieser Definition bestehen darin, dass die genannten Muster des Bösen, die ein entferntes Echo der sieben Todsünden sind, in der Praxis wiederkehren und darüber hinaus keine anderen bekannt sind. Wichtig ist überdies die flexible Rücksicht auf Wiederholung oder Rückfälligkeit oder die Beschränkung des Strafmaßes durch mildernde Umstände und verminderte Schuldfähigkeit. Die vielfache gedankliche Durchdringung des strafrechtlichen Begriffssystems und dessen Bewährung in der kriminalistischen Praxis empfehlen diese Definition. Der Nachteil besteht in der Beschränkung des Themas auf den Kontext des Strafrechts und der Tötungsdelikte. Problematisch ist auch die Amalgamierung von staatlicher Strafe und moralischem Schuldvorwurf.

Definition$_6$: ‚Böse' bezeichnet relativ freie, individuelle oder kollektive Entscheidungen, die dazu führen, anderen Menschen schwere Übel (wie den Tod, starke Schmerzen, Ängste, schwere Enttäuschungen und Demütigungen) zuzufügen. Diese Entscheidungen kommen absichtlich oder wissentlich zustande, oder sie entstammen einer groben Fahrlässigkeit oder einer schuldhaften Unwissenheit. Sie können auch ohne Gründe und Motive zustande kommen, oder diese sind nicht bekannt. – Der Vorteil dieser Definition besteht darin, dass sie den Aspekt der Verantwortung für die Folgen in den Vordergrund rückt. Die Definition fokussiert auf die Schädigung anderer und schließt implizit aus, dass Selbstgefährdung oder Selbstschädigung als „böse" bezeichnet wird. (Man kann darin einen Vorteil sehen.) Der Nachteil besteht darin, dass sie teilweise zirkulär ist, indem sie das Böse mit dem Begriff ‚Schuld' definiert. Trotz dieses formalen Mangels ziehe ich sie als Arbeitsdefinition allen anderen vor. Doch ich bestreite nicht, dass alle genannten Definitionen für bestimmte Zwecke der Praxis, der historischen Darstellung und der systematischen Erforschung nützliche Dienste leisten. Definition₆ ist weder elegant noch definitiv, doch sie enthält Elemente wie Absicht, Wissen, Sorgfaltspflichten und einige Grade von Freiheit, die wir voraussetzen, wenn wir Menschen Verantwortung für das Böse zuschreiben. Sie lässt offen, dass es nicht nur individuelle, sondern auch kollektive Verantwortung für das Böse geben kann. Kollektive Verantwortung wird dort zugeschrieben, wo mehrere Menschen durch Untätigkeit, Schweigen, Bequemlichkeit, Feigheit oder Komplizenschaft das Böse dulden oder verbreiten. (Unglücklich scheint mir dagegen die Rede von „kollektiver Schuld".)

Definition₆ legt sich nicht auf Absichten und Prognosen fest. Wir messen das Böse nicht nur an den bösartigen Absichten, sondern auch an den schrecklichen Folgen. Ich schwanke gelegentlich zwischen einem „Intentionalismus" (der besagt, das Böse residiere ausschließlich in der Absicht) und einer reinen Folgenorientierung, die nur die Folgen in Betracht zieht. Neben diesen beiden Extremen gibt es andere und zusätzliche Optionen, das Böse zu verorten, z. B. in schuldhaften Formen der Unwissenheit und Unschlüssigkeit, in der Schwäche oder Selbsttäuschung und in mangelnder Sorgfalt. Ob der Begriff der Schuld und die Praxis der Beschuldigung notwendig und zweckmäßig sind, bleibt zu erörtern und sollte nicht durch eine Definition entschieden werden (vgl. II 1 und III 3).

Wird das Böse als das Unentschuldbare charakterisiert, so wird die Zirkularität der Definition verstärkt, und die Definition₂ kommt ins Spiel. ‚Böse' ist so definiert ein Ausdruck starker Missbilligung. Es kann aber auch, ob es *de facto* gelobt oder getadelt wird, als das im hohen Maße Tadelnswerte verstanden werden. Die Ausdrücke ‚Tadel' und ‚Missbilligung' erscheinen vielleicht etwas blass, doch eine Definition von ‚böse' soll nicht die substantielle Behauptung vorwegnehmen, dass das Böse nur durch (staatliche) Strafe zu „sühnen" sei. ‚Böse' verweist auf die Praxis der Zuschreibung von Verantwortung und die Grenzen von Entschuldigungen. Wer einen Krieg beschließt, mitträgt oder in verantwortlicher Position zulässt, kann sich angesichts der schrecklichen Folgen nicht sagen: „Das habe ich nicht gewollt." Oder: „Das habe ich nicht gewusst." Auch wenn jemand die schrecklichen Folgen nicht wollte oder nicht voraussah, kann das nicht als Entschuldigung akzeptiert werden. Insofern bin ich bereit, mich vom strikten „Intentionalismus" zu entfernen und dem ethischen Konsequentialismus (d. h. der Folgenorientierung) anzunähern. Aus der Definition des ‚Bösen' sollte nicht zwingend folgen, dass es mit einer Strafe zu verfolgen sei, die wesentlich als moralischer Schuldvorwurf konzipiert ist. Ob nämlich Strafe als Schuldvorwurf zu verstehen ist, gehört zu den umstrittenen Fragen. Die Strafe könnte daran erinnern, dass der Bestrafte schweres Unrecht getan hat und eigentlich ein Unrechtsbewusstsein haben müsste; sie

Einleitung

könnte aber auch nur zum Ausdruck bringen, dass der Bestrafte zur Zeit kein Vertrauen verdient und die Gesellschaft ein begründetes Interesse an sichernden Maßnahmen hat. Im zweiten Fall wäre es nicht nötig, Strafe als eine Form der moralischen Beschuldigung zu verstehen. Die Zuschreibungen von ‚böse' und ‚moralischer Schuld' haben in einem von Schuld- und Vergeltungsdenken bereinigten Strafrecht keinen Platz.

Ginge es darum, das menschlich motivierte Böse vom diabolisch (un- oder übermenschlich) Bösen (der reinen Bosheit) zu unterscheiden, würde ich die Absicht, das Böse um seiner selbst willen zu tun, mehr gewichten. „Reine" Teufel scheinen aber eher in der Welt der Mythen und Fiktionen vorzukommen; in der mir bekannten Erfahrungswelt (die ist allerdings sehr klein) sind sie nicht anzutreffen. Aus Berichten von Kriegen und Verbrechen gegen die Menschlichkeit ist zu entnehmen, dass das Diabolische mitgewirkt hat.

Jean: Ist das Böse ein Modethema?

Claude: Es wird viel darüber diskutiert und geschrieben. Es hat immer wieder Vernichtungskriege, Exzesse von Verrat und Mord gegeben. Nach den Erfahrungen des Totalitarismus im 20. Jahrhundert waren die Verunsicherungen groß. Es schien, als kehrten nach dem Zivilisationsbruch die Gewissheiten im Urteil über Gut und Böse zurück, als könnten und müssten wir das Böse bezeichnen und benennen, und zwar als Abweichung von vermeintlich objektiven Werten oder Normen. Mich beschäftigt auch die Reflexion auf das „zweite Böse" in der Vergeltung und Strafe oder im Eifer der Fanatiker, die das Böse für immer vertreiben möchten. Das zweite Böse entsteht oft aus guten Absichten und der Verfolgung hoher Ideale; es verleitet zu neuen Grenzüberschreitungen und Verbrechen, die mit gutem Gewissen ausgeführt werden. Ein Aphorismus von Nietzsche beleuchtet das Problem; er lautet:

„Wer mit Ungeheuern kämpft, mag zusehn, dass er nicht dabei zum Ungeheuer wird. Und wenn du lange in einen Abgrund blickst, blickt der Abgrund auch in dich hinein." (Jenseits von Gut und Böse 146 = Nietzsche 1980, Band 5, 98)

Das Thema des zweiten Bösen zieht sich wie ein roter Faden durch dieses Buch und stellt einige moralische Gewissheiten und Plattitüden wieder in Frage. Seit den moralischen Katastrophen des 20. Jahrhunderts gibt es – nach einer Phase der selbstsicheren moralischen Aufrüstung – wieder Zweifel, ob es besser ist, moralische „Wahrheiten" oder „Axiome" (wie die Menschenrechte) zu propagieren oder moralische Begriffe (wie Pflicht und Tugend) mit Zurückhaltung und Ironie zu betrachten. Diese Unsicherheit mündet in das postmoderne Syndrom, d.h. den epochalen und nicht auf Bildungseliten beschränkten Zweifel an absoluten Wahrheiten und Maßstäben aller Art.

Ich glaube, dass das Böse und die Ethik mehr als nur ephemere Modethemen sind, dass moralische Orientierungen in Alltag, Politik und Wissenschaften wichtig sind. Man sollte von der Ethik nicht erwarten, dass sie solides Expertenwissen liefert, das dazu geeignet ist, die Welt vor ökonomischen Krisen zu retten, künftige Kriege zu verhüten oder vor dem nächsten Zivilisationsbruch zu bewahren. Die Ethik will verstehen und kritisch beurteilen – auch das Böse, soweit das gelingt. Ob die Ethik mehr und qualitativ Besseres leistet als die Satire, die Kunst, der Alltagsverstand und die alltägliche moralische Konversation, halte ich für eine offene Frage, die von Fall zu Fall zu beurteilen wäre. Mit ihrem Ernst und ihrer Sachlichkeit stößt die philosophische Ethik an die Grenzen des Verstehens, denn das Böse ist oft eine Frucht von Heimlichkeit, Kommunikationslosigkeit und ordinärer Gemeinheit. Das mag erklären, warum man in vielen Werken zur Ethik kein Kapitel über das Böse findet. Das Böse als Exzess, als Singularität und als schleichende Etablierung von Kulturen der Korruption und Gewalt scheint sich Versuchen des Klassifizierens und Bewertens zu widersetzen. Oft genug lassen sich die Grenzen zwischen „gesunden" und „kranken" Verhaltensweisen nicht bestimmen.

Das Böse und die Schuld werden in einem Zwischenbereich thematisiert, der sich zwischen den Wissenschaften und der Religion befindet und den Karl Jaspers mit dem Ausdruck „Existenzerhellung" bezeichnet hat (vgl. Jaspers 1973/1932). Ich werde mich nicht an die Einzelheiten von Jaspers' Auffassung anlehnen, aber der Ausdruck „Existenzerhellung" ist glücklich gewählt. Das Böse ist nicht nur als Kategorie des Ethischen (als das moralisch sehr Falsche) zu verstehen, sondern auch als Verweis auf die Welt der Symbole, die einen Bezug zur Deutung des Lebens als eines sinnvollen oder erfüllten Lebens hat. Auch im Bösen sucht der Mensch nach Lebenssinn. Er verlässt die „Herde", um vielleicht (für sich und einige andere) eine „andere Ordnung" zu errichten. Einige Menschen suchen im Bösen zusätzlichen Lebenssinn.

Zu den prominenten Disziplinen, die sich auch und seit Jahrhunderten mit dem Bösen beschäftigen, gehören die Theologie und die Kriminalwissenschaften. Die Philosophie muss das Böse nicht neu erfinden. Innerhalb des Rechts gibt es auch eine Tendenz, die Begriffe ‚böse' und ‚Schuld' zu eliminieren oder jedenfalls nicht als genuin juristische Begriffe zuzulassen; in der Theologie gibt es eine Debatte zur „Abschaffung des Teufels" und zur Frage, was an die Stelle der „Teufelshypothese" treten müsste, um der Fassungslosigkeit gegenüber dem Bösen Ausdruck zu verleihen (vgl. Kruhöffer 2002, 88–92). Der Teufel als Figur der symbolischen Welt wird insofern ernst genommen, als der Umgang der Menschen mit den Erfahrungen von Schuld ein Thema der Zukunft bleibt. In diesem Spannungsfeld von Schuld und Verzeihen, Krankheit und Heilung der Seele begegnen sich einige Formen der Theologie und der Psychologie. Eines der wichtigsten biblischen

Einleitung

Symbole für die Herkunft des Bösen und des Guten ist das Herz. Das Böse kommt aus dem Herzen der Menschen; nur Gott kennt die Herzen der Menschen; böse ist die Verstocktheit, die aus dem Herzen eine Mördergrube macht. Gott prüft die Menschen auf Herz und Nieren. Wer Böses getan hat, bleibt hin- und hergerissen zwischen Verschlossenheit und dem dringenden Bedürfnis nach Bekenntnis und Mitteilung. Das Böse ist nicht nur ein seichtes Thema von Mode und Unterhaltung, sondern auch ein Thema, das alle betrifft, sofern sie versuchen, „ihrem Herzen" zu folgen.

Jean: Warum ein zweites Buch über das Böse? Es gibt doch bereits dein Buch „Das Böse als ethische Kategorie" von 2002?

Claude: Das erste Buch ist anders aufgebaut. Ich habe neben systematischen Kapiteln auch Kapitel über Kant, Schelling, Oscar Wilde und Nietzsche verfasst.

Im vorliegenden Buch verzichte ich auf historische Referate. Überblicke findet man etwa bei Rüdiger Safranski und Susan Neiman, welche das Thema des Bösen zu kultur- und philosophiegeschichtlichen Panoramen erweitern. Meine neue Gliederung und Darstellung ist nicht historisch, sondern thematisch ausgerichtet. Ich versuche, mich mehr als die genannten Autoren auf systematische Probleme des Bösen zu beschränken. Doch es gibt kein „Fach" und keine „Disziplin" des Bösen.

Jean: Mit diesem Gespräch können wir nicht alle Themen dieses Buches vorwegnehmen. Es gibt schon viele Bücher über das Böse – ist dieses Buch nicht überflüssig?

Claude: Patentierbare Lösungen für die Probleme des Bösen sind nicht zu haben. Das Böse ist ein Thema, das sich dem Willen zur Aufklärung widersetzt, weil es eben „aus dem Herzen" kommt und dieses unergründlich bleibt. Ich werde die Probleme umkreisen, nicht lösen. Das Böse setzt sich meist aus Gemeinheiten und Trivialitäten zusammen und könnte auch als Missbrauch der Freiheit abgetan werden. Das „zweite Böse" sitzt uns im Nacken, wenn wir gegen das Böse Krieg führen oder die Bösen bestrafen. Man kann darüber lamentieren, dass alle Menschen in ihrem Herzen böse sind, aber man kann sich auch damit trösten, dass die meisten Menschen zögern, das Furchtbare und Gemeine auszuführen.

Feindselige Wünsche und Absichten schlummern im Herzen und warten darauf, in plündernden, mordenden und vergewaltigenden Taten aufzugehen. Bewaffnete Konflikte bieten eine solche Gelegenheit. Scheinbar harmlose politische Entscheidungen, die sich gegen Ausländer und Marginalisierte richten, zeugen von der kollektiven Wirkung des Bösen. Ich frage mich ob es zwischen der militärischen Aufrüstung und den morbiden Wünschen von Individuen eine Beziehung gibt.

Jean: Ist dieses Buch nicht überflüssig, weil du nur daran erinnerst, was wir bereits alle wissen (oder was alle Pessimisten zu wissen glauben)?

Claude: Ich teile das ehrliche Entsetzen der Pessimisten. Mein Beitrag ist als Erinnerung an das, was wir wissen (oder imaginieren), konzipiert. Ich setze gewisse Akzente und mache einige Verknüpfungen, die vielleicht neu oder überraschend sein mögen, doch insgesamt knüpfe ich an das an, was mehr oder weniger bekannt ist. Brauchst du wirklich eine Einführung ins Böse? Möchtest du neue Beispiele, spektakuläre Illustrationen, schreckliche Berichte? Die gibt es bereits in Fülle. Ich möchte das Böse betrachten und verstehen, ohne in Erzählungen des Widerwärtigen zu schwelgen.

Mit dem Wissen des Bösen ist es eine seltsame Sache. Zwar kenne ich die Litanei des Lasters, aber weiß ich auch immer, was ich tue? Es gibt das unbemerkte, gegenwärtige Böse, das ich aus Mangel an zeitlicher Distanz oder im Eifer der Parteinahme und Kriegsführung gegen das Böse nicht zu erkennen vermag. Ich glaube, dass ich gelegentlich dann das Böse tue oder zulasse, wenn ich es besonders gut meine und versuche, die anderen mit moralischem oder religiösem Eifer zu übertreffen. Das zweite Böse und die Gewalt, die die Moral selber schafft, verdienen es, Gegenstand einer Moralfolgenabschätzung zu werden. Ich misstraue den Politikern, die sagen: „Ich denke Tag und Nacht an mein Volk" oder „Ich liebe mein Volk". Ich frage mich dann: Sind sie mehr zu fürchten, wenn sie Heuchler oder wenn sie aufrichtige Fanatiker der Tugend und der Ehre sind?

Meine Überlegungen führen mich an den Rand des Unverständlichen, in die Aporien, die z. B. der Rechtfertigung von Tadel und Strafe innewohnen. Es könnte sein, dass diese Praktiken gegen das Unrecht und das Böse mehr Böses produzieren und reproduzieren und dass wir gleichwohl nicht in der Lage sind, sie völlig zu „humanisieren" oder gar abzuschaffen. Von La Mettrie stammt die kühne Vermutung, dass eine Welt ohne Schuldgefühle vielleicht eine bessere Welt wäre, auch wenn wir uns weiterhin mit den gewissenlosen Bösewichtern herumschlagen müssten. Wer kann wissen, so könnte man weiter fragen, ob eine Welt ohne Schuldgefühle eine bessere Welt wäre?

Jean: Warum gehst du nicht darauf ein, was uns die Neurobiologie sagt, z. B. über die Rolle von Spiegelneuronen für die Fähigkeit zur Empathie? Böse sind vielleicht einige junge Männer deshalb, weil sie sich nicht in andere hinein versetzen können.

Claude: Warum sind nicht alle jungen Männer böse und gewalttätig? Und warum begehen auch Menschen mit Empathie abscheuliche Taten? Das sind zeitlose Gegenfragen. Die Popularisierung der Neurowissenschaften läuft oft auf einen Determinismus hinaus. Diese und andere Wissenschaften setzen nicht neue Maßstäbe für die Philosophie, sondern sind ihrerseits auf ihre begrifflichen und systematischen Voraussetzungen zu überprüfen.

Einleitung

Wenn der harte Determinismus wahr ist, können das Gute und das Böse nicht mehr dem Individuum zugerechnet werden. Deshalb verzichte ich auf die Hypothese eines harten Determinismus und halte mich an das alltägliche Bild des Menschen, der zu seinen Impulsen und Neigungen wie zu Versuchungen und Angeboten Stellung nehmen kann. Ich werde dieses Bild vom „kompetenten Teilnehmer am moralischen Markt" nicht tiefer begründen, doch ich expliziere es teilweise mit der Praxis der Entschuldigungsgründe. Es ist nicht zu tolerieren, wenn jemand sagt: „Ich habe furchtbare Verbrechen begangen, aber ich kann nichts dafür – nicht ich habe das getan, sondern meine Gene, meine Hormone, mein Unbewusstes, meine Klassenlage und eine schreckliche Kindheit haben mich dazu getrieben." Die jüngsten Wissenschaften erinnern an die ältesten Grübeleien. Zweifel an einer vermeintlich absoluten Freiheit hat es in der christlichen Tradition immer gegeben. Da ich mich in diesem Buch nicht mit Beweisen beschäftige, die dazu geeignet wären, mein Selbstbild als eines (mehr oder weniger frei) handelnden Wesens als wahr zu verteidigen oder gut zu begründen, brauche ich mich auch nicht mit diesen jüngsten Attacken zu beschäftigen. Sonst wäre ein Buch über den freien Willen daraus geworden.

Jean: Verwickelst du dich nicht in Widersprüche, wenn du einerseits Individuen für das Böse verantwortlich machen willst und andererseits Zweifel am Sinn von Strafe als Vergeltung und moralischem Vorwurf nährst?

Claude: Die Idee der Verantwortung ist unter anderem gegen Täter gerichtet, die sich hinter schlechten Entschuldigungsgründen verschanzen und sich sogar dem Forum ihres Gewissens hartnäckig entziehen. Sollen wir es Menschen, die für viele andere gefährlich und schrecklich sind, so einfach machen? Ist es nicht unabhängig vom Wunsch nach Vergeltung und verdienter Strafe wichtig, solche Menschen vor einen internationalen Gerichtshof zu stellen und ihnen mitzuteilen, dass die Völkergemeinschaft mit Kriegsverbrechen nicht einverstanden ist und nicht so tun kann, als wären sie nicht geschehen, als hätte es keine Haupttäter gegeben oder als hätten diese eine „höhere Rechtfertigung"?

Ein Widerspruch zwischen der Zuschreibung von Verantwortung und der Kritik an Tadel und Strafe würde dann bestehen, wenn ein Beweis geführt werden könnte, dass Schuldgefühle (wie La Mettrie vermutet) mehr Leiden verursachen als Gutes bewirken. Gesamtbilanzen dieser Art, wie sie der Utilitarismus anstrebt, sind praktisch undurchführbar. Es fehlt das Wissen vom Ganzen. Es fehlt auch die Macht, Tadel und Strafe lokal oder global abzuschaffen. Daraus folgt jedoch nicht, dass wir uns lediglich den Sachzwängen beugen sollten. Ich plädiere sogar für eine konstruktive Kritik, die sich von einem destruktiven Verdammungsurteil unterscheidet. Mein Punkt ist, dass auch umgekehrt nicht bewiesen werden kann, dass moralische Begriffe und Praktiken nützlich sind und notwendigerweise die

Welt vor dem Bösen schützen oder gar von ihm befreien. Über den Wert der Moral für eine Gesamtbilanz von Glück oder Freiheit ist gar nichts entschieden. Es gibt viele beunruhigende Gegenbeispiele von Menschen und Nationen, die sich durch ihren Tugendeifer und „Krieg gegen das Böse" immer tiefer ins Böse verstrickt haben. Ist ein tiefer Glaube an die Moral (als eine objektive Realität) eine Garantie für moralischen Fortschritt? Sollten wir uns nicht auch unabhängig von einem solchen Glauben um die Bildung eines moralischen Urteilsvermögens bemühen?

Jean: Warum verteidigst du den Egoismus? Ist das nicht missverständlich?

Claude: Der Egoismus und die Bindung der Menschen an die Vernunft der Selbsterhaltung und Selbstverteidigung kann manchmal ein nützliches Korrektiv sein zu einer Ethik der „Selbstlosigkeit" oder der „Reinheit". Es gibt einen Reinheitswahn, der vielleicht bedrohlicher ist als das nüchterne und berechenbare Verlangen, den eigenen Vorteil zu verfolgen. Der Egoismus ist auch ein Faktum, das sich nicht eliminieren lässt und das am Selbstverständnis von Individuen, die sich selber achten und ihre Rechte einfordern, beteiligt ist. Ebenso wichtig als Gegengift gegen das Böse sind das Faktum und die Kultur des Mitgefühls. Eigeninteresse in Kombination mit Gewissen und Mitgefühl führen wahrscheinlich zu einem konstruktiven Egoismus, der seine Bestätigung weder in selbstloser Unterwerfung noch in der rüden Konkurrenz sucht. Ich verteidige auch nicht den borrierten Egoismus der Verstocktheit, sondern die Reue als Einsicht in begangenes Unrecht, die auf einen Neuanfang und das Verzeihen anderer hofft. Dem Bösen widerstehen heißt für mich, das Böse nicht zu wiederholen und zu etablieren und auch jenen, die schwer gefehlt haben, eine zweite oder dritte Chance zu geben.

Erster Teil: Keime des Bösen

I 1 Impulse zum Bösen und die menschliche Freiheit

Die Keime des Bösen bleiben für die Menschen gewöhnlich nur Fantasien, Impulse und schwache Versuchungen. Sie führen vielleicht zur Vorbereitung von Straftaten oder zu kriminellen Versuchen, die nicht zu Ende geführt werden. Sie manifestieren sich als Bagatellen und Nadelstiche, wie sie Menschen ausüben, die einer Spinne Beine ausreißen oder ihren Nachbarn einen Streich spielen. Solcher Schabernack wäre kaum der Rede wert, wenn die Bosheit nicht zur Maßlosigkeit neigte und die Grenzen zwischen Fantasie und Realität immer klar und deutlich wären.

Impulse zum Bösen sind erste Regungen, denen ein Mensch nachgeben kann oder nicht. Ich empfinde die Regung, meinen Nachbarn zu ärgern, indem ich nach Mitternacht einen Nagel einschlage. Ich gebe dieser Regung nicht nach, ich kann ihr widerstehen. Die kleine Bosheit findet nur in meiner Fantasie statt, sie wird nicht umgesetzt. Ich bin kein Wesen, das jedem Impuls nachgeben muss. Nicht jeder Impuls ist für mich ein unwiderstehlicher Impuls. Dass ich meine Impulse beurteilen, zu ihnen Stellung nehmen kann, sie als gut oder schlecht, wichtig oder unwichtig, schön oder hässlich etc. einstufen kann, ist ein Aspekt der menschlichen Freiheit. So erlebe ich Freiheit, gelegentlich aber auch meine Unfreiheit. Dieses Gefühl ist kein Beweis der Freiheit. Vielmehr spreche ich von einem Selbstbild mit starker emotionaler und metaphorischer Resonanz. Ich lasse mich von einer Metapher leiten, die besagt: Ich führe einen Krieg gegen meine Impulse, zum Teil mit der Vernunft, zum Teil mit anderen Impulsen – einen Krieg, den ich manchmal gewinne und manchmal verliere.

Das Erlebnis, über einen Impuls bestimmen zu können, erweckt das Gefühl, zumindest zeitweise (wenn ich nicht schlafe, unter Drogeneinfluss stehe oder jähzornig bin) Herr im eigenen Seelenhaushalt zu sein. Ich lasse mich leiten von der Metapher des *dominus*, der seinen Haushalt unter Kontrolle hat – ein Selbstbild, das nach einem bekannten Ausspruch von Sigmund Freud durch die Psychoanalyse teilweise erschüttert wurde. Wenn die Entscheidung gegen einen Impuls einem anderen Impuls entspringt (ich bin zum Beispiel zu faul, um nochmals aus dem Bett aufzustehen und einen Nagel in die Wand zu schlagen), dann ist der Sieg über den boshaften Impuls leicht; wenn ich allerdings einen sehr starken Impuls empfinde und nur die Klugheit dagegen spricht (z. B. die Überlegung, dass ich mit Retorsionen meines Nachbarn rechnen muss und sich in der Zukunft eine lange und unangenehme Geschichte eines nachbarlichen Kleinkriegs abspielen könnte), dann werde ich klugerweise dem langfristigen Interesse an reibungslosen Beziehungen folgen und mir das kurzfristige Interesse an der Ausübung von Bosheiten versagen.

Der Vernunftstolz des Menschen besteht darin, dem Impuls aus folgender Überlegung zu widerstehen: „Auch ich bin froh, wenn ich nicht den Bosheiten des Nachbars ausgesetzt werde, also will ich mich zügeln." „Was Du nicht willst, das man Dir tu', das füg' auch keinem andern zu." Die Goldene Regel mischt Gründe der Klugheit mit solchen der Moral. Anders gesagt: Der moralische Grund, andere zu respektieren, wird durch die Erwartung verstärkt, im Gegenzug auch von anderen respektiert zu werden.

In diesem einfachen Beispiel vermag ich mich aus der Perspektive einer anderen Person zu sehen, die mein Opfer sein könnte, und ich sehe mich als Täter. Ich verfüge also über die Unterscheidung Täter-Opfer; ich kann mich in die Rolle eines Opfers versetzen und einen imaginären Rollentausch vornehmen: Wie würde ich mich fühlen, wenn ich an der Stelle des Opfers wäre? Würde ich dann darunter leiden? Würde ich das Verhalten des Täters missbilligen und als schlecht oder – im Falle anhaltender und absichtlicher Schikanen – als böse taxieren? Ein boshafter Nachbar ist jemand, der nicht nur keine Rücksichten nimmt, sondern der aktiv und wiederholt etwas unternimmt, um mich zu ärgern oder zu schädigen. Er quält mich mit Absicht. Wir verstehen also perfekt, was ein boshafter Nachbar ist, warum wir lieber keinen boshaften Nachbarn haben möchten und dass es Gründe der Klugheit und Moral gibt, auf boshafte Handlungen zu verzichten.

Wenn ich meinen Nachbarn durch nächtliche Geräusche störe und er mich zur Rechenschaft zieht, werde ich voraussichtlich sagen: „Ich hatte nicht die Absicht, dich zu stören." Damit teile ich (aufrichtig oder unaufrichtig) mit, dass ich nicht aus Bosheit gehandelt habe und dass ich bereit bin, auf den Genuss der Schadenfreude zu verzichten. Ich handle nicht aus Schikane und nicht aus Lust am Ärger oder Missbehagen anderer. Ich handle vielleicht aus Gedankenlosigkeit, vielleicht sogar aus Gleichgültigkeit, aber jedenfalls nicht aus kalkulierter und affektiv engagierter Bosheit.

Einer normalen Nachbarschaftsbeziehung stehen kein böser Wille und keine destruktive Absicht im Wege. Wir erwarten von unseren Nachbarn, dass sie entweder keinen bösen Willen haben oder jedenfalls boshaften Impulsen nicht nachgeben, und wir glauben, dass sie dies auch von uns erwarten. Wir verstehen gegenseitig die Entschuldigung „Es geschah nicht aus böser Absicht" und lassen diese Entschuldigung in manchen Fällen gelten. Sie beruhigt uns, und wir wissen auch, dass sie den Nachbarn beschwichtigen kann. Im Übrigen ist die Ethik oder Etikette der guten Nachbarschaft ein wichtiges Feld für die Feineinstellung von Distanz und Nähe in menschlichen Beziehungen. Nachbarn sind nicht *per se* Freunde, aber sie können voneinander erwarten, besser behandelt und beachtet zu werden als Fremde. Diese Bevorzugung beruht nicht nur auf der räumlichen Nähe, sondern auch auf der Häufigkeit der Interaktion. Die Bande der guten Nachbarschaft werden dort gefährdet, wo gegenseitige Hilfe in der Not verweigert wird und die Regeln des Anstands verletzt werden. Wie in Freundschaften kann auch in Nachbarschaften das Böse einbrechen, wo Misstrauen und Gefühlskälte zu offensichtlichen Zeichen, Worten und Handlungen eskalieren. Wir haben es mit störanfälligen Beziehungen zu tun, in denen alle zur Qualität des guten Einvernehmens beitragen müssen und ein „böses Wort" genügt, um die Beziehung nachhaltig zu vergiften. Wir haben ein kulturspezifisches Repertoire von Bildern und Begriffen des „guten Nachbarn", nach dem wir handeln und andere taxieren. Entsprechend gibt es häufig Konflikte mit Ausländern, die Nachbarn sind, sich aber nicht gemäß unseren Vorstellungen eines guten Nachbarn verhalten.

Die Freiheit gewinnt an Profil und Relief, wenn sie nicht einfach darin besteht, zu allen Neigungen Ja und Amen zu sagen, sondern wenn sie selektiv ist und zwischen guten und boshaften Neigungen unterscheidet und die boshaften Neigungen missbilligt und unterdrückt. Gäbe es nur gute Neigungen, so hätte die Freiheit nichts zu tun, sie wäre sozusagen arbeitslos. Eine Freiheit, die sich auch als Aufgabe und Leistung manifestiert, muss gegen die boshaften Neigungen kämpfen. Der Kleinkrieg gegen die Impulse des Bösen hat einen Trainingseffekt. Er baut die Abwehrkräfte auf, die davor bewahren, jedem dummen und boshaften Impuls sogleich nachzugeben, ohne die Folgen zu bedenken und ohne mich in potentielle Opfer meiner Aggressionen zu versetzen. Wir leben nach der alten Metapher des Kriegs als Ertüchtigung und der Metapher der Arbeit an sich selbst, (vgl. Lakoff/ Wehling 2009).

Die Freiheit wächst am Kleinkrieg gegen die eigenen bösen Impulse; nur in diesem inneren Streit kann sie sich als Freiheit behaupten und beweisen. Gäbe es das Böse im eigenen Herzen und den inneren Krieg gegen das Böse nicht, so wären wir eher gute Automaten als gute (oder jedenfalls nicht naiv boshafte) Menschen. Naiv boshafte Menschen wären solche, die jeder Eingebung zu einem boshaften Streich nachgeben müssten. Sie könnten sich nicht einmal als Verlierer im Kampf gegen eigene Neigungen erleben. Naiv gute Menschen wären Engel, die keine Versuchung und keinen inneren Kampf kennen. Wir sind zu boshaften Streichen fähig; Kinder begehen diese z. B. aus Langeweile oder Gruppenzwang. Erwachsenen trauen wir zu, dass sie sich mehr im Griff haben als Kinder und Jugendliche, dass sie z. B. den Eingebungen der Langeweile und des Gruppenzwangs besser widerstehen können und gegen diesen inneren Kampf besser gewappnet sind. Ich scheine meine Kräfte und Listen im Kampf mit eigenen Impulsen und Neigungen oft zu überschätzen. Ich rechne oft nicht mit der Rückkehr des „inneren Kindes", das sich mit Lust und Angst der Macht der kurzfristigen Wünsche überlässt. Das Bild vom erwachsenen Herrn im eigenen Haushalt ist eine Ordnungsmetapher und setzt nicht notwendigerweise eine Selbstüberschätzung der Macht der Vernunft voraus.

Wir haben dieses Selbstbild von Menschen, die frei sind, um an sich selber zu arbeiten – und wir wissen, dass es viele andere teilen. Ob wir berechtigt sind, uns und andere so zu sehen oder ob sich dieses gegenseitige Selbstbild als „wahr" beweisen lässt, ist damit nicht gesagt. Wer sucht nach Beweisen, wo es um solche Hintergrundmetaphern geht, die das affektive Leben und Zusammenleben bestimmen? Wir glauben, dass es unter normalen Bedingungen (in denen keine psychische Krankheit, Unzurechnungsfähigkeit oder extremer Stress vorliegt) angemessen ist, die Fähigkeit zur Selbstkontrolle gegenseitig zu erwarten. Und wir tun es unabhängig davon, was uns deterministische Hypothesen oder wissenschaftliche Sensationsmeldungen nahelegen. Ich grolle dem boshaften Nachbarn; ich halte diese Einstellung für angemessen und begründet genug, solange ich den Nachbarn nicht für einen Automaten halte, der das Programm einer anderen Person ausführt und keine Ahnung davon hat, was es heißt, gegen eigene Impulse zu kämpfen. Die Erwartungserwartungen innengesteuerter Personen werden täglich neu bestätigt oder sind auf eine intensiv erlebte Weise selbstbestätigend. Wer in Metaphern denkt, denkt dabei nicht notwendigerweise über Metaphern nach.

Wäre es nicht besser, wenn wir von boshaften Impulsen völlig frei wären? Wenn ich zwischen zwei Nachbarn wählen könnte, einem Nachbar namens „Brandstifter", der seine boshaften Impulse stets wieder siegreich überwindet, und einem Nachbarn namens „Friedensstifter", der diese boshaften Impulse gar nicht hat, welchen Nachbarn würde ich dann vorziehen? Nehmen wir an, in der Fantasie von Herrn „Brandstifter" besteht der boshafte Impuls, mein Haus anzuzünden, dann würde ich Nachbarn „Friedensstifter" spontan vorziehen. „Friedensstifter" wäre mir sympathisch, „Brandstifter" unsympathisch – obwohl keiner der beiden jemals einen Brand legt.

Ist die Entscheidung gegen den Nachbarn „Brandstifter" nicht etwas voreilig? Immerhin hat „Brandstifter" einige Erfahrung und Routine, seine boshaften Impulse zu kontrollieren und sie nicht in die Tat umzusetzen – er ist sozusagen der sozial geübtere Mensch, ein Virtuose der Selbstüberwindung. „Friedensstifter" dagegen hat keine Übung im Umgang mit einer boshaften pyromanischen Neigung. Er ist völlig unerfahren im Umgang mit Eingebungen der Bosheit. Würden sich seine Präferenzen oder Fantasien verändern und würde er plötzlich die starke Neigung verspüren, mein Haus anzuzünden, dann wäre er dieser Versuchung in höherem Maße ausgeliefert als „Brandstifter", der sich durch die Arbeit der Selbstüberwindung oder der inneren Überzeugung „moralische Muskeln" zugelegt hat, um der Versuchung zu widerstehen.

Gleichwohl könnten wir „Brandstifter" vorwerfen, er habe zu wenig an sich gearbeitet und seine pyromanischen Impulse nicht beseitigt. Er ist der Tendenz nach jemand, der die Menschen nicht liebt und der insbesondere seine negativen Impulse gegen Nachbarn nie zum Schweigen bringt. Er ist kein Menschenfreund. Hat er genug getan, um sich von seinen misanthropischen Impulsen zu heilen? Die Impulse „Brandstifters" sind bedrohlicher und beängstigender als das vergleichsweise harmlose Vergnügen, den Nachbarn am Samstagnachmittag mit einem lauten Rasenmäher zu ärgern. Man könnte auch sagen, Menschen wie „Brandstifter" seien unfreier, weil sie Impulse haben, die ihnen und anderen nichts nützen und sie zu einem steten, fast heroischen Kampf gegen gefährliche Impulse zwingen. Je mehr sozialgefährliche Impulse ich habe, umso mehr Energie brauche ich, um ihnen Einhalt zu gebieten, umso weniger kann ich meine Neigungen ausleben.

Das Fazit dieser Abwägungen ist zwiespältig: „Brandstifter", der immer im Kampf gegen seine bösen Impulse besteht, ist freier, weil stärker und geübter im Umgang mit diesen Impulsen, er ist aber auch unfreier, solange er diese Impulse hat und viel Zeit und Energie dafür verwenden muss, pyromanische Obsessionen in Schach zu halten. Ich komme auf die Überzeugung zurück, dass ich lieber einen Nachbarn hätte, der keine „innere Bestie" hat.

Sollten wir nicht alles tun, um Menschen durch Erziehung oder Therapien von destruktiven Neigungen und Fantasien zu befreien? Sollten wir künftigen Menschen nicht pyromanische und ähnliche Obsessionen ersparen? Wäre der neue Mensch der Zukunft nicht ein Mensch ohne Bosheit im Herzen? Wäre es nicht besser, „Lämmer" statt „Wölfe" zu züchten?

Gegen diese Utopie eines Menschen ohne Bosheit sprechen einige Gründe. Bosheit ist nicht nur die Wurzel von sozialschädlichen Handlungen, sondern auch von sublimeren Leistungen wie dem schwarzen Humor und Kunstwerken, in denen sich das Gute und Böse in den Menschen mischt und verteilt. Bosheit ist ein Stimulans der Fantasie, der Mythen und der Kunst. Der böse Impuls verweist auf Kulturenergien der Menschen, denen ich vielleicht eine andere Richtung geben kann, statt sie zu betäuben. „Die Aufgabe des Menschen ist daher nicht, den bösen Trieb in sich zu vertilgen, sondern ihn wieder mit dem guten zu vereinen" (Buber 1986, 35). Böse Fantasien auszurotten wäre ein Verlust. Menschen sind nicht dienstbare Automaten, welche das Programm liebenswürdiger und harmloser Programmierer ausführen.

Bosheit ist das Salz eines freien Menschen, der seine Neigungen und Fantasien sublimieren kann – sofern er sich dazu entscheiden kann, andere nicht zu schädigen. Böse Impulse zwingen uns zu gegenseitiger Vorsicht und Höflichkeit, zu einer gewissen Distanz und jener Art von Respekt, die man Hunden mit einem bedrohlichen Gebiss und dem Ruf von „Kampfhunden" entgegenbringt. Man lässt mich in Ruhe, weil man weiß, dass ich sehr zornig werden kann. In der Begegnung von Individuen bedarf es beschwichtigender Gesten und Rituale. Das altmodische Hutziehen oder die Verbeugung bei der Begrüßung gleichen den Beschwichtigungs- und Unterwerfungsgesten sozialer Tiere. Wenn wir uns die Hand geben, dann unterdrücken wir vielleicht den Impuls, den anderen zu schlagen. Die rechte Hand ist die, mit der ursprünglich die Waffe geführt wurde. Es wäre eine Geste der Versöhnung, welcher der erste Impuls zum Hader vorausging.

Die boshaften und bösen Impulse haben demnach eine Funktion und Bedeutung für unser gegenseitiges Selbstbild, für das, was wir für andere und für uns selber sind und symbolisch darstellen. Menschen zu schaffen, denen boshafte Impulse fehlen, hieße Menschen zu schaffen, die für die Bosheit anderer kein Verständnis hätten – und ihr entsprechend naiv ausgeliefert wären. Weil ich selber destruktive Neigungen habe, kann ich mich im Umgang mit anderen, welche ähnliche Impulse haben, besser orientieren. Es gibt nicht nur eine Lust an der Zerstörung, sondern auch eine Lust am bloßen Gedanken an Zerstörung. Richtet sich Zerstörung gegen morsche Überlieferungen und problematische Wertvorstellungen, kann man sogar sagen, sie sei Voraussetzung und Kehrseite der Impulse zur Schaffung neuer Wertvorstellungen. „Die Lust der Zerstörung ist zugleich eine schaffende Lust!" (Bakunin 1986/1842, 96).

Die Metapher, dass wir in unserem Herzen (auch) böse sind, ist jenen ein Dorn im Auge, die moralische Reinheit anstreben. Sie möchten vor allem das reine Böse (das Boshafte, die bösen Absichten) im Keime ersticken und durch eine reine Liebe ersetzen. Der moralische Purismus überspielt die Komplexität der menschlichen Natur und vor allem der menschlichen Interaktion. Der Realismus in Bezug auf die menschliche Natur verzichtet darauf, die menschliche Natur zu verändern, einen „neuen Menschen" zu schaffen. Die Hoffnung auf eine radikale Erneuerung der menschlichen Natur mag im Rahmen von Religionen, welche diesen Vorgang als Heilsgeschehen verstehen, ihren guten Sinn haben. In diesem Zusammenhang ist nicht die Rede davon, dass sich die Menschen selber (oder ihre Mitmenschen) zu vollkommenen Menschen machen.

Die Freiheit des Menschen besteht darin, zu seinen Impulsen und Neigungen Stellung nehmen zu können, sich ein Urteil darüber zu bilden, was gut und richtig ist und entsprechend zu handeln. Die Freiheit besteht nicht darin, bei sich und anderen „unreine" Gedanken zu eliminieren. Das Königreich der eigenen Impulse und Gedanken, Fantasien und „heimlichen Freuden" ist viel zu kostbar, um uns einseitig oder gegenseitig einer Tyrannei der Tugendreinheit auszuliefern. Wir leben in Gemeinschaften und Koalitionen von Menschen mit unreinen Regungen, nicht in luftigen Klostergemeinschaften von Menschen reinen Herzens. Wir müssen uns (auch in realen Klöstern) mit den gemischten Motiven anderer arrangieren, aber wir verstehen, worum es dabei geht, dass z. B. jemand, der sich besonders für andere engagiert, dafür auch Ansehen und Lohn erwartet (spätestens im Himmel, lieber noch vorher). Unter Feuerwehrleuten gibt es einige Menschen vom Typus „Brandstifter", die ihre Faszination für die destruktiven Kräfte des Feuers auf eine sozial verträgliche Weise sublimieren, indem sie nahe dabei sind, wenn es brennt. Sie legen selber kein Feuer, sind aber den Brandstiftern innerlich verbunden. Solange sie nicht selber Feuer legen, fallen sie nicht auf. Sind mir die Vorlieben und Fantasien vom Typus „Brandstifter" etwa völlig fremd?

Jede Katastrophe zieht einen Schwarm von Neugierigen an. Die Vergnügen des Katastrophentourismus sind das Brot der Medien, die vor allem über Katastrophen, Explosionen und sog. Feuer- und Schwertgewalt berichten. Versteckte Formen der Gewalt, sogenannte „strukturelle Gewalt", lassen sich von den Bildmedien weniger gut erfassen und ins Bild setzen. Es hat nie an kulturkritischen Ausbrüchen gegen die Neugier, die Massen und das Gerede gefehlt. Hinter der kulturkritischen Polemik versteckt sich ein Ideal der Eigentlichkeit, des authentischen Menschen, der über die niedrigen Formen von Klatsch und Sensationslust erhaben ist. Kulturkritik pflegt mit ihrer Distanz vom „man" und ihrer Überheblichkeit gegen alles „Vulgäre" einen „Jargon der Eigentlichkeit" (vgl. Adorno 1970).

Moralischer Purismus bedauert, dass Menschen gemischte Motive haben und nicht frei von heimlicher Bosheit oder Schadenfreude sind. Die Massenpsychologie vergleicht das Verhalten der Menschen in Gruppen mit den Effekten der Hypnose und unterstellt, dass der innengeleitete und authentische Mensch als Individuum frei von den Neigungen ist, mit den Wölfen zu heulen oder mit den Schafen zu blöken. Es gibt eine Hintergrundvision vom neuen Menschen, von der Reinheit des Herzens – und die Annahme, Menschen könnten sich und andere zu solchen neuen Menschen machen. Die Symbolik des Herzens ist so lange unschädlich, als sie nicht zu einer säkularen Politik des reinen Herzens umgedeutet wird (vgl. Høystad 2006).

Die säkulare Religion des neuen Menschen unterscheidet sich von der biblischen Überlieferung, welche Christus als neuen Adam dem alten Adam gegenüberstellt und damit eine Grenze zwischen dem markiert, was Gott vermag und was die Menschen aus eigener Kraft nicht vermögen. Jesus betet: „Und erlöse [errette] uns von dem Bösen". (Mt. 6, 13) Es kann keine Rede davon sein, dass Jesu Bitte die Illusion nährt, wir könnten uns durch eigene Anstrengungen oder eine „Politik des reinen Herzens" gegenseitig vollkommen machen. Der Aufruf zur Vollkommenheit ist ein Aufruf zur Nachfolge. „Seid vollkommen" (Mt. 5, 48; 19, 21; Luk. 6, 40) ist nur ein sinnvoller Zuruf in der Teilhabe an Gottes Heilshandeln und Vorsehung, die von Augustin und seinen Nachfolgern ohne die Mitwirkung des Menschen verstanden wird. Diese Theologie blieb nicht die einzige; es gibt Formen des theologischen Synergismus (d. h. der aktiven Mitwirkung des

Menschen), welche die Idee einer revolutionären Politik der Reinheit begünstigten.

Der von Menschen gemachte Perfektionismus in der Moral, Erziehung und Politik ist am Maßstab des Glaubens an Gottes Vorsehung oder an einer nüchternen Einschätzung der menschlichen Natur gemessen ein Wahn, der sich zu den totalitären Ideologien steigert; dieser zeigt sich etwa in der Vorstellung eines neuen sozialistischen Menschen, der von Egoismus und Profitstreben, Lust an der Konkurrenz und Freude an der Niederlage des Konkurrenten weitgehend „geheilt" wäre. Ein System von Spitzeln und Denunzianten soll die letzten Flecken des alten Menschen entfernen. Schlimmer noch ist der Entwurf eines neuen Menschen im Faschismus, dem gemäß sich die Mehrheit der Menschen den rassenreinen Herrenmenschen willig und freudig unterwirft. Ohne die Züchtung eines Heers freiwilliger und zufriedener Sklaven bliebe das System des Faschismus instabil. Die glücklichen Sklaven wären völlig frei von den boshaften Regungen der Empörung.

I 2 Symbole des Bösen

Das Böse gehört nicht nur in den Bereich der nüchternen Erfahrung, sondern auch in den Bereich der Fiktionen und Symbole. Die große Welt der Symbole, welche Mythen, Märchen, Künste und Religionen auspinseln, ist von Instanzen und Spuren des Bösen besetzt. Die Symbolik äußert sich meist in polaren Gegensätzen wie Licht und Finsternis, rein und unrein, oben und unten. Das Böse wird der ewigen Nacht oder der undurchdringlichen Finsternis zugeordnet. Konkurrierende Bilder und Mythen teilen mit, dass das Böse schon da ist (Präexistenz des Bösen) und gleichzeitig Entscheidung und Wahl des Menschen voraussetzt. Die Nacht symbolisiert das Bedrohliche und Bedrückende, das Böse als Hindernis der Orientierung, als Verwirrung der Sinne und als Ort der Heimlichkeiten, der Ängste und Meuchelmorde. Eine mythische und märchenhafte Variante ist der finstere Wald, in dem man sich verirren kann und in der sich Herbergen als Hexenhäuser oder Wohnungen des Teufels erweisen. Monumentale Visionen von Verdunkelung sind die germanische Vorstellung der Götterdämmerung oder die christlich-gnostischen Vorstellungen einer apokalyptischen Verfinsterung der Welt.

Eine historische Variante dieser Symbolik ist die mittelalterliche Stadt ohne Beleuchtung mit ihren finsteren Gassen, in der jede Nacht Mord und Vergewaltigung geschehen. Eine moderne Variante dieser Symbolik ist die Tiefgarage, welche durch ihre Ähnlichkeit mit Katakomben, durch ihre Gerüche und die isolierten Begegnungen mit Unbekannten, die künstliche Beleuchtung und die Schockwirkungen des Halles und Widerhalles von Motoren ein bevorzugtes Szenario für Gewaltverbrechen ist. Weitere Szenarien der Angst und des Bösen sind die Vorstädte und Ghettos, Stationen und Gänge von Untergrundbahnen, verlassene Geisterstädte, Friedhöfe, ehemalige Schlachtfelder (vgl. II 9).

In der Nacht schlafen die Menschen, aber um den spezifisch menschlichen Tiefschlaf zu finden, schließen sie sich ein. Im Offenen und Freien zu schlafen, ist riskant. Die Nacht oder das Morgengrauen ist der beste Zeitpunkt zur Überrumpelung des Feindes. Die Nacht ist die Zeit der Laster und der Exzesse. Sie ist die romantische Kehrseite der Vernunft und kann auch als idyllisch erlebt werden, wie die Ballade „Durchwachte Nacht" der Anette von Droste-Hülshoff bezeugt. Bei genauerem Hinsehen ist es aber auch die Nacht, die von den Kontrasten der Wohlbehüteten lebt, die sich dem süßen Gruseln hinter schützenden Mauern hingeben. Die Mitternacht ist die Geisterstunde, in der sich Gespenster und Untote erheben und die Menschen mit ihren unbewussten Wünschen und Ängsten konfrontieren.

Das Dunkle und Schwarze ist ein kulturspezifisches Symbol des Bösen, das die rassistische Verteufelung der „Mohren" oder „Neger" begünstigt. Die weiße Herrenrasse verkörpert in dieser Symbolik das Gute. Mystik und Romantik dagegen erheben die Nacht zur Zeit der Begegnungen mit Gott und den geliebten Menschen der Vergangenheit. Das Symbol des Göttlichen in der christlichen und islamischen Mystik ist die „Sonne der Mitternacht". Die Macht der Mythen zeigt sich auch an ihrem Missbrauch, der „schwarzen Sonne" in Nationalsozialismus und rechter Esoterik (vgl. Sünner 2009).

Das Böse wird auch als Verunreinigung symbolisiert, als Berührung mit etwas Hässlichem, Schmutzigem und Ansteckendem wie Blut und schleimigen Sekreten. Die levitischen Reinigungsvorschriften setzen die Symbolik der Befleckung voraus (vgl. Ricoeur 2009/1950/1960). Die Symbolik der Reinheitsgebote und der kultischen Speisevorschriften wird von Jesus schroff umgedeutet: „Was zum Mund hineingeht, das macht den Menschen nicht unrein; sondern was aus dem Mund herauskommt, das macht den Menschen unrein". (Mt. 15, 11). Gemeint sind vor allem die „bösen Worte".

Phänomene der Verunreinigung und Ansteckung lassen uns über den Anteil des eigenen Verschuldens meist im Unklaren – bin ich angesteckt, weil ich mich unvorsichtig oder schuldhaft verhalten habe, oder wurde ich gleichsam „unschuldig" angesteckt und verdorben? Diese Zweideutigkeiten gehören zur Vorstellung des Schicksals, der Fügung oder des Fluchs, mit dem Menschen geboren werden – z. B. als Kriegskinder in einer Gesellschaft, die durch Bürgerkrieg und Elend gezeichnet ist, oder durch den sozialen Abstieg, der Menschen an Orte und in Subkulturen führt, die sie zuvor gar nicht oder nur vom Hörensagen kannten. Ein junger Mensch wird „verdorben" durch schlechte Einflüsse in einem Heim, in einer Jugendbande; das menschliche Herz wird „verhärtet" durch die Zwänge der Konkurrenz und der Effizienz; Herzen werden „gebrochen" durch Enttäuschungen und Verluste. Wir reden sogar von Hunden, die durch eine bestimmte Haltung oder durch Verwilderung „böse gemacht" werden. Ansteckung und Verunreinigung sind beliebte Bilder für die Konditionierung zum Bösen durch äußere Faktoren. Sie korrespondieren dem Unreinen im Herzen der Menschen und damit auch der inneren Bereitschaft zum Bösen.

Was bedeuten diese Symbole für das Verständnis des Bösen? Sie sind bildliche Darstellungen der äußeren Faktoren des Bösen. Das Böse hat seine Zeit und seinen Ort. Die Symbole verweisen auf die besonderen Gelegenheiten und verstärkten Verführungen zum Bösen. Sie legen dar, dass das Böse nicht nur aus dem Herzen des Einzelnen stammt, sondern dass es auch Gelegenheiten zu schrecklichen Taten gibt, welche die Manifestationen des Bösen verstärken und vermehren. Dazu gehören unanständige oder erpresserische Angebote oder der Konformitätszwang in verbrecherischen Gruppierungen. Das Böse hat so gesehen weniger mit einer absoluten Freiheit des Menschen zu tun als vielmehr mit einer eingeschränkten Freiheit und deren Einbettung in Umstände und Gegebenheiten, die der Einzelne nicht selber gewählt und geschaffen hat.

Das Böse ist nicht nur eine ethische Kategorie im engeren Sinne, sondern es hat auch Dimensionen, die über das Ethische hinausweisen auf die Abhängigkeiten des Menschen von seinen Vorfahren, von der Gesellschaft und von der Natur. Es gibt ein angehäuftes Böses an „entweihten Orten" wie Stätten des Kriegs, des Verbrechens oder der Hinrichtungen. Die Rede vom „schlimmen Ort" und den „Zeiten des Grauens" verweisen auf die kollektive Dimension des Bösen, auf die „Erbsünde" und all jene Weichenstellungen der Vergangenheit, die den Lauf der Geschichte in verderbliche Richtungen führen. Man denke z. B. an die Nebenwirkungen der Industrialisierung wie zyklische Krisen, Verelendung, Kinderarbeit, Tierfabriken und Umweltverschmutzung. Böses wird nicht nur ausgedacht und ausgeführt; Böses widerfährt und hinterlässt Spuren. Die Symbolik des Bösen verweist auf Ansteckungsängste und die spezifischen Ängste vor der Dunkelheit, der Unordnung, dem Schmutz. Sie bringt auch zum Ausdruck, dass es nicht immer eine klare Grenzlinie zwischen dem imaginären und dem realen Bösen gibt.

Die Symbolik des Bösen spiegelt nicht nur die äußeren Faktoren des Bösen, das, was uns böse macht, sondern auch die Zweideutigkeit der Verantwortung für das Böse. Während die philosophische Ethik versucht, die Bedingungen und Typen der Verantwortung möglichst klar zu definieren, erinnert uns die Symbolik des Bösen daran, dass es Grauzonen der Verantwortung gibt und der Appell an die Freiheit des Menschen auch künstlich oder lächerlich sein kann angesichts der Mächte, die uns umgeben, verführen, verblenden oder auch lähmen.

Das reine Böse oder die diabolische Absicht, mit der ich das Böse um seiner selbst willen tue, gibt es vielleicht nur selten. Das schließt aber nicht aus, dass es im Gemisch der Motive neben den verständlichen oder menschlich-allzumenschlichen Neigungen einen Überschuss des Diabolischen gibt, sozusagen ein mitlaufendes Motiv, das Böse um seiner selbst willen zu tun. Eine Handlung kann überdeterminiert sein, z. B. durch ein Motiv des Eigeninteresses und ein Motiv der Schadenfreude. Das Motiv der aktiven Schadenfreude kann sogar zu Massakern führen, die weit über das hinausgehen, was materiellen Interesse dient. Dieser Überschuss des Bösen ist dann – ähnlich wie das reine Böse – auf den ersten Blick nicht verständlich, weil nicht repräsentativ für die Mehrheit der Menschen. Entsprechend werden böse Menschen als Monster, Biester oder Teufel betrachtet (oder imaginiert), als hätten sie bereits die Grenzlinien der Spezies überschritten und seien zu Unmenschen mutiert.

Die Aufklärung hat sich gegen die Annahme des diabolischen Menschen gerichtet, weil sie einen Optimismus vertrat, der besagt: Jeder Mensch hat in sich das Potential zum Guten und zur Selbstvervollkommnung. Dieser Optimismus ist vielleicht nicht immer beweisbar, aber er enthält ein Element von Hoffnung und von „moralischem Kredit", den wir anderen Menschen schulden, sofern wir sie nicht als „unheilbar krank" oder „unverbesserlich" abschreiben wollen. Nüchtern betrachtet ist die Hypothese des „unverbesserlichen Monsters" ein kritikwürdiger Mythos (vgl. Cole 2006). Oder die Annahme eines unverbesserlichen Charakters gehört eher in eine Ästhetik des Märchens, der Mythen oder bestimmter ästhetischer Epochen (wie z. B. der Dramaturgie der Barockzeit). Es ist auch ein Bestandteil des Teufelsmythos, dass dieser in alle Ewigkeit nicht bereuen will und sich damit die ewigen Höllenstrafen selber zuzieht.

Das Böse wird als spiegelverkehrtes Bild der moralischen Helden und Heiligen verstanden, die das Supererogatorische leisten, das, was mehr als bloße Pflichterfüllung ist, was als moralisch lobenswert gilt und nicht von allen erwartet werden kann. Es gibt nach dieser Auffassung (reale oder imaginäre) Virtuosen des Guten und des Bösen. Das Böse mag ästhetisch faszinierend sein; moralisch gesehen ist es abstoßend.

Der Überschuss des Bösen, der einen Menschen veranlasst, sich nicht nur einmal, sondern mehrfach zu rächen, ist ein solches Beispiel. Hier stehen wir vor einem Dilemma: Entweder versuchen wir, auch diesen Überschuss des Bösen zu verstehen (als menschlich-allzu-menschlich) oder zu erklären (als Folge von Stress, Umständen oder seelischen oder körperlichen Störungen); dann wird der Begriff eines reinen Bösen (oder Diabolischen) in diesem Zusammenhang überflüssig – er erklärt nichts, was wir nicht ohne ihn erklären könnten. Oder wir erkennen das reine Böse als unverständlich an (nicht übersetzbar in menschliche Begriffe, als „unmenschlich schlechthin") oder „abgründig"; dann benutzen wir das reine Böse, um etwas als diabolisch zu markieren, geben aber zugleich zu, dass unser Verstehen und Erklären angesichts des Diabolischen kapituliert. Man könnte auch sagen, dass es Schwierigkeiten gibt, das Böse, das um seiner selbst willen getan wird („weil es böse ist" „das Böse als Sport"), als hinreichenden Grund menschlichen Handelns zu akzeptieren. Das Böse bezeichnet aber nicht nur das schlechthin Unvernünftige, sondern es wird ein taxonomischer Begriff zur Etikettierung (aber nicht Erklärung) schrecklicher Exzesse.

Die christliche Tradition hält fest, dass wir nicht alles Böse als verständlich oder sinnvoll ertragen können und dass Geduld im Ertragen des Bösen eine Gnadengabe sei (vgl. Millet 2001, 119f.). Der Hintergrund dieser Auffassung besteht aber in einer Fusion des Begriffs der moralischen Schuld mit dem theologischen Begriff der Sünde. Vor diesem Hintergrund hat auch das Böse um seiner selbst willen immer noch eine Motivation, nämlich Rebellion oder Trotz gegen Gottes Willen. Aus der Innenperspektive des Christentums kann das nie ein guter Grund sein – schon deshalb nicht, weil es zwecklos ist, sich gegen einen allmächtigen Gott aufzulehnen. Aus einer externen Perspektive ist diese Auflehnung gegen eine Übermacht (und gegen ihre zwingenden Angebote der Liebe) nur allzu verständlich.

Das diabolisch Böse bleibt vielleicht so etwas wie ein provisorisches *ignorantiae asylum* – etwas, was wir heute und morgen noch nicht verstehen und erklären können, aber vielleicht übermorgen. Oder es bleibt etwas, was seiner Natur und seinem Wesen nach unverständlich und unerklärbar bleiben muss, weil es „nicht zu dieser Welt gehört". Hier geraten wir in die Versuchung, das Böse zum Mysterium zu machen. Wir können z. B. das Böse wie Kierkegaard die „Sünde" als einen qualitativen Sprung charakterisieren, der für alles Erklären und Verstehen letztlich inkommensurabel bleibt (vgl. Kierkegaard 1992/1844; Grøn 1993; Habbard/ Message 2009).

Ein Vorteil dieser Auffassung könnte darin bestehen, dass damit auch die individuelle Verantwortung für das reine Böse bewahrt bleibt. Das Böse wird nicht als eine Vernebelung oder Trübung des Intellekts verstanden. Niemand könnte sagen: „Was ich tat, ist derart unverständlich und unerklärbar, dass ich dafür auch nicht zur Verantwortung gezogen werden kann." Im Gegenteil, man könnte sagen: Nur ein Element von individueller Entscheidung – vielleicht eine Entscheidung ohne hinreichende Erklärungen und Gründe – kann das reine Böse „erklären". Der Akteur, der unter seinen Motiven das reine Böse hat, kann sich nicht der Verantwortung entziehen. Ich bin so betrachtet für etwas verantwortlich, das nie restlos (wissenschaftlich) zu erklären ist. Wissenschaftliche Erklärungen des Bösen bleiben approximativ.

Ein Nachteil dieser Auffassung besteht darin, dass wir aus diesem Grübeln und Kreisen um „schuldig-unschuldig" bezüglich der Anteile des reinen Bösen oder Diabolischen nicht herauskommen, dass es hier keine eindeutigen Lösungen gibt; an die Stelle streng wissenschaftlicher Forschung tritt ein problemorientiertes Grübeln und labyrinthisches Kreisen. Einige Philosophen wie z. B. Kierkegaard und Nietzsche haben diesem Stil von

Philosophie als endlosem Kreisen und Irren in Labyrinthen gehuldigt. In dieser Reflexion kommen wir dem Bösen nicht auf den Grund. Wir werden vielmehr auf „Abgründe" hingewiesen. Dies liegt vermutlich darin begründet, dass das Böse als Suche nach dem Sinn des Lebens auf eine große Vielfalt und Komplexität von möglichen Antworten stößt.

Sollten wir uns nicht davor hüten, das Böse zu mystifizieren? Mein Plädoyer gegen eine Ethik der Reinheit (vgl. II 11) besagt nicht, dass wir niemals mit „mysteriösen" Phänomenen des Bösen konfrontiert sind, die zur Annahme einer Mitwirkung des reinen Bösen oder Diabolischen in menschlichen Absichten und Plänen veranlassen. Typische Dokumentationen des Bösen operieren mit solchen Beispielen, in denen der verständliche und erklärbare Hang zu schaden und zu quälen über jedes Maß hinausgeht und einen „unverständlichen" und vielleicht auch „unerklärbaren Kern" des Bösen nahelegt (vgl. Kompisch 2008; Müller 2006; Payk 2008; Wilfing 2010). Auch in solchen Fällen sind wir nicht von der Aufgabe dispensiert, die Phänomene des Bösen zumindest teilweise zu erklären.

Was zuerst als „monströs" und „diabolisch" erscheint, wird bei genauerem Zusehen teilweise erklärbar; vermeintliche Monster erweisen sich in mancher Hinsicht als „Menschen wie du und ich", mit einem alltäglichen Antlitz und alltäglichen Sorgen, nicht weit entfernt von unseren eigenen Träumen und Alpträumen – nur mit dem „kleinen" Unterschied, dass sie das, was wir vielleicht als Regung oder geheime Wünsche kennen, in aller Härte und Konsequenz ausführen. Unfasslich bleibt die „Übertreibung im Bösen" (in Serienmorden und Massakern z. B.), das Verharren, die „Verstocktheit", die Unfähigkeit zur Reue. Es gibt Anteile, die mich mit dem Bösen verbinden, besonders wenn es episodisch und punktuell bleibt, und Anteile, die mich davon trennen, nämlich in meiner Angst, Abscheu und Verurteilung des Bösen, besonders wenn sich das Böse wiederholt, verfestigt und gleichsam verewigt, wie der teuflische Wille, der in alle Ewigkeit nicht bereuen wird (vgl. Erhard 1970/1795, 122). Das Versagen von Verstehen und Erklären wird durch heftige Affekte der Empörung und Abscheu überlagert. Empörung und Abscheu sind Affekte der Abwehr, welche eine kalte Diagnose des Bösen erschweren.

Die Häufung von Metaphern ist ein Indiz für das Scheitern bisheriger Deutungen und Erklärungen. Kierkegaards Metapher des „qualitativen Sprungs" ist ebenfalls eine Verlegenheitsmetapher und gegen alle Versuche einer wissenschaftlichen Erklärung des Bösen durch Anlässe oder Umstände gerichtet. Kierkegaard geht allerdings zu weit, wenn er das Böse einseitig verinnerlicht und keine Umstände oder Anlässe des Bösen zulässt. Überdies reduziert er wissenschaftliche Erklärungen auf quantitative und kausal-nomologische Erklärungen, d. h. auf Erklärungen durch Gesetze. Es gibt andere Formen von wissenschaftlichen Erklärungen, wie sie z. B. in der Ökonomie und in anderen Sozialwissenschaften angewendet werden. Es könnte auch statistische Trends oder soziale Mechanismen geben, welche vor allem die externen Faktoren und Verstärker des Bösen beleuchten (vgl. Elster 2007). Kierkegaard konzentriert sich auf die internen Faktoren des Bösen, die intersubjektiv schwer zugänglich sind und sich – wenn überhaupt – der Introspektion auf die eigenen bösen Regungen offenbaren. Er erklärt das Böse jedoch nicht immer und ausschließlich als Entscheidung „aus dem Herzen" des Einzelnen, sondern auch als das Böse unserer Zeit, den Einzelnen abschaffen zu wollen (vgl. Kierkegaard 2003, 125, Anmerkung 54). Damit zielt er wie andere Nonkonformisten auf die Sogkraft der Massen und der öffentlichen Meinung, „kämpfend wider alle Tyrannei, auch die der großen Zahl" (Kierkegaard 2003, 17).

Metaphern wie der „qualitative Sprung" oder gnostische Auffassungen von einer generellen Verdunkelung der Welt oder einer „Geworfenheit in die Welt", die von einem „Fürst der Finsternis" regiert wird, bestätigen, wie sehr sich nüchterne Erfahrungen des realen Bösen und eine Symbolik des imaginären Bösen durchdringen können und wie oft der Kampf mit dem Bösen auch ein Kampf mit halluzinierten Feinden ist. Osama Bin Laden bliebe auch dann beunruhigend, wenn man nahezu sicher sein könnte, dass er seinen Nierenleiden längst erlegen ist. Er ist inzwischen zur unsterblichen Ikone des Bösen geworden, ohne die der „Krieg gegen den Terror" an Glanz und Bedeutung verlieren würde.

I 3 Der Janus-Charakter der Tugenden und Laster

Eine traditionelle Methode zur Spezifizierung des Bösen besteht in der Formulierung von Lasterkatalogen (vgl. Ernst 2006; Midgley 1984/2001; Schulze 2006; Sofsky 2009; Taylor 2006). Diese Methode entspricht der Auffassung, dass sich das Böse in Absichten und Einstellungen der Menschen abzeichnet. Dort kann es sich verbergen oder in gewissen Situationen auch manifestieren. Lasterkataloge umfassen Bosheiten aller Art: Unzuverlässigkeit, Hinterlist, Gewalttätigkeit, Ungerechtigkeit, Lüsternheit, Völlerei, Geiz, Neid, Streben nach Dominanz, Menschenfeindlichkeit und Grausamkeit. Dies ist eine unvollständige Aufzählung jener Laster, die uns zum Teil auch heute noch verwerflich und unschön vorkommen. Wie man zu einem vollständigen und geordneten Katalog gelangt und wie man die einzelnen Laster gewichtet, ist umstritten und unterliegt dem Wandel der Zeit.

Die Laster erhalten ihr Profil durch ihre polare Entgegensetzung zu entsprechenden Tugenden wie Zuverlässigkeit und Konstanz des Charakters, Aufrichtigkeit, Verhandlungsbereitschaft und Sanftmut, Sinn für Gerechtigkeit, Maßhalten in den Freuden des Lebens, Großzügigkeit im Geben und Gönnen, Streben nach gegenseitigen und partnerschaftlichen Beziehungen und Liebe und Freundlichkeit im Umgang. Die ethischen Tugenden

I 3 Der Janus-Charakter der Tugenden und Laster

werden seit Aristoteles auch als Formen des Maßhaltens verstanden, sofern sie eine Mitte zwischen zwei Exzessen bezeichnen. Dieses Maßhalten ist nicht zu verwechseln mit Mittelmäßigkeit, geht es doch bei den Tugenden um hervorragende Eigenschaften, welche die Menschen meist nur unvollkommen verkörpern. Die Laster bezeichnen entweder Exzesse oder Haltungen, welche die entsprechenden Tugenden verunmöglichen.

Die Spezifizierung des Bösen durch einen Katalog von Lastern hat den Vorteil, dass sie das Böse sogleich inhaltlich bestimmt und benennt, und zwar auf eine Weise, die uns bekannt und vertraut ist. Dass z. B. Geiz menschliche Beziehungen belastet und verdirbt, ist bekannt und auch literarisch präsent, etwa im Roman Eugénie Grandet von Balzac. Im Roman wird der Geiz als Laster des Alters und Motor der kapitalistischen Raffgier der weiblichen Tugend des Mitleids gegenübergestellt, welche die Tochter Eugénie repräsentiert. Steht Geiz für Verschlossenheit, Grobheit und Lebensangst, so steht das weibliche Mitleid für Offenheit des Herzens für andere und für zärtliche Liebe.

Die Zusammenfassung des Bösen in Lasterkatalogen hat auch Nachteile. Es ist umstritten, wie solche Kataloge entstehen und begründet werden, wann sie vollständig sind, ob sie sich auf ein Laster (wie z. B. Hass oder Menschenverachtung) reduzieren lassen und ob sie Elemente enthalten, die weniger moralische als vielmehr ästhetische Werturteile sind. Die Evidenz von Tugend- und Lasterkatalogen ist abhängig vom zeitgemäßen moralischen Klatsch, d. h. davon, wie in diversen gesellschaftlichen Schichten und Epochen (offen oder hintenherum) moralisch geurteilt wird. Kurz gesagt: Tugend- und Lasterkataloge unterliegen den Moden der moralischen Konversation. Es ist oft schwierig, zwischen zeitbedingten und zeitlosen Tugenden und Lastern zu unterscheiden. Dies gilt auch für die Einteilung in leichte („lässliche") und schwere Laster („Todsünden").

Tugenden und Laster haben Janus-Charakter. Sie haben sozusagen zwei entgegengesetzte Gesichter. Die meisten Laster lassen sich auch als Tugenden beschreiben. Der Geiz des alten Grandet erscheint seinem Dienstpersonal auch als Bescheidenheit – der reiche Herr hat es nicht nötig zu protzen und verzichtet darauf, andere mit Luxuskonsum beeindrucken zu wollen. Er nimmt den schlechten Ruf des Geizes heroisch auf sich. In seinen eigenen Augen erscheint das Laster des Geizes als kluge Sparsamkeit und Versicherung gegen Leichtsinn und die Abgründe des Ruins. Der Geizige verachtet die anderen als Verschwender, die keinen Sinn für den Wert des Geldes haben.

Der Janus-Charakter von Tugenden und Lastern ließe sich an vielen Beispielen illustrieren. Eine Person wird z. B. als unzuverlässig getadelt, sie selbst hält sich aber für spontan und wird gelegentlich auch wegen ihrer Spontaneität gelobt. Sie ist zögerlich und alles andere als entscheidungsfreudig – dies kann als Mangel, aber auch als Vorsicht und Zurückhaltung gedeutet werden. Sie ist eine Person, die „sich Zeit nimmt", was verschieden und sogar gegensätzlich bewertet werden kann.

Da wir uns in der moralischen Konversation oft nur auf der Oberfläche der Beschreibung von Personen aufhalten und sie rasch als faul oder fleißig, zuverlässig oder unzuverlässig taxieren, mag der Janus-Charakter der Tugenden und Laster auch ein Reflex dieser oberflächlichen Beschreibungen sein. Wir fällen rasch unser Urteil und geben den Beurteilten keine Chance, auch in einem anderen Licht betrachtet zu werden. Doch auch tiefere Beschreibungen weisen die besagten Ambivalenzen auf. Das Laster der Grausamkeit ist die Kehrseite einer strengen, aber gerechten Haltung, die sich nicht von sentimentalem Mitleid korrumpieren lässt. Wer nicht dominieren will oder kann, eignet sich vielleicht eher als Opfer von Manipulationen und Herrschsucht und wird dadurch zur Beute und auch zum Anreiz für Ausbeutung und dominantes Verhalten anderer. Hinter der Nachgiebigkeit kann man Schwäche des Willens vermuten. Man kann Menschen, die nicht dominant sind, auch Flucht in die Kriecherei vorwerfen. Liebenswürdige und gesellige Menschen sind vielleicht auf der Flucht vor der Einsamkeit – sie sind unfähig, Einsamkeit zu ertragen. Menschen, die sich lieber zurückziehen und den Eindruck von „stillen Wassern" vermitteln, scheuen vielleicht Konflikte mit anderen. Indem sie sich unter irgendeinem Vorwand verkriechen, entziehen sie sich und ihre Vorzüge der Gesellschaft.

Viele (vielleicht nicht alle) Tugenden sind relative Tugenden; sie sind relativ zu Situationen, Ämtern und Rollen. Die Tugenden eines Arztes sind nicht die Tugenden eines Henkers (vgl. Herzen 1989/1850, 310f.). Laster sind nicht nur Quellen des Bösen, sondern sie bringen auch Gutes hervor. Ein geiziger Mensch wird vielleicht nach seinem Tode die Erben beglücken; ein grausamer Mensch wird sich in kriegerischen Zeiten als Fürst erfolgreich durchsetzen und danach vielleicht Ordnung und Frieden schaffen. Nicht nur die wechselnden Perspektiven der Beurteilung spielen eine Rolle, sondern auch Kontext und Situation. Im Krieg können Grausamkeit und Gewalttätigkeit die richtigen Mittel sein, um einen Konflikt rasch zu beenden. In der Politik als Beruf ist es vielleicht besser, zu lügen oder zu schweigen, um nicht an Einfluss zu verlieren. Im Notfallkrankenhaus mag es gelegentlich besser sein, rasch zu entscheiden, als viel Zeit mit Beratungen und Berechnungen zu verlieren. Das Laster der überstürzten oder voreiligen Entscheidung wird also in bestimmten Situationen zu einer Tugend der raschen Entscheidung.

Diese Beispiele sind gegen einen unflexiblen Begriff von Tugend gerichtet. Gäbe es flexible Tugenden, die auf die jeweilige Situation immer angemessen reagierten, wäre die Kritik am Janus-Charakter der Tugenden weniger überzeugend. Tugend wäre so gesehen eine umfassende soziale Intelligenz (vgl. Snow 2010). Doch, so würde ich erwidern, wie flexibel darf eine Tugend sein, damit sie überhaupt noch als eine stabile Disposition zum

Handeln erkennbar ist? Was würde eine Ethik der flexiblen Tugenden noch von einer Situationsethik ohne Prinzipien unterscheiden?

Die Maßlosigkeit, die in einigen Lastern steckt, kann ebenfalls vieldeutig und polyvalent erscheinen, denn das rechte Maß ist nicht ein statistisches Maß, das sich rechnerisch ermitteln ließe. Als Vorzüge liegen die Tugenden über dem Durchschnitt. Maßhalten ist eher ein Appell an Vorsicht oder ein Verfahren der Abwägung als ein klar umrissenes Ziel (vgl. III 2). Das richtige Maß wird auch mit der Treffergenauigkeit verglichen. Ob der gute Schütze häufiger trifft, weil er gut zielt, oder ob man aus seiner Treffergenauigkeit schließen darf, dass er gut zielt, ist unklar. Es scheint so, dass sich in die Treffergenauigkeit auch ein Element von Zufall mischt. Dies ist eine Umschreibung für den Sachverhalt, dass auch Laster durch zufällige Konstellationen oder in bestimmten Situationen zu „Glückstreffern" führen können. Tugenden und Laster können unter Umständen dysfunktional werden, z. B. die Tugend des Mitgefühls im Operationssaal oder auf dem Schlachtfeld. Ob ich mehr oder weniger ins Schwarze treffe, ist nicht nur von meiner Fertigkeit und Konzentration, sondern auch vom Zufall und vom richtigen Augenblick abhängig.

Laster und Tugenden vermitteln den Eindruck von Konstanz des Charakters. Sie unterschätzen den Anteil von Stimmung und Situation an guten und bösen Entscheidungen. Sie scheinen Menschen als erstarrte Charaktermasken zu zeichnen, die gleichsam gut oder böse handeln müssen. Doch gibt es diese situationsunabhängigen Dispositionen überhaupt? Machen uns nicht Situationen unfreundlich oder großzügig? Wer in guter Stimmung ist, ist in Geberlaune – doch ist er deshalb auch durch und durch ein großzügiger Mensch? Gestern war ich geduldig im Anstehen und habe einer Frau den Vortritt gelassen; heute bin ich gereizt und ärgerlich und mache einer Frau Vorwürfe, die sich vordrängt. Ich könnte sie erwürgen ... Die Zuschreibung von stabilen Tugenden und Lastern versagt angesichts solcher Schwankungen im Verhalten.

Lasterkataloge vermitteln eine Scheinklarheit, wenn es darum geht, das Gute und Böse zu spezifizieren und in der konkreten Situation zu beurteilen. Sie bleiben oft auf der Oberfläche der Beschreibung (der moralischen Alltagskonversation) und lassen sich durch eine tiefere Beschreibung, einen Perspektivenwechsel der Beurteilung oder eine situative Beurteilung relativieren. Sie dienen traditionell eher der Paränese, d. h. der Ermahnung und Warnung vor dem Bösen, als der Begründung und Spezifizierung moralischer Qualitäten.

Die Zurückführung des Bösen auf eine negative Grundhaltung wie z. B. Hass ist so wenig erfolgreich wie die Zurückführung aller Tugenden auf Liebe. Die Suche nach einer tieferen Einheit der Tugenden ist wahrscheinlich zum Scheitern verurteilt – sie kulminiert gewöhnlich in inhaltlich armen Forderungen nach mehr Liebe oder Vernunft oder in der Ermunterung

„Tut das Gute!". Damit werden die konkreten Tugenden ihres anschaulichen Inhalts beraubt. Entsprechend gibt es wohl auch keine Einheit der Laster, außer in der paränetischen Mahnung „Meidet das Böse!". Wer Geiz auf Lieblosigkeit zurückführt, verdünnt den deskriptiven Gehalt eines spezifischen Lasters. Ein „dichter" Begriff wird durch einen „ausgedünnten" ersetzt. Damit ist nichts gewonnen als eine Pseudoeinfachheit oder Pseudoordnung.

Die Erklärung aller Laster aus Hass ist nicht nur arm an Nuancen, weil sie die Vielfalt und Verschiedenartigkeit der Laster unterschlägt, sondern sie ist auch unergiebig als Erklärung, weil Hass zwar hilft, manches zu beschreiben, aber die Herkunft und Tiefe des Hasses selber unerklärt und vielleicht unerklärlich bleiben. Erklärungen durch Hass und von Hass sind oft weniger kausale als narrative Erklärungen. Es wird eine Hassgeschichte erzählt. Vermeintlich kausale Erklärungen von Entscheidungen und Praktiken durch Hass sind vermutlich Pseudoerklärungen nach dem Muster „obscurum per obscurius". Das Dunkle wird durch Dunkleres „erklärt", durch einen Hasstrieb oder Hassinstinkt. Außenstehende fragen sich: „Woher kommt dieser Hass?" „Warum ist er so hartnäckig und gnadenlos?" „Warum dauert Hass über Generationen hinweg?" Erklärungen durch Hass sind manchmal nach dem Muster der folgenden Erklärung offen zirkulär: „Die Ursachen dieser Politik des Hasses sind x, y, z und Hass" (vgl. I 10). Populäre Erklärungen des Bösen sind nicht frei von dieser Zirkularität. Sie veranlassen bisweilen ein Grübeln und oszillierendes Erwägen, das so charakteristisch für das Nachdenken über Freiheit, Schuld und Bosheit ist. Das Fragen nach Gründen endet mit dem Hinweis auf einen Abgrund.

Mit der Doktrin der Einheit der Tugenden und Laster wird das Profil der Tugenden und Laster nivelliert und letztlich preisgegeben. Völlerei oder sexuelle Ausschweifung z. B. haben *per se* nichts mit Hass zu tun, allenfalls mit einem Element von Selbsthass. Exzessiver Drogenkonsum ist primär selbstschädigend und nur sekundär für andere bedrohlich oder schädigend. (Die Begleitkriminalität ist zum Teil eher der Effekt einer repressiven Politik als eine direkte Folge der sogeannten Laster der Selbstschädigung). Es ist nicht plausibel, die Vielfalt der Laster auf ein einziges Muster zu reduzieren. Tugenden und Laster müssen als irreduzible innere Faktoren des Guten und Bösen in Betracht gezogen werden. Insofern ist die Deutung des Bösen vor dem Hintergrund von Lasterkatalogen doch aufschlussreich, indem nämlich klar wird, dass es sich beim Bösen nicht um ein homogenes Phänomen handelt, das sich auf ein einziges Muster oder Modell zurückführen lässt. Es gibt keine Einheit der Tugend und keine Einheit des Bösen.

Dass Tugenden eine Kehrseite des Anrüchigen und Bösen haben, zeigt sich auch in den gender-spezifischen Tugenden, also z. B. den typisch männlichen Tugenden. Die gleichen Eigenschaften wie Mut, Initiative, Bereitschaft zu Höchstleistungen und Wettstreit, Wille zur Selbständigkeit und

Initiative, Lust am Abenteuer und am Risiko etc. können in einer Kultur der Misandrie (des Männerhasses) radikal umgedeutet werden in Aggression, Arroganz, Karrierismus, Ausweichen vor Nähe, vor offenem Ausdruck der Gefühle etc. Entsprechend liebt die Misandrie weinende und verzweifelte Männer – oder macht sich über sie lustig. Dass es eine Diskriminierung und Unterdrückung von Knaben bereits in Schule und Erziehung gibt, wird umgekehrt nicht immer als schlecht wahrgenommen und von übereifrigen Erziehern und Erzieherinnen als harmlose, aber notwendige Korrektur empfunden. Man möchte ihnen einiges von dem, was im Patriarchat als männliche Tugenden galt, radikal austreiben. Die alten männlichen Tugenden erscheinen nun als eine Reihe von Lastern. Dass solche Umwertungen und Umdeutungen der männlichen Tugenden in Laster in kurzer Zeit stattfinden konnten, dass Knaben nun nicht mehr als tapfere Kämpfer und künftige Männer, sondern als potentielle Kinderschänder, Gewalttäter und lächerliche Helden gesehen werden, bestätigt die Wandelbarkeit, Vieldeutigkeit und Unzuverlässigkeit von Tugend- und Lasterkatalogen.

Es gibt auch eine lange Tradition der Zuordnung des Mitleids an die Frauen – das Mitleid als „weibliche" Tugend. Diese Zuordnung führt ebenfalls zu einem Schwanken zwischen positiven und negativen Bewertungen. Zum einen wird die fürsorgliche Haltung von Frauen bewundert (und auch ausgebeutet), zum andern wird Mitleid auch als „weibisch", sentimental, demütigend und zudringlich denunziert. Vielleicht ist es auch unabhängig von den Gender-Konnotationen schwierig, die Tugend des Mitleids von ihren problematischen Kehrseiten zu befreien und sie mit den Tugenden des Respekts vor der Autonomie und der selbst gewählten Härte mit sich selber zu vereinbaren. Es mag manchen Kritikern des Mitleids so erscheinen, als stecke das Schlechte oder sogar das Böse im Mitleid selber, etwa in der sog. „Grausamkeitswollust", die darin besteht, Leiden zu verursachen oder zu verlängern, um sich dann als mitleidige Seele nützlich machen zu können (vgl. Orelli 1912; Hartmann 2009/1922, 211–231).

Die Einheit der Laster lässt sich auch deshalb nicht finden, weil sich Laster und Tugenden zum Teil gegenseitig neutralisieren oder ergänzen. Wer geizig ist, ist frei von Verschwendungssucht und einer Reihe weiterer Laster wie sexuelle Ausschweifung oder Gefräßigkeit, die durch den Geiz gemäßigt oder unterdrückt werden. Geiz und liebenswürdiges Auftreten können sich wunderbar ergänzen – denn Liebenswürdigkeit kostet nichts außer einem Lächeln und zuvorkommenden Manieren. Das Klischee, dass ein Geizhals auch grob und zu zärtlichen Gefühlen unfähig sei, wird zwar von Balzacs Roman Eugénie Grandet scheinbar bestätigt, muss aber *de facto* keineswegs zutreffen.

Dass Laster auch als Tugenden erscheinen können und umgekehrt, hängt damit zusammen, dass die Tugenden untereinander kein harmonisches System bilden. Mitleid und Gerechtigkeit treten häufig in Konflikt – deshalb mag ein gerechter Richter als unzugänglich für Mitgefühl erscheinen, während Menschen mit viel Mitgefühl vielleicht wenig Sinn für Strafgerechtigkeit haben und Strafen generell als Schikanen, Demütigungen und grausame Maßnahmen empfinden. Daher macht es keinen Sinn, alles Böse entweder aus einem Mangel an Mitgefühl oder einem Mangel an Gerechtigkeitssinn zu erklären. Dass beide Laster an der Verursachung von Bösem beteiligt sein können, bleibt unbestreitbar. Wir können uns der Evidenz dieser Zuordnungen nicht völlig entziehen, können uns aber auch nicht unfehlbar auf diese Zuordnung verlassen.

Irreführend sind Lasterkataloge auch dann, wenn sie Laster mit Unreinheit, Tugenden dagegen mit Reinheit verknüpfen. Der alte Grandet in Balzacs Roman Eugénie Grandet bezieht sich auf Jeremy Benthams Apologie des Wuchers. Bentham habe bewiesen, dass das (moralische) Vorurteil gegen Wucher eine Dummheit sei. Steht Wucher für das Zinswesen im Allgemeinen, so hat Bentham recht. Das Zinswesen ist ein Pfeiler des Finanzkapitalismus und kann als solches nicht moralisch verurteilt werden. Die Forderung von Schuldzinsen ist aber eine der häufigsten Ursachen von Konkursen und menschlichem Elend im Bereich der kleineren Unternehmen. Einerseits besteht eine Pflicht zur Schonung zahlungsunfähiger Schuldner. Die moralische Pflicht zum Schuldennachlass in Härtefällen ist ein zentrales Thema der christlichen Gleichnisse und Forderungen (vgl. Mt. 6, 12 und 6, 14f.; 18, 23). Andererseits stellt das Zinsnehmen für viele Menschen eine Lebensgrundlage dar. Die Beschreibung ökonomischer Vorgänge mit dem Vokabular der Laster ist daher wenig hilfreich. Die Verteufelung des Geldes oder des Zinses ist nicht geeignet, ökonomische Zusammenhänge angemessen zu verstehen; sie eignet sich aber auch nicht als Theorie des Bösen. Die schematische Gegenüberstellung von echter Freundschaft und finanzieller Abhängigkeit verfehlt die Tatsache, dass es viele Formen der menschlichen Beziehungen gibt, dass nicht alle Freundschaften auf hohen und reinen Idealen basieren müssen und dass Geld nicht *per se* Freundschaften aller Art vergiftet. Es ist ein Vorurteil der Ethik der Reinheit, dass es keinerlei Beziehungen zwischen Geld und Freundschaft geben dürfe. Das römische Sprichwort charakterisiert dagegen Geld als neutrales Zahlungsmittel - „pecunia non olet" (Geld stinkt nicht). Geldgeschäfte sind *per se* keine Laster; eher schon waren sie ein Vorwand für das Laster, sich selber die Illusionen von christlicher Reinheit und Unschuld zu reservieren und die Juden als „Geldjuden" zu verteufeln.

Manche Nebenwirkungen des Kapitalismus wie Verarmung, Krisen, Arbeitslosigkeit und die „Entfremdung" der Verhältnisse der Menschen untereinander und zur Natur sind Anlässe und äußere Faktoren des Bösen. Das Böse ist in den meisten Fällen die Resultante äußerer und innerer Faktoren (vgl. Kekes 2005). Der Kapitalismus basiert auf Tugenden und Lastern und erzeugt Tugenden und Laster, ohne *per se* einer moralischen

Beurteilung zu unterliegen. Anstelle einer Verteufelung des Kapitalismus muss eine Wachsamkeit für unerwünschte Nebenwirkungen und Exzesse treten. Führen Krisen und Massenentlassungen zu einer Serie von Verbrechen und Suiziden, so werden die Gefahren und moralischen Risiken auf eine dramatische Weise sichtbar. Wie wir noch sehen werden, gibt es zwei Optionen der Kritik am Kapitalismus. Die kommunistische Option sucht nach Alternativen zum Kapitalismus, die liberale Option nach alternativen Formen des Kapitalismus. Der kommunistischen Option erscheinen Profitstreben und Konkurrenz, Geiz, „Ausbeutung" und Egoismus als moralische Laster, die in einer kommunistischen Gesellschaft nicht mehr vorkommen sollten. Ich ziehe die liberale Option (mit sozialen Elementen) vor, weil in ihrem Rahmen die Frage offen bleibt, ob es (moralisch gesprochen) bessere und schlechtere Formen des Kapitalismus gibt (vgl. III 5). Diese Option stellt auch die Idee eines starren Lasterkatalogs in Frage, in dem unter anderem die Motive des „egoistischen Gewinnstrebens" automatisch als Laster figurieren.

I 4 Egoismus und Konkurrenz

Ist der Egoismus die Quelle alles Bösen? Diese Auffassung ergibt sich aus der Definition von Moral als Altruismus. Wenn Moral *per definitionem* altruistisch wäre, dann wäre Egoismus *per definitionem* schlecht oder böse. Diese Polarisierung von Moral und Egoismus wird durch die Tatsache verstärkt, dass ‚egoistisch' nicht nur ein Wort der Beschreibung ist, sondern meist auch ein Schimpfwort. Niemand lässt sich gerne als Egoist abkanzeln; wir alle haben bereits an diesem „moralischen Spiel" teilgenommen, das darin besteht, den Egoismus zu tadeln und sich wegen des Vorwurfs des Egoismus zu ärgern oder zu schämen. Das Wort ‚egoistisch' eignet sich nicht als neutrales, rein deskriptives Wort – deshalb ist es auch so missverständlich und erfolglos, den Egoismus zu rehabilitieren oder gar einen ethischen Egoismus zu vertreten.

Die Definition von ‚Moral' kann den Streit um Egoismus und Altruismus nicht entscheiden, selbst dann nicht, wenn wir glauben, dass es zur Definition von ‚Moral' gehört, dass es eine Pflicht gibt, andere auch um ihrer selbst willen zu berücksichtigen, und nicht ausschließlich als Ressourcen für unsere Interessen und Projekte. Diese Definition mag vielen einleuchten, doch sie scheinen das Wort ‚auch' in der Definition zu überhören. Dieses Wort lässt nämlich offen, wie wir egoistische und altruistische Elemente gewichten; sie verbietet lediglich, altruistische Rücksichtnahmen völlig zu ignorieren. Diese Definition verpflichtet uns keineswegs zu einer extremen Form von Unparteilichkeit oder gar zu einer radikalen Vernachlässigung egoistischer Motive und Gründe.

Abgesehen von der Frage nach der Definition drängt sich die Alltagssprache machtvoll auf. Wir werden es kaum schaffen, die Bezeichnung „Schwein" in ein Lob umzudeuten, obwohl diese Beschimpfung völlig inadäquat ist und jedem Liebhaber und Kenner von Schweinen zuwider sein sollte. Wer einen fiesen oder lüsternen Menschen als Schwein bezeichnet, beleidigt zwar einen Menschen – dies ist aber nur möglich aufgrund einer Abwertung von Tieren im Allgemeinen und des Schweins im Besonderen als eines „unreinen" Tiers. Ermahnungen zu einem „moralisch korrekten Sprachgebrauch" können sich nicht durchsetzen, weil die Beschimpfung auf einem emotional tief verankerten Stereotyp beruht, das zuvor das „Tierische" vom Menschen abgrenzt, um es ihm sogleich wieder negativ zu attribuieren. Dies trifft auch auf die Beschimpfung „Egoist" zu, die meist mit emotionaler Beteiligung verbunden ist. Der andere wird nicht als Egoist beschrieben, sondern diffamiert.

Trotz dieser Bedenken gibt es auch gegenläufige Sprachgewohnheiten, etwa die Rede von einem „gesunden Egoismus", der darin bestehe, sich selber zu achten, sich nicht von anderen ausbeuten und versklaven zu lassen. Es gibt sogar ein „Lob des Egoismus", das gelegentlich auch die Mittel der Satire anwendet, um darauf hinzuweisen, dass wir Heuchler sind und dass sich hinter unserem Selbstbild und unserem Moralismus wiederum Egoismus versteckt. Leider wird in der Philosophie die Satire nicht immer ernst genommen. Eine satirische Charakterisierung der Menschen als Egoisten sollten wir aber nicht deshalb außer Acht lassen, weil sie im satirischen Gewand daherkommt. Satire ist ein Angebot, über andere und uns selber zu lachen. Satire zeigt den Menschen in seiner Nacktheit und seiner lächerlichen Maskerade. Der Satiriker hat fast immer recht, besonders wenn er den Verdacht aufrechterhält, dass Egoismus auch dort am Werk ist, wo hoch und heilig das Gegenteil behauptet wird.

Die Satire ist in dieser Hinsicht auch einem vermeintlich wissenschaftlichen psychologischen Egoismus überlegen, der glaubt, Egoismus als eine Art Naturgesetz entdeckt und bewiesen zu haben. Die Hypothese, alle menschlichen Motive ließen sich letztlich als egoistisch motiviert erklären, ist keine interessante wissenschaftliche Hypothese, weil sie gegen Kritik und Widerlegung immun ist. Wer die Dinge so sehen will wie der psychologische Egoist, den kann man kaum vom Gegenteil überzeugen. Theorien, welche es nicht erlauben, Gegenbeispiele auch nur auszudenken oder Bedingungen zu formulieren, unter denen sie falsch sein könnten, sind leere Theorien. Der vermeintlich wissenschaftliche psychologische Egoismus, der den Egoismus als universelles „Gravitationsgesetz" der menschlichen Natur behauptet, ist weniger aussagekräftig als ein satirischer Blick auf das Theater der Heuchelei und Schönrednerei, hinter der sich banale und egoistische Motive verstecken. Die Satire verdeutlicht, indem sie übertreibt. Die Übertreibung sollte uns stets bewusst bleiben. Ein vermeintlich wissenschaftlicher psychologischer Egoismus dagegen versteinert die satirische Übertreibung zu einer plumpen Aussage, die eher daran hindert, die gemischten und komplexen Motive der Menschen angemessen und nuanciert zu beschreiben.

Ausschlaggebend für eine Neubewertung des Egoismus ist in der Neuzeit die Auszeichnung der Selbsterhaltung und Selbstbehauptung als eines „Instinkts der Natur", der uns mit allen Lebewesen verbindet und fast den Charakter eines Gesetzes aller Organismen hat. Alle Organismen inklusive Menschen haben ein Programm zur Selbsterhaltung, dem sie sich kaum widersetzen können. So gesehen ist der Wille zum Weiterleben und Besserleben ein „Gesetz" des Wachstums und Blühens allen Lebens, von der Pflanze bis zum Menschen. Ein solches „Naturgesetz" kann nicht *per se* böse sein, sondern es ist zunächst als Schicksal, sodann auch als Aufgabe zu verstehen, der wir Menschen uns zusätzlich verpflichten, wenn wir alles tun, den Impulsen zum Suizid zu widerstehen, Leben zu retten und zu verlängern oder angenehmer zu gestalten – eigenes und das Leben anderer. Dies alles geschieht in Übereinstimmung mit dem angeborenen Instinkt zu überleben. Dieser „natürliche Egoismus", meist erweitert zu einem Gruppenegoismus, wird also vorausgesetzt und erlaubt es, den Menschen auch als Teil der Natur zu verstehen.

Wichtig wird eine Entmoralisierung des Egoismus auch als Bestandteil der Apologie des Kapitalismus. (Dass der Kapitalismus Gewinn und Wachstum braucht, wird in dieser Apologie ohne weitere Diskussion vorausgesetzt.) Hier wird die Suche nach Gewinn zur Überlebensfrage von Unternehmen, die Akkumulation von Kapital zur Voraussetzung und zum Motor der Industrialisierung. Wird der Egoismus des Zinsnehmens und des ökonomischen Profits als Laster verteufelt, so werden Kapitalismus und Industrialisierung zur Stagnation verurteilt. Wer z. B. tief davon überzeugt ist, dass Egoismus böse ist, der wird seinen Tageslohn mit seinen arbeitslosen und arbeitsunwilligen Geschwistern teilen. Er wird sich nicht nur von seinen Geschwistern berauben und ausbeuten lassen, sondern er wird auch unfähig sein, seinen Reichtum zu vergrößern und Kapital zu bilden.

Die Auffassung, Egoismus sei *per se* böse oder die Quelle alles Bösen, führt in der Konsequenz zu einer völligen Abschottung von Moral und Ökonomie – oder zu völlig utopischen Konzepten von Ökonomie, in denen sich Menschen durch Menschenliebe oder Solidarität mit der Gemeinschaft zur Arbeit, zum Sparen und Investieren hinreichend motivieren lassen. Es kommt zum Entweder-Oder zwischen unmoralischem Kapitalismus und moralischem Kommunismus. Auch wenn einige Wortführer des Kommunismus wie Karl Marx dem Vokabular der Moral misstrauen und es durch eine wissenschaftliche Sprache zu ersetzen suchen, so verwenden sie doch auf der Ebene der Propaganda den Appell an die Moral und die

Tugenden des Sozialismus. Der sog. „wissenschaftliche" Sozialismus ist ein versteckter Moralismus.

Direkter und ehrlicher als Marx und die Marxisten sind meines Erachtens die „wahren" und religiösen Sozialisten, die sich nicht damit zurückhalten, Geldwirtschaft, Konkurrenz, Profitgier, Abhängigkeit von Lohnarbeit und insgesamt den Egoismus des Kapitalismus zu verteufeln. Die sog. Frühsozialisten (vgl. Mill 1987/1879) und Sozialisten wie Pierre-Joseph Proudhon, Moses Hess und Karl Grün sind ehrlicher, aber auch angreifbarer, sofern sie sich nicht hinter einem System von Wissenschaft, Ökonomismus und Geschichtsphilosophie verschanzen, sondern offen „das Böse" im Kapitalismus benennen: den Egoismus. Wenn die Ursache des Egoismus das nicht-zirkulierende und asoziale Eigentum ist, kann sich der Kampf gegen das Böse auf die Beseitigung des Eigentums konzentrieren. „Supprimez la propriété [...] vous chassez le mal de la terre" (Proudhon 2009/1840, 11: „Beseitigt das Eigentum, und ihr vertreibt das Böse von der Erde" (vgl. III 5)).

Der Egoismus mag oft eine Ursache von rüder Rücksichtslosigkeit und Gleichgültigkeit sein – insofern ist der Egoismus keine harmlose Angelegenheit. Egoismus, gepaart mit Härte und Rücksichtslosigkeit, Indifferenz gegenüber den Verlierern der Konkurrenz und den Ausgeschlossenen und Marginalisierten, ist eine Quelle des Bösen und damit auch ein bleibender Gegenstand moralischer Kritik. Eine Apologie des Egoismus wäre entsprechend ebenso pauschal und vermutlich satirisch zu verstehen wie eine Apologie des Teufels. Teuflisch im Sinne einer bösen Gesinnung wird der Egoismus erst, wenn er sich mit dem Willen verbindet, in alle Ewigkeit zu schaden und niemals zu bereuen (vgl. Erhard 1795). Man beachte, dass in dieser pauschalen Kritik von einem „Egoismus ohne Gewissen" die Rede ist. Dies ist insofern eine billige Polemik, als jede Haltung „ohne Gewissen" moralisch bedenklich ist.

Unbefriedigend ist dagegen eine Reduktion des Bösen auf Egoismus oder die Annahme, der Egoismus sei der einzige oder ultimative Faktor des Bösen. Dies widerspricht meiner Überzeugung, dass es mehrere Faktoren des Bösen gibt (dem Pluralismus in Bezug auf die Faktoren des Bösen) und der Beobachtung, dass der Egoismus im Streben nach Prestige und Profit viel zur Dynamik der Wirtschaft und der Kultur beiträgt.

Im Bösen liegt ein Überschuss, den man auch als das Diabolische bezeichnet, der sich durch den Egoismus nicht erklären und leider auch nicht zähmen lässt. Es wäre zum Beispiel denkbar, dass man versucht, mit einer Partei des Bösen zu verhandeln und sie daran zu erinnern, dass ihr das Böse letztlich nichts nützt. Die Strategie, jeden Angriff sofort zu vergelten, mehrfach zu vergelten und Tote und Verwundete in den eigenen Reihen als Mittel der Propaganda zu nutzen, um den Feind zu beschuldigen, vertieft und verfestigt einen Konflikt, statt ihn zu beenden. Was tun, wenn jemand

I 4 Egoismus und Konkurrenz

einen Konflikt nicht beenden will und glaubt, ihn gar nicht beenden zu können – es sei denn durch die totale Vernichtung des Gegners? Was bleibt für die Hoffnung auf eine Beendigung des Konflikts, wenn mindestens eine Partei nicht verhandeln will, weil sie glaubt, Verhandeln und eine gewisse Nachgiebigkeit in Verhandlungen würden als Zeichen der Käuflichkeit oder gar Schwäche interpretiert und vom Gegner als Mittel der Propaganda und Unterdrückung missbraucht? Was tun, wenn eine Mischung aus Stolz, Hass und Misstrauen stärker ist als der Appell an Berechnung und Egoismus?

Wenn sich wie in der bekannten Novelle von Joseph Conrad (vgl. Conrad 1989) zwei Menschen über Jahrzehnte hinweg immer wieder duellieren und sich damit gegenseitig verletzen und ruinieren, dann kann man dieses „romantische" Verhalten kaum als „egoistisch" klassifizieren. Das wäre eine Untertreibung und Verharmlosung, weil mehr als Berechnung und Streben nach Gewinn im Spiel ist, nämlich ein Fanatismus der Ehre. Ein nüchterner Egoismus könnte ein Korrektiv gegen den Fanatismus der Ehre sein. Der Appell an das Eigeninteresse wurde benutzt und als Versuch empfohlen, um Fanatiker zu korrumpieren und zu manipulieren. Aus der Sicht der Fanatiker handelt es sich in der Tat um Versuche einer unmoralischen Korruption oder Manipulation, weil sie von den hohen Zielen und Werten der Fanatiker ablenken und aus dem Krieg um Werte einen schäbigen Deal machen. Aus der Perspektive jener, die versuchen, den Fanatismus zu mäßigen und zu korrigieren, handelt es sich dagegen um legitime Mittel, Menschen in ihrem Egoismus abzuholen und auf zivile und legale Bahnen zurückzubringen.

„Selbstlosigkeit" mag ein religiöses Ideal sein, dass hier nicht lächerlich gemacht werden soll, doch sie darf jedenfalls im Umgang mit anderen Menschen nicht zu einer „Kopflosigkeit" werden. Mit Tauben dürfen wir Tauben sein; mit Schlangen müssen wir jedoch Schlangen sein (vgl. Mt. 10, 16). Die Kritik der „Selbstlosigkeit" gehört in den Bereich der Kritik der moralischen Reinheit (vgl. I 2; I 12; II 11).

Die Auffassung, der Egoismus sei die Quelle des Bösen (wenn auch nicht des Diabolischen), hat eine tiefere Ursache, die darin besteht, dass wir von der Moral verlangen, dass sie sich nicht an die Gegebenheiten der Welt anpasst, sondern eine normative Distanz zum Faktischen bewahrt. Moral wird durch den egoistischen oder gar bösen Lauf der Welt nicht einfach ausgehöhlt. Oder anders gesagt: Moral sollte so verstanden werden, dass sie gilt, unabhängig davon, was andere Menschen tun und denken. Sie sollte immun sein gegen Anpassungen und Deformationen durch eine „schlechte Wirklichkeit".

Eine gegen Einflüsse der Welt immune und darüber erhabene Sollens-Ethik ist jedoch eher ein Wunschtraum als eine wirksame Instanz gegen das Böse. Sie lebt von einer quasi manichäischen Aufteilung zwischen unvollkommener Wirklichkeit und vollkommener Moral. Glücklicherweise enthält die Welt nicht nur Egoismus und Bosheit, sondern auch natürliche Sympathien, Sinn für Gerechtigkeit und die Bereitschaft zu helfen und zu kooperieren. Moral kann an Elemente der natürlichen und sozialen Evolution anknüpfen – sie muss sich nicht als übernatürliche oder gegennatürliche Macht inszenieren. Sogar der Egoismus hat oft eine nützliche und wohltuende Wirkung, nämlich eine Neigung und Kompetenz zur Selbsthilfe. Selbsthilfe und Selbstverwaltung (auto-gérance) gehören zum Wörterbuch des Anarchismus; Selbsthilfe ist auch der Überbegriff einer beliebten und populären Form von Ratgeberliteratur, die versucht, einen „gesunden Egoismus" zu stärken. Sofern Selbsthilfe ein Element ist, das uns vor unnötigen Abhängigkeiten bewahrt oder uns von ihnen befreit, und wenn ein „gesunder Egoismus" „self-empowerment" und „self-help" unterstützt, kann der Egoismus nicht die Quelle alles Bösen sein.

Neben dem „natürlichen" oder „gesunden" Egoismus gibt es auch den künstlichen oder aufgeheizten Egoismus, der durch die Natur und Exzesse der Konkurrenz verstärkt wird. Diese Einsicht ist wichtig, damit der Egoismus nicht einfach als eine naive Fortsetzung des natürlichen Instinkts zum Weiterleben und Besserleben verstanden wird. Egoismus ist auch ein Produkt der Konkurrenz. Es gibt einen Egoismus der künstlichen oder erweiterten Bedürfnisse, der nicht nach Selbsterhaltung und Stagnation, sondern nach einem Leben in Überfluss strebt. Ist er deshalb die Quelle alles Bösen?

Wenn alle Formen von Konkurrenz nur dazu führen würden, klare Gewinner zu schaffen und die Verlierer auszugrenzen oder zu vernichten, dann wäre Konkurrenz Teufelswerk. Konkurrenz kann jedoch moralisch akzeptabel sein, wenn sie zu nützlichen Resultaten für viele führt und nach Regeln der Fairness geschieht, welche der brutalen Ausschließung und Vernichtung von Verlierern entgegenwirken. Eine Milderung der rüden Konkurrenz besteht darin, dass man nicht nur den Sieger auszeichnet, sondern auch den Zweit- und Drittbesten, und dass man auch Verlierer in den unteren Rängen mit Punkten ausstattet. Es ist demnach immer noch besser, in einer Rangfolge 14. statt 15. zu sein. Die Humanisierung des Wettbewerbs besteht auch darin, dass man Verlierer z. B. als „Pechvögel" entschuldigt und ihnen eine neue Chance gibt. In Gruppenspielen wird einigen Verlierern attestiert, dass sie schön, vielleicht sogar überlegen spielten, aber weniger Gewinnchancen hatten oder nutzten. Der löbliche Effekt von Konkurrenz kann darin bestehen, dass die Teilnehmer Fähigkeiten üben, sich mehr anstrengen und Strategien im Umgang mit dem eigenen Verlieren ausbilden. Konkurrenz lässt sich moralisch, sportlich, ökonomisch, ästhetisch und psychologisch differenziert bewerten, und damit auch der durch Konkurrenz gestärkte Egoismus im Willen zu gewinnen oder zumindest nicht der Letzte zu sein.

Gewinnen und Verlieren sind emotionale Wechselbäder, die nicht nur den Egoismus verstärken, sondern auch die Fähigkeiten zum Beruhigen,

Trösten und Versöhnen von Verlierern. Da wir alle durch Krankheit, Verlust von Freunden und den eigenen Tod verlieren werden, müssen wir ein Repertoire von Methoden der Trauer und Tröstung entwickeln. Trost nimmt dem Menschen nicht seine Leiden, aber er verringert das Leiden am Leiden (vgl. Blumenberg 2006, 623, mit Bezugnahme auf eine Formulierung von Georg Simmel). Künstliche Schonung vor den Risiken der Konkurrenz könnte Menschen um wichtige Erfahrungen bringen. Vielleicht wäre ein Leben in geschützten Werkstätten und konkurrenzfreien Nischen für die meisten Menschen langweilig. Wenn Konkurrenz und harte Arbeit vor Langeweile bewahren, so schützen sie vor einer weiteren Quelle des Bösen.

Neben der Konkurrenz im Bösen gibt es auch eine Konkurrenz im Guten, die nicht nur darin besteht, das Gute zu imitieren, sondern ihm nachzueifern, es neu und selbständig zu gestalten und vielleicht sogar zu übertreffen. Eine Konkurrenz im Guten kann ebenso wichtig und interessant sein wie eine Konkurrenz der Egoismen oder gar der Bosheiten. Wichtig ist die Unterscheidung zwischen Nachahmung, die als unselbständige und unfreie Form der „Ansteckung" durch das Gute gedeutet wird, und einer mit eigener Stellungnahme und Einsicht erfolgten Nacheiferung. Das Gute wirkt nicht wie ein Magnet, sondern eher wie Licht, das uns zu eigener Überlegung und Handlung anregt.

Kontraproduktiv ist dagegen eine Frömmigkeitskonkurrenz. Wer glaubt, frömmer zu sein als andere und sich dafür bei Gott bedankt, ist vielleicht noch ein relativ harmloser religiöser Spießer; doch wer glaubt, andere zu mehr religiösem Eifer anhalten oder zu religiösen Höchstleistungen anstacheln (oder gar zwingen) zu müssen, ist auf dem Holzweg. Frömmigkeit lässt sich nicht messen und vergleichen. Es ist keine sichtbare und kompetitive Tugend. Wer fromm ist, mag Gott selber entscheiden, wenn es ihn gibt. Religiöse Menschen sollten sich dagegen für Sünder halten, die – was ihre Loyalität zu Gott oder zu einem authentischen spirituellen Leben betrifft – keine Ranglisten besetzen. Gnade finden hoffentlich nicht nur jene, die in der Kirche am lautesten singen, am längsten an ihren Gebetsmühlen drehen oder mit gellender Stimme vom Minarett hinunter schreien. Solche Parodien auf die Idee einer Frömmigkeitskonkurrenz mögen vor Augen führen, dass religiöser Eifer entgleist, wenn er als Wettstreit unter den Menschen verstanden wird.

Eine nüchterne Einstellung zum Egoismus befreit auch von einem weltfremden Impartialismus, d. h. der Auffassung, wir sollten (und könnten) in moralischen Urteilen und Handlungen völlig unparteiisch sein. Unparteilichkeit misslingt oft, oder es besteht nur die angenehme Selbsttäuschung, unparteiisch zu sein. Irreführend ist der Wille, in Bezug auf alle Ziele und Motive völlig unparteiisch zu sein. Unparteilichkeit ist ein schönes Berufsideal für Richter und Eltern, die in ihrer Rolle gegenüber Konfliktparteien oder neidischen Geschwistern keinen Anlass zu weiteren Streitigkeiten geben sollten. Auch ein Gesetzgeber sollte Minderheiten und andere Gruppen und Individuen nicht benachteiligen. Strikter Impartialismus macht nur Sinn als konkrete Aufgabe in einer sozialen Rolle, etwa jener des von anderen eingesetzten Schiedsrichters. Ansonsten gilt es immer wieder Partei zu ergreifen, insbesondere für meine Überzeugungen, gegen meine Feinde etc. Wir tun auch Böses aus Parteilichkeit, aber es wäre völlig verkehrt, immer nach Unparteilichkeit zu streben oder gar zu glauben, ich sei ganz besonders zur Unparteilichkeit begabt und verkörpere diese in vorbildlicher Vollkommenheit. In der Geschichte haben sich die Apostel der Unparteilichkeit als Übeltäter erwiesen. Sie hielten sich für Götter oder für Gottes Stellvertreter und handelten nicht selten verlogen und gewalttätig. Oder sie hielten (und halten) sich für unparteiische Atheisten, trugen oder tragen aber zur Verleumdung und Benachteiligung religiöser Menschen bei. Bekennende Atheisten haben – entgegen ihrem Selbstbild – oft eine polemische und verzerrte Auffassung von Kirchen und Gläubigen. Hinter ihren sachlichen Argumenten stecken Enttäuschung und Verbitterung. In den Stellungnahmen zu den „großen Wahrheiten" sind Unparteilichkeit, Kohärenz und Unabhängigkeit von Emotionen unwahrscheinlich.

Parteilichkeit und Konflikt gehören zu den Gegebenheiten des Lebens und der Politik. Insofern ist das Leben ein Kampf, in dem wir es uns nicht einmal leisten könnten, permanent über den Parteien zu schweben. Es ist notorisch schwierig, sich in einer Welt voller Konflikte zu engagieren, ohne selber schuldig zu werden. Es gibt vielleicht keine wirksame und längerfristige politische Aktivität, ohne sich die Hände schmutzig zu machen oder ohne Koalitionen mit Gegnern einzugehen. Wer Politik macht, muss *ex officio* heucheln, z. B. wenn er eine Traueransprache halten oder wenn er sich und seine Partei in ein gutes Licht rücken muss. Je höher wir aufsteigen, umso mehr müssen wir uns als Menschen darstellen, die nur das Beste für andere wollen. Der Verdacht der Korruption, der Machtversessenheit und des egoistischen Ehrgeizes begleitet Berufspolitiker wie ein lästiger Schatten.

Egoistische Motive sind Quellen des Guten und Bösen. Als Motive der Selbstachtung, der Selbsthilfe und eines fairen Wettbewerbs verdienen sie eine Aufwertung. Eine pauschale Apologie des Egoismus wäre allerdings nicht plausibel und gehört eher in den Bereich der Satire. Der Egoismus als Tendenz zur Selbsterhaltung und Selbstbegünstigung kann auch als ein Faktor in der Entstehung des Bösen betrachtet werden, aber nicht als die einzige Quelle des Bösen. Deshalb wende ich mich nun anderen Ursachen des Bösen zu, die im affektiven Leben zu suchen sind.

I 5 Neugier und Langeweile

Es mag erscheinen, als hätte jeder Mensch Geheimnisse zu hüten, als wäre das Innerste der Person ein kostbares Sanktuarium. Ob das so ist, bleibe dahingestellt, doch der Spruch „Ich habe nichts zu verbergen" ist voreilig und unvorsichtig, vor allem, wenn er andere dazu autorisieren soll, mich ohne Einschränkungen zu überwachen. Menschen sind wie andere soziale Säugetiere sehr neugierig, aber sie versuchen auch, diese Neugier zu verbergen und so zu tun, als ob sie sich nicht einmischen möchten, als ob sie die Privatsphäre der anderen respektierten. Die Neugier wird durch jene Bildmedien verstärkt, die darauf spezialisiert sind, hinter die Wände, unter die Kleider und in die Schlafzimmer zu gucken. Weil Menschen fast grenzenlos neugierig sind und immer raffiniertere Methoden zur Überwachung entwickeln, braucht jeder einen Schutz gegen die Neugier der anderen. Mit den wachsenden Techniken zur Kontrolle und Überwachung wächst die Sensibilität für die Verletzung der Privatsphäre. Die Neugier erkundet sexuelle Präferenzen, Krankheitsgeschichten und andere sensible Daten. Neugier ist eine Quelle von Grenzüberschreitungen, die wenn nicht als böse, so doch als moralisch bedenklich und als Anfang und Mittel des Bösen gelten sollte.

Neugier wird dort böse, wo sie als *furor scientificus* keine moralischen Schranken anerkennt, nämlich in Tier- und Menschenversuchen. Die wissenschaftliche Ambition, das Leben besser zu verstehen, richtet sich dann gegen das Leben; sie wird zum grausamen Selbst- und Fremdversuch, zur Zergliederung und Schändung des Organismus. Würden wir heute das Gehirn besser verstehen, wenn die Forschung am lebenden Gehirn arbeiten dürfte? Wären bösartige Krebsarten nicht längst heilbar, wenn die Forschung Menschen künstlich anstecken und ohne Hemmungen mit den angesteckten Personen Versuche anstellen könnte? Ist Moral nicht ein Hindernis auf dem Weg der Forschung? Bloße Neugier ohne Rücksicht auf moralische Grenzen und ohne therapeutische Orientierung gilt als frivol und bösartig.

Neugier gilt auch deshalb als Vorhalle des Bösen, weil sie gerne vom einem zum anderen springt, wie die abrupten Themen- und Bildwechsel in den Massenmedien. Die Befriedigung der Neugier schafft heute vielfach kein systematisches Wissen, sondern Wissensfragmente, einen inkohärenten Haufen von Informationen, von denen wir bald übersättigt sind. Die Geheimnisse der Prominenten erweisen sich als Banalitäten; die punktuellen Informationen über das Weltgeschehen, die Tageshelden des Sportes und die Partyhelden der Schönen und Reichen schließen sich nicht zu einem tieferen Verständnis der Welt zusammen. Neugier schlägt um in Langeweile.

So wie gelangweilte Kinder zu Unruhe und Streichen neigen, so werden aus einigen gelangweilten Jugendlichen Delinquenten. Raub, Mord und Terror sind Versuche, sich in einer als schal empfundenen Lebenslage einen

Kick zu verschaffen. Da es zahlreiche andere Auswege aus der Langeweile gibt als Mord und Totschlag, braucht es noch eine zusätzliche Entscheidung und Bereitschaft, den Kick in Verbrechen zu suchen. Das Böse lässt sich nicht aus der Langeweile erklären, aber es ist nachvollziehbar, inwiefern die Langeweile zum Bösen disponieren kann. Langeweile kann zu Verzweiflung und Depression führen und ist daher keineswegs zu unterschätzen. Langeweile ist mehr als nur ein müdes Gähnen – sie ist eine Grundbefindlichkeit, in der sich die Leere und Sinnlosigkeit meines Daseins offenbart. Das Böse in der Form von Hass und Gewalt entspringt dem Versuch, dem inneren *horror vacui* zu entkommen (vgl. Kekes 2005, 101–117; Lask 2004). Die nach innen gerichteten Formen der Reaktion auf Langeweile (gegen das in mir als Alterität erlebte Nichts) sind verwandt mit der nach außen gerichteten Aggression. Ich kenne die Ungeduld des Wartens und den zornigen Wunsch, aus einer langen Warteschlange auszubrechen. Wer vor mir wartet, ist nicht mehr als ein „menschliches Hindernis". In der Ungeduld des Wartens verbinden sich Langeweile und Aggression; in den Warteschlangen und Drängeleien der großen Städte und Bahnhöfe sowie der Staus im Individualverkehr ist uns der andere Mensch nicht als Alter Ego gegeben, das auch warten muss, sondern als Hindernis auf meinem Weg, das mich warten lässt.

Es gibt monotone Situationen und repetitive Arbeiten, die zur Langeweile führen und Langeweile verstärken. Sie gehören zu den Übeln, denen man mehr oder weniger abhelfen kann. Langeweile wird auch als Müdigkeit erlebt, die von innen kommt und auch dann nicht verschwindet, wenn die Situationen und die Arbeiten vielfältig und abwechslungsreich sind (vgl. Kern 2009). Insofern gehört Langeweile zu den inneren Faktoren des Bösen, vergleichbar mit anderen Impulsen oder Dispositionen zum Bösen. Auch sog. innere Faktoren sind nicht „notwendige" oder „hinreichend determinierende" Faktoren. Ich kann auch Gutes tun, um meiner Langeweile zu entkommen.

Langeweile konfrontiert mit der eigenen Nichtigkeit und Wertlosigkeit. Wer warten muss, fühlt sich zur bloßen Nummer auf dem Warteticket degradiert. Zwar kann ich mir sagen: Alle anderen müssen sich auch diesem Verfahren „Wer zuerst kommt, wird zuerst bedient" beugen. Doch hier liegt für einige Menschen die schmerzliche Missachtung, nämlich in der Behandlung wie alle anderen, als hätte ich keinen Namen, keine eigene Geschichte und keine spezielle Wichtigkeit. Gewalt und andere Formen der Grenzüberschreitung können die Funktion haben, ein gefährdetes Selbstwertgefühl zu retten und sich ein Gefühl von Superiorität zu verschaffen, mit dem man sich gegen die Verkleinerung und Degradierung zur Maße wehrt. In der Langeweile fühle ich mich nichtig und unwichtig; die Entscheidung zur bösartigen Schädigung anderer gibt mir eine Wichtigkeit, z. B. eine Präsenz in den Massenmedien. Ich werde als „Monster" entdeckt und „geehrt".

I 5 Neugier und Langeweile

Die Erklärung des Bösen aus Langeweile führt an den Punkt, wo das Böse „verständlich" (als Ausweg aus einer schrecklichen Langeweile), oder wo es unverständlich wird, weil es unverhältnismäßig und als bloße Zerstreuung unverständlich ist. Gibt man allerdings der Zerstreuung als „Divertissement" die Bedeutung einer Flucht vor dem Schwindel der Einsamkeit und dem hassenswerten Ich der „condition humaine", so vermag man immerhin etwas von der Abgründigkeit des Leidens an Langeweile zu erahnen (vgl. Pascal 2000/1669, Index 710f.: „ennui"). Wer aus Langeweile mordet, langweilt sich aufgrund seiner eigenen Nichtigkeit und auch trotz des ganzen Unterhaltungsangebots für „normale" Menschen. Hier fragt sich der „Normalmensch": Gibt es keine anderen Formen der Zerstreuung und Ablenkung als eine Serie von Morden?

Damit gelangen wir in Dimensionen, die wir als völlig unverständlich, weil „abnorm" empfinden. Serienmorde werden nicht mehr wie Jugendstreiche als nachvollziehbare Formen der Zerstreuung und Entspannung akzeptiert. Dies hängt nicht nur damit zusammen, dass wir sie moralisch verurteilen, sondern auch damit, dass es nicht verständlich ist, inwiefern ein Serienmörder, der Töten als einzige oder besten Form von „killing time" praktiziert, ein sinnvolles Leben führen kann. Serienmorde lassen sich nur noch unter größten Widerständen als Sinnquellen eines menschlichen Lebens einordnen. Gewöhnlich finden Menschen genügend Zerstreuung und Abwechslung, um Langeweile zu vertreiben; das exzessive Böse erscheint dagegen als unverhältnismäßige oder inkommensurable Reaktion auf Langeweile. Eine Person, die sich nicht anders von Langeweile und *taedium vitae* (Lebensüberdruss) als durch Verbrechen befreien kann, wird das allerdings anders beurteilen. Doch ist eine solche Beurteilung, abgesehen davon, dass sie moralisch falsch und verwerflich ist, nicht völlig subjektiv und exzentrisch? Ist das Leben eines Verbrechers aus Langeweile von außen (und vielleicht objektiv) betrachtet nicht mindestens so öde und armselig wie das Leben einer Person, die das Leben damit zubringt, Steine zu zertrümmern? Oder ist es nur die moralische Empörung, die den braven Bürger daran hindert, eine böse und verbrecherische Lebensform als sinnreich und spannend zu erkennen?

Es gibt eine Abneigung gegen die Rede von „lebensunwertem" Leben. Wenn diese Rede dazu dient, die Vernichtung von Lebewesen zu legitimieren, dann ist sie abscheulich. Vermutlich ist das Leben eines Serienmörders aus Langeweile in einem mehr als nur subjektiven Sinne nicht lebenswert. „Mord und Folter als schöne Kunst" gehört in die Fiktion. Es braucht viel innere Leere und Langeweile, um sich einer solchen Kunst in der Realität zu verschreiben und die Unmoral als Sport oder satanistisches Vergnügen zu betreiben. Das imaginierte Leben von de Sades „Helden" kommt aus der Langeweile und führt tiefer in die Langeweile und Verzweiflung hinein. Ein solches Leben ist, im Vergleich zu zahlreichen möglichen Lebensentwürfen, ein verpasstes Leben. Selbst aus der Sicht des Serienmörders und ohne moralische Untertöne erweist sich sein Leben als ein verpfuschtes Leben, wenn er mehr als zehn Jahre im Gefängnis verbringt. Schließlich ist ein Leben, das seinen Lebenssinn ausschließlich auf Kosten der Leiden und des Blutes anderer Menschen bezieht, das Schattendasein eines Vampirs (vgl. Housel/ Wisnewski 2009). Nimmt man diese Gründe zusammen, so kann man von einem „lebensunwerten Leben" sprechen. Damit will ich nicht sagen, dass ein Serienfolterer und Serienmörder aus Langeweile die Todesstrafe verdient.

Dass das Böse moralisch nicht zu rechtfertigen oder zu entschuldigen ist, setze ich voraus. Dass das Böse einen Versuch darstellt, Lebenssinn zu stiften, zu erhalten oder zu vermehren, setze ich ebenfalls voraus. Ob und wie oft dieser Versuch zum Scheitern verurteilt ist, vermag ich nicht definitiv und für alle Fälle zu beantworten. Ich habe einige Gründe genannt, weshalb das Leben eines Serienmörders aus Langeweile nicht als ein sinnvolles, gelungenes oder gar erfülltes Leben gelten kann. Ich hoffe, dass viele Menschen meine Beurteilung teilen. Ich möchte mich jedoch nicht auf die Behauptung festlegen, dass es eine objektive Liste von Werten gebe, die ein sinnvolles Leben ausmachen (vgl. Parfit 1984, 493–502).

I 6 Ehrgeiz, Ehrsucht, Karrierismus, Eitelkeit, gekränkte Ehre

Es gibt so viele mögliche Motive des Bösen, dass man auch annehmen muss, dass es verschiedene Manifestationen des Bösen gibt. Wer z. B. aus Ehrgeiz böse wird, vermag die Übergänge von harten, aber legitimen Mitteln zu Straftaten nicht so genau wahrzunehmen. Ehrgeiz wird meist auf beruflichen Erfolg und Karrierismus bezogen, Ehrsucht dagegen auf alle möglichen Kontexte der Bestätigung und des Strebens nach Anerkennung, Ehre und Auszeichnung.

Ehre ist ein Begriff, der dem Urteil anderer unterliegt; meine Ehre ist das Ansehen, das ich in den Augen anderer habe. Wer „ehrsüchtig" ist, hat vor allem ein Ziel: der Scham und Beschämung zu entgehen. Beschämung wird durch die (reale oder imaginierte) Reaktion anderer ausgelöst (vgl. III 3). Scham ist also Scham vor dem Ertapptwerden. Selbst heimliche Scham bezieht sich auf die Annahme, dass mich andere „durchschauen" oder „verachten". Entsprechend ist das Streben nach Ehre eine Unterwerfung unter das Urteil anderer. Wenn wir von „Ehrsucht" sprechen, dann glauben wir, dass diese Unterwerfung auch maßlos und obsessiv sein kann. Streben nach Ehre braucht nicht „ehrsüchtig" zu sein. Offenbar gibt es die Vorstellung eines maßvollen Strebens nach Ehre, das sich von der ängstlichen Abhängigkeit vom Urteil anderer unterscheidet. Gemeint ist so etwas wie die Anerkennung oder zumindest das Interesse für das Urteil anderer über meine Leistungen und Fähigkeiten. Ohne eine gewisse maßvolle Anpassung an die Erwartungen anderer, ohne den Willen, von *significant others* geschätzt und gelobt zu werden, wären wir gleichsam „moralische Autisten". Wir würden uns gar nicht auf das Urteil und die Gefühle anderer beziehen; ihre Billigung oder Missbilligung wäre uns völlig gleichgültig.

Eitelkeit und Ehrsucht sind insofern menschliche Laster, als sie die Beziehung zu anderen Menschen aufrechterhalten, aber zu stark gewichten. Solange es mir nicht gleichgültig ist, was signifikante Gruppen von mir denken und über mich reden, bleibe ich mit (einigen) Menschen verbunden. Wir haben es zunächst mit „kleinen Lastern" zu tun, und gleichwohl müssen sie als Keime des Bösen betrachtet werden. Eitelkeit benutzt nicht nur die harmlosen Mittel der Kosmetik, um schöner zu scheinen, als man (oder Frau) ist, sondern auch andere Mittel der Täuschung und Manipulation des Urteils anderer. Ehrgeiz kann zum rigorosen Karrierismus werden, der über Leichen geht oder einen Handel mit dem Teufel eingeht.

Der Typus des Karrieristen entspricht der Tatsache, dass wir Konkurrenz und Hierarchien mit der Chance zum Aufstieg haben. In einer Gesellschaft mit wenig Konkurrenz und keinen Chancen zum Aufstieg wäre Karrierismus selten und seltsam. Karrierismus ist ein Beweggrund dafür, dass Menschen „nach oben" streben und dass auch Spitzenpositionen in Politik, Wirtschaft und Wissenschaft besetzt werden. Umgekehrt ist Ehrgeiz auch eine Folge davon, dass in einer Gesellschaft vertikale Mobilität und hierarchische Positionen bestehen.

Leider sind Menschen, die um jeden Preis an die Spitze wollen, nicht immer dazu geeignet, andere geschickt und wirksam zu regieren. An die Spitze eines Landes, ja vielleicht einer Weltregierung zu gelangen, könnte ein Mittel sein, Gefühle der Minderwertigkeit definitiv zu überwinden. Mancher Karrierist möchte vor allem, dass es niemand mehr wagt, in seiner Anwesenheit über ihn zu lachen; der ehrsüchtige Karrierist wird versuchen zu verhindern, dass hinter seinem Rücken über ihn gelacht wird. An der Spitze angelangt wird er durch Terror und Zensur dafür sorgen, dass Spott verstummt, Karikaturen verschwinden. Hitler ist psychologisch betrachtet ein Paradebeispiel für aggressive Schamabwehr. Der lachende Jude gehört zu seiner paranoiden Wahnvorstellung (vgl. Matussek/Matussek/Marbach 2000).

Der Karrierismus fördert nicht nur das bewusste und manifeste Böse in einem Menschen, sondern auch ein hohes Maß an Verblendung. Wer einwilligt, Direktor einer Fabrik für die Herstellung chemischer Kampfstoffe oder Leiter eines Vernichtungslagers zu werden und dabei vor allem an seine berufliche Position und das Wohl seiner Familie denkt, ist bildlich gesprochen moralisch blind. Die Bereitschaft zum Bösen, die Mitarbeit am Bösen setzt oft solche Formen der Blindheit und Ängste vor dem sozialen Abstieg voraus, und die Bereitschaft von Karrieristen, an die Spitze zu kommen und an der Spitze zu bleiben, kann selbst Wissenschaftler und

Künstler zu Mittätern des Bösen werden lassen, ohne dass sie sich selber so sehen. Ein Künstler kann sich z. B. sagen: „Ich bin zwar kein begeisterter Anhänger der Diktatur, aber wenn mir der Diktator die Gelegenheit bietet, meine Talente optimal zu entwickeln, meine Kunst bekannt zu machen, von meiner Kunst zu leben, dann ist der Diktator vor allem mein bester Freund und ich bin sein bevorzugter Künstler (wie Alfred Speer). Was kümmern mich da noch die Schattenseiten der Diktatur?" Wie viele Aussichten haben junge Künstler, bekannt und geehrt zu werden und von ihrer Kunst (gut) zu leben? Sind sie darauf vorbereitet, unanständigen Angeboten zu widerstehen? Karrierismus motiviert nicht nur zur Teilnahme am Bösen, sondern er hilft auch, diese Teilnahme vor mir selber zu verharmlosen und zu verbergen. Wie sich ehrgeizige Architekten vom Ordnungswahn und der Reichspolitik des Nationalsozialismus verführen ließen, ist belegt (vgl. Gutschow 2001).

Wer wenig Ehrgeiz hat, dem wird es leichter fallen, in einer Diktatur auf Karriereangebote zu verzichten und sich in die relative Unschuld der privaten Bedeutungslosigkeit zu flüchten. Die Keime des Bösen liegen also unter anderem genau in der Unfähigkeit, ein Leben im Verborgenen zu führen. Viele drängen sich zur Teilnahme an öffentlichen Geschäften und öffentlich sichtbaren Erfolgskarrieren, als würden sie es nicht bei sich zu Hause, in einem ruhigen und unauffälligen Hinterzimmer aushalten. Jene, die nach öffentlichen Ehren streben, sehen und beschreiben sich aber lieber als „sozial nützliche" Menschen, denen es nur um das öffentliche Wohl geht und die Tag und Nacht um das Wohl ihrer Bürger besorgt sind, wie sich ein französischer Präsident einmal ausdrückte. Der Ehrgeizige muss sein Streben nach Macht und Ansehen fortwährend legitimieren und vor sich und anderen zu einer Sorge für die Menschheit umdeuten. Die altruistische Geste und Rede wird zum Vorhang, der die Fratzen der Eitelkeit und des Größenwahns auf der Hinterbühne verbirgt; auf der hell beleuchteten Vorderbühne ist dann nur noch das Grinsen der Menschenfreunde zu sehen.

Mitglieder von politischen und militärischen Eliten sind besonders anfällig für Kränkungen ihrer Ehre oder – wie sie sagen – Kränkungen ihrer Nation. Und im Namen dieser gekränkten Ehre werden Konflikte geschürt, Intrigen gesponnen und Kriege vorbereitet. Im Auftrag der gekränkten Ehre wird eine Wiederherstellung der Ehre um jeden Preis angestrebt. Ist dieser Preis die Freiheit, das Wohl und das Leben unzähliger Soldaten und Zivilisten, so manifestiert sich die gekränkte Ehre der Mächtigen als ein Keim des Bösen. Gekränkte Ehre wird auch als Symbolik der Demütigung durch den Westen im geopolitischen Kampf der Islamisten verwendet (vgl. Moïsi 2009).

Die Rede von Keimen und Anfängen des Bösen könnte dazu verleiten, das Streben nach Aufstieg und Ehre als in sich schlecht zu verdammen und auszurotten. Doch dies ist ein Beispiel dafür, dass die Wege der Verdammung und Bekämpfung des Bösen oft schlimmer sind als die tatsächlichen Auswirkungen des zu bekämpfenden Bösen. Es gibt einen Übereifer in der Politik der Nulltoleranz, der aus zwei Gründen problematisch ist: Dieser moralische Übereifer verkennt die vielfältigen Funktionen der Keime des Bösen. Karrierismus ist moralisch ambivalent. Er kann ein Motiv sein, wichtige Aufgaben zu übernehmen und große Leistungen zu erbringen; nach dieser Seite ist Karrierismus ebenso nützlich wie manche Formen der Konkurrenz oder des Machtstrebens. Eine generelle Attacke gegen Karrierismus richtet sich also auch gegen seine Funktion der Verstärkung von Fähigkeiten und sozial nützlichen Leistungen. Sie richtet sich überdies gegen typisch männliche Eigenschaften, unter dem Vorwand, das Patriarchat zu bekämpfen. Die generelle Polemik macht männliche Formen des Muts, der Durchsetzungsfähigkeit und Leistungsbereitschaft zu lächerlichen und gefährlichen Eigenschaften, die man bereits den Knaben austreiben sollte. Zugleich wird angenommen, dass Männer potentielle Gewalttäter und Kinderschänder bleiben werden. Aber auch die Feminisierung der Knabenerziehung in Familie (durch alleinerziehende Mütter) und Schule (durch eine Übervertretung von Lehrerinnen) kann zur seelischen Verstümmelung führen. Knaben werden zur Teilnahme an Ringeltänzchen und Kaffeekränzchen gezwungen. Sie fühlen sich durch pädagogische Vergleiche mit Mädchen gedemütigt. Trotz dieser „Umkonditionierung" erfahren sie nie das volle Vertrauen, weil sie „Männer bleiben".

Diese Entwicklung der Demütigung und Ridikülisierung des Männlichen richtet sich auch gegen jene Mädchen, die sich gegen ihr „Gender-Schicksal" auflehnen und Polizisten, Soldaten, Gelehrte oder Wirtschaftsbosse werden möchten. Mädchen, die sich heftig streiten oder prügeln, werden als „Knaben" stigmatisiert. Der massive Anteil von Aggression und Stigmatisierungswut von Seiten der Frauenorganisationen, die sich als Vertreter von Vergewaltigungsopfern bemerkbar machen und für Grausamkeiten wie die Veröffentlichung schwarzer Listen von pädophilen Priestern und der Daten und Bilder von Vergewaltigern und deren lebenslängliche Verwahrung plädieren, ist alarmierend und sollte ebenfalls öffentlich diskutiert und kritisiert werden. Der Geschlechterkampf hat sich lange und einseitig gegen die Frauen gerichtet. Es gibt aber auch Exzesse in umgekehrter Stoßrichtung, die dazu führen, Karrierismus und Ehrgeiz als typisch männlich und deshalb inhuman zu diffamieren. Das Argument „böse, weil männlich" ist ebenso irreführend wie das alte Argument „unmoralisch, weil unnatürlich".

Die knappen Bemerkungen über die Tendenzen einer „Umerziehung" von Knaben sollten nicht so verstanden werden, als ginge es darum, die Anliegen des Feminismus zu diskreditieren. Keine Emanzipationsbewegung ist frei von Übereifer und Fehlentwicklungen. Schließlich geht es auch darum, tief verankerte Vorurteile gegen Frauen zu korrigieren. Auch der Feminismus kann sich gegen eine Kränkung der Ehre der Frauen auflehnen, besonders wenn Ehre im Zusammenhang mit Selbstwertgefühl und Selbstachtung verstanden wird. Ein Kampf aus gekränkter Ehre richtet sich gegen das „erste Böse" (das Böse des Patriarchats), aber die ursprünglich legitime Verfolgung des „ersten Bösen" ist nicht immun gegen die Versuchungen zur Erzeugung des „zweiten Bösen", nämlich einer generellen Diffamierung und Diskriminierung von Männern.

Die Vielfalt der Keime des Bösen zeigt sich darin, dass das affektive Leben überraschend komplex ist. Das Böse scheint auch ein Produkt der Konvertierung von Angst in Aggression zu sein (vgl. Mitscherlich 1972). Dies soll an den Themen der Fremdenangst und Fremdenfeindlichkeit erläutert werden.

I 7 Angst vor Fremden

Die Angst vor Fremden ist in unseren Instinkten tief verankert. Sie hat biologische Wurzeln und wird unter anderem auf evolutionäre Selektionsvorteile zurückgeführt. Diese Angst muss noch nicht in Panik oder Hass umschlagen; es ist primär eine Zurückhaltung und ein Abwarten, sozusagen eine Suspendierung des Vertrauens auf Bewährung. Misstrauen und Distanz gegenüber Fremden verhindert Ansteckungen durch unbekannte Krankheiten, voreilige Vermischung und Assimilation. Variation ist dagegen im Interesse der Erhaltung der Arten.

Diese Hypothesen sind interessant, aber wohl kaum im strengen Sinne beweisbar. Einiges könnte jedoch dafür sprechen. Kleinkinder beginnen von einer bestimmten Phase an zu „fremdeln". Alle Kulturen kennen das Misstrauen gegen den Fremden, der auf der Suche nach Beute ist und wild und ungebunden umherschweift, um Beute zu machen, Frauen zu entführen und als Spion einen Überfall des Stammes vorzubereiten. Fremde gelten als faszinierend und bedrohlich. Im Kontakt mit Fremden besteht die Gelegenheit zu punktuellen und nicht-reziproken Handlungen, z. B. zur Beraubung der Fremden oder Beraubung durch Fremde, ohne Furcht vor Sanktionen und ohne Hoffnung auf eine Wiederholung der Begegnungen und des Austauschs. Alle Kulturen kennen vermutlich auch Regeln und Rituale, um Fremde vor dem Misstrauen vorübergehend zu schützen. Gemeint sind hier die bekannten Regeln des Gastrechts, die den Fremden privilegieren, wie heute noch das Asylrecht gewisse Fremde rechtlich vor allen anderen Fremden privilegiert. Während sich das Gastrecht nur mit dem Fremden befassen muss, der kommt und geht, muss sich das Asylrecht mit dem Fremden befassen, der kommt und bleibt. Anlass der fremdenfeindlichen Politik sind die Migranten, die kommen und bleiben und von den Vorteilen des Landes profitieren möchten. Zentrales Thema rechter Parteien sind nicht die „guten Fremden", sondern primär die „bösen Fremden", also Menschen, die nicht nur das Stigma haben, Fremde zu sein, sondern die auch als Kriminelle gelten. Auf einer zweiten Stufe der Fremdenfeindlichkeit werden all jene benannt und bekämpft, die „parasitieren", die sog. Wirtschaftsflüchtlinge, die nichts anderes suchen als einen besseren Job und den Genuss einer besseren medizinischen Versorgung und besserer Versicherungsleistungen. Die Angst vor dem Fremden ist eine der wirksamsten Mittel zur vermeintlichen Legitimation und Autorisierung zum Bösen gegen das Böse. Ich nenne dies das „zweite Böse", also das Böse, das sich gegen das Böse richtet oder Maßnahmen, den Teufel mit Beelzebub auszutreiben. Der Fremde als *persona ingrata* wird nicht mehr als Person anerkannt, sondern zum Störfaktor und zur Bedrohungsquelle degradiert. Wer den Fremden als das potentiell Böse fixiert, glaubt sich zu den Mitteln der erzwungenen „Ausschaffung" (ein bezeichnender Helvetismus!), der sog. Schnellverfahren und der Deportation von Familien und Gruppen legitimiert, nach der Maxime: „Wenn uns Fremde Probleme machen, dann sind das fremde Probleme. Andere sollen sich darum kümmern, wie auch immer".

Wer deutlich über Fremdenfeindlichkeit spricht, wird als „Linker" oder „Intellektueller" beschimpft, der die Probleme nicht sehen könne oder nicht sehen wolle. Der sog. „Linke" möchte alle Grenzen öffnen und die Selbstbestimmung des eigenen Volkes durch eine „Priesterherrschaft der Intellektuellen" ersetzen. Der latente Hass auf das Fremde ist in den Ausdrucksmitteln der rechtspopulistischen Politik auch meist an eine tiefe Verachtung der „Intellektuellen" gekoppelt. Es scheint fast so, als wäre es nicht möglich, nüchtern und unparteiisch über Fremdenpolitik zu reden.

Gibt es moralische Fortschritte seit dem Ende des zweiten Weltkriegs? Es scheint, dass rassistische und fremdenfeindliche Hassreden von führenden Politikern aus der öffentlichen Sphäre verschwunden sind und dass eine besondere Wachsamkeit gegenüber dem besteht, was als *political correctness* in den Ausdrucksformen politischer Reden und Kampagnen gilt. Auch wenn ein gewisses Maß an Heuchelei im Spiel sein mag, so sind geheuchelte Zurückhaltung und ziviler Anstand besser als offene, vulgäre Hetzreden. Der Fortschritt der Moral kann aber auch als Sieg des Moralismus bewertet werden, der den verschämten und verdeckten Formen der Fremdenfeindlichkeit genügend Raum lässt, um politisch wirksam zu werden. Nicht alle Menschen wagen es zu sagen, dass sie den Islam lieber nicht in ihrem Land möchten und sich vor der politischen Islamisierung fürchten; sie ziehen es vor, darüber nicht oder nicht öffentlich zu reden, sondern in Übereinstimmung mit versteckten Präferenzen zu handeln, keine Muslime anzustellen oder als Mieter anzunehmen und gegen Muslime vorzugehen, wenn immer das legal oder zumindest heimlich machbar ist. Im Vergleich zu einer offenen, von den offiziellen Repräsentanten getragenen und vertretenen Politik ist dieser heimliche Anti-Islamismus vielleicht das geringere Übel. Das Böse kommt aus den Tiefen des Individuums, aber es kann, wie z. B. durch eine faschistische Politik, verbreitet und vergrößert werden. Aus dem „inner beast" wird eine barbarische Politik geformt. Allerdings muss man auch die komplexen und widersprüchlichen Zusammenhänge zwischen Zivilisation und (Rückfall in) Barbarei besser verstehen, um nicht eine monokausale Pseudoerklärung alles Bösen aus dem „inner beast" zu versuchen (vgl. Morin 2009).

Die Fremdenfeindlichkeit ist eine „Sünde", die zutiefst menschlich ist und die, wenn wir sie fördern und verbreiten, zu einer barbarischen Politik führt. Menschlich ist sie deshalb, weil uns das Fremde fordert und überfordert, befremdet und verängstigt. Wer das nicht zugeben kann, ist ein Heuchler oder ein Engel. Die Präsenz und Vermehrung von Fremden stellt uns vor folgende Probleme, die sich zunächst als diffuse Gefühle melden: Wir verlieren die Kontrolle über das eigene Territorium; wir verlieren an Rückhalt in einer Gemeinschaft von Gleichgesinnten; wir fürchten Verdrängung und Marginalisierung innerhalb der eigenen Heimat; wir fühlen uns durch die Ansprüche der Fremden und ihrer Kinder auf Arbeit und soziale Sicherheit bedroht. Eine aktive Politik der Integration (nicht der Assimilation) verlangt viel Aufwand, Geld und Geduld, um Fremden unsere Sprache beizubringen, ohne ihnen unsere Wertvorstellungen *en bloc* aufzuzwingen. Fremdenfeindlichkeit ist nicht nur im archaischen Tribalismus und damit in unseren Instinkten verwurzelt, sondern auch in den Mythen über die Reinheit der Heimat und den Traum einer völlig homogenen Kultur, in der es früher einmal nur kerngesunde und grundehrliche Schweizer gab. Die patriotischen Leidenschaften sind zutiefst ambivalent: Sie können als Ressourcen einer verstärkten Solidarität für alle Landsleute oder als Mittel einer Politik des Fremdenhasses benutzt und instrumentalisiert werden.

Angst erzeugt nicht nur das imaginäre Böse, sondern auch Selbsttäuschung. Der häufigste Ausspruch von Leuten, die sich vor allem für einen Kampf gegen „Überfremdung" (ebenfalls ein vielsagender Helvetismus!) engagieren, lautet: „Ich bin kein Rassist". Gleichwohl gibt es in diesen Strömungen eine Tendenz zur Konstruktion von Sündenböcken und Feindbildern, die sich nicht nur gegen das Individuum, sondern auch gegen spezifische Kollektive richten. Diffuse Angst vor dem Fremden ist ein schlechter Ratgeber. Gegen bestimmte Gruppen und Kollektive gerichtete, kanalisierte und manipulierte Angst dagegen scheint der einfachste Ratgeber der Welt zu sein, für den sich leider immer wieder Mehrheiten finden lassen. Auf welche Weise soll der Gesetzgeber auf Fremdenängste und Fremdenhass Rücksicht nehmen? Können sich Rechtsparteien als nützliche Warner und Bremser betätigen, ohne ihre Anhänger und Sympathisanten in ungesetzliche Aktionen zu verwickeln?

Politische Parteien und ein gewisses Maß an Polarisierung sind deshalb nützlich, weil damit die Tendenzen der Parteien, sich aufzuplustern und Gegenparteien zu verdrängen, gedämpft und neutralisiert werden. Ein Argument zugunsten eines Mehrparteiensystems entstammt der funktionalen Außenbetrachtung der Parteien. Das Mehrparteiensystem ist nicht primär ein Garant der Durchsetzung großer Wahrheiten, sondern ein System von „check and balance", in dem sich die Interessen und Halbwahrheiten der Parteien gegenseitig korrigieren, ergänzen oder neutralisieren. Diese Zurückhaltung gegenüber einer Politik der „großen Wahrheiten" ist besonders gefragt, wenn es um die Beurteilung der Einwanderungs- und Fremdenpolitik geht. Denn wir bewegen uns hier auf einem Terrain, auf dem reale und imaginäre Ängste schwer zu unterscheiden sind.

Eine am politischen Platonismus orientierte Politik wird politische Parteien völlig ablehnen müssen, weil keine von ihnen in uneingeschränktem Maße das Gute repräsentieren kann. Vorausgesetzt wird offenbar, dass die Politik direkt unter dem Stern der Idee des Guten stehen sollte. Dieser politische Platonismus ist der Hintergrund von Simone Weils *Anmerkung zur generellen Abschaffung der politischen Parteien* (vgl. Weil 2009/1957). Das platonische Ideal ist vollkommene Harmonie und Einheit. Parteien können dies ihrem Wesen gemäß nicht bieten und werden daher von den meisten Philosophen bis ins 19. Jahrhundert abgelehnt. Parteilichkeit wird immer mit sinistren Interessen und Abweichung vom Wahren und Guten assoziiert.

Wenn aber die Parteien – im Sinne einer wesentlich antagonistischen Politik – die Funktion erfüllen, einander gegenseitig zu kontrollieren und in Schach zu halten, dann kann keine Partei als schlechthin böse gelten, selbst wenn sie Ziele verfolgt und propagiert, die den anderen Parteien als „dumm" und „völlig verkehrt" erscheinen. (Ich gehe von Parteien aus, welche die Regeln der Verfassung anerkennen, aber zum Teil verschieden interpretieren). Das Gefährliche und Böse liegt demnach nicht in der Parteilichkeit der Parteien, sondern vielmehr in der Erzwingung einer Einheitspartei und der Abschaffung einer antagonistischen Parteienvielfalt. In diesem Sinne sollte es Parteien geben, die „fremdenfeindlich" sind (oder zumindest den Sorgen und Befürchtungen eines Teils der Bevölkerung Ausdruck verleihen) und die mit Parteien, die „fremdenfreundlich" sind, im Clinch liegen.

War bisher von Faktoren die Rede, welche zum Bösen führen können, so scheint es, dass wir mit dem Thema Grausamkeit gleichsam ins Herz des Bösen vorstoßen. Dies könnte man auch von den nachfolgenden Themen Hass und Zerstörungslust vermuten.

18 Grausamkeit

Das Böse manifestiert sich in der Grausamkeit. Beispiele dafür finden sich überall in der Geschichte der Kriege und Massaker, der Festfreuden der kultischen und blutigen Tier- und Menschenopfer, der Gladiatorenkämpfe, der Folter und Hinrichtung und zahlreicher Formen der Unterwerfung,

Demütigung und Verkleinerung anderer zur Vermehrung des eigenen Gefühls von Macht. Grausamkeit ist vielleicht die deutlichste und eindeutigste Manifestation des Bösen. Aber das Böse liebt es, sich zu verbergen. Es gibt zahlreiche Strategien, die Grausamkeiten in einem günstigen Lichte erscheinen lassen und sie als Mittel zum Guten beschönigen. Überdies gibt es vielleicht einen Anteil von Grausamkeit ohne Grund und ohne Motiv. Eine völlig unmotivierte Grausamkeit wäre so unverständlich, dass man sich lieber an schlechte Erklärungen klammert, als auf Erklärungen zu verzichten. Grausamkeit ist eine Manifestation des Bösen, keine Erklärung desselben (vgl. Erman 2009, 12).

Es scheint, als habe die Sprache zur Beschreibung und Anklage von Grausamkeiten im Mittelalter gefehlt. Umso dringlicher wurde es in der frühen Neuzeit, Gräueltaten der Zivilisierten an den sog. Barbaren zu thematisieren und der Grausamkeit als Laster überhaupt Ausdruck in Worten zu verleihen (vgl. Montaigne 2009, II, XI „Sur la cruauté"; Shklar 1984, ch. 1 „Putting cruelty first", Brahami 2007). Nachträglich wurde Grausamkeit als Schatten des Imperialismus erkannt, insbesondere als missionarischer Übereifer einer vermeintlich überlegenen „Zivilisation". Gräueltaten werden zum Paradigma des Bösen (vgl. Card 2002).

Die Exzesse des Sadismus konfrontieren die „normalen" Menschen mit dem in ihnen eingesperrten Hang zur Grausamkeit (vgl. Blanchot 1963). Die Einführung sadistischer Triebe ist eine typische Pseudoerklärung durch eine unnötige Vermehrung der Annahme von Instinkten. Es ist die Karikatur einer Erklärung, nach dem Modell der Erklärung von chemischen Wirkstoffen durch eine „vis dormitiva".

Aufzählungen von Grausamkeiten liefern wichtige Indizien zur Beschreibung des Bösen. Das Böse existiert. Es ist ein Bestandteil der Realität der Menschheit. Es zeigt sich darin, dass Menschen zu Massakern und Folter aufrufen, dass Menschen zu Henkern, Schlächtern und Folterknechten ernannt werden und dass sich für jedes Schauspiel der Grausamkeit ein Publikum findet. Dass wir den Anblick von realen Folterszenen und Hinrichtungen nicht mehr ertragen, sagt etwas über unsere „Empfindlichkeiten" aus und verdeckt die heimliche Faszination. Wo sich Menschen und Medien über eine „Schandtat" oder ein „Monster" einhellig empören, entsteht die Atmosphäre einer Gemeinschaft der Gerechten. Die höchsten Einschaltquoten des Fernsehens erreichen Reportagen über Beginn und Eskalation von Kriegshandlungen. Warum wollen alle mit ansehen, was sie doch so sehr verdammen? Berichte über Kriege zwingen uns magnetisch vor die Bildmedien und bereiten uns ein Wechselbad von Grauen und Spannung, Angst und heimlicher Faszination. Ähnliches gilt für Kriegsspiele. Die Grenzlinie zwischen Kriegsberichten und Kriegsspielen wird manchmal fließend, sofern sich die Videospiele auf eine möglichst realistische und detaillierte Darstellung von Gewalt spezialisieren.

18 Grausamkeit

Grausamkeit ist ein unverzichtbarer Begriff der Beschreibung und Markierung der Realitäten des Bösen, die sich durch Egoismus allein nicht mehr erklären lassen. Doch Grausamkeit bietet keine hinreichende kausale Erklärung. Der Unterschied von Beschreibung und Erklärung ist gelegentlich obskur, weil genaue und ausführliche Beschreibungen selber das Potential zu narrativen Erklärungen haben. Grausamkeit ist ein sog. dichter Begriff, der vieles beschreibt und gleichzeitig moralisch bewertet, aber wenig oder gar nichts erklärt. Warum sind Menschen grausam? Weil es ihnen Lust bereitet und einen Kick gegen Langeweile und Routine verschafft? Weil sie darin ein Mittel sehen, das Gefühl von Überlegenheit zu steigern? Warum gibt es keine Kriege ohne „unnötige" Massaker und Vergewaltigungen? Der Begriff der Grausamkeit verdichtet und verschärft die Wahrnehmung und Konstatierung des Bösen und erfüllt eine ähnliche Funktion wie das relativ neue Wort ‚Aggression'.

Aktive Grausamkeit gegenüber Personen ist absichtliche Zufügung von Leiden ohne die Zustimmung oder gegen die Zustimmung einer Person. Ausnahmen sind „Grausamkeit auf Bestellung" oder die Bitte „Sei grausam! Quäle mich!" Einladungen zu sado-masochistischen Praktiken verlangen „gespielte", aber nicht echte Grausamkeit. Es gibt auch Grausamkeiten an Wesen (wie z. B. Kleinkindern oder Versuchstieren), die nicht zur Zustimmung fähig sind. Erlaubte Körperverletzungen, z. B. eine chirurgische Operation mit der Einwilligung des Patienten, gelten dagegen als legitim auch wenn Gerüchte missfallen, die besagen, der operierende Arzt sehe gerne Blut fließen. Auch die gespielte Grausamkeit in sado-masochistischen Spielen scheint moralisch unbedenklich zu sein, sofern sie nicht zu schweren Verletzungen, irreversiblen Verstümmelungen oder gar zu Tötungen führt. Zustimmung der Betroffenen („Du darfst mich töten und verspeisen.") kann nicht alles autorisieren. Es gibt Handlungen mit irreversiblen Folgen wie Invalidität und Tod und mit Nebenwirkungen, die Dritten nicht gleichgültig sind oder nicht gleichgültig sein sollten. Das trifft auf freiwillige Sklaverei und freiwilligen Kannibalismus zu. Solche Handlungen öffnen nicht nur Möglichkeiten des Missbrauchs, sondern verbreiten auch einen „Hauch des Bösen", der von manchen Menschen als Barbarisierung der Gesellschaft empfunden wird.

Absichtliche Grausamkeit gilt als böse, weil die Absicht, (unerwünschte) Leiden und Schäden zuzufügen, als „teuflisch" gilt. Gelegentlich bleiben Deutungen des Bösen auf dieses Paradigma der direkten und absichtlichen Grausamkeit fixiert. Doch es gibt ein anderes Paradigma der Grausamkeit, nämlich Grausamkeit aus Indifferenz, Nachlässigkeit und Bequemlichkeit. Gemeint ist jene Grausamkeit, die sich mit einem Achselzucken von einem Übel oder den Übeln der Welt abwendet. Wer sich nicht um Leiden anderer kümmert und ihnen den Rücken zukehrt, ist auf eine passive Weise grausam; wer Menschen oder Tiere ohne Regungen des Mitleids oder des schlechten Gewissens quält, gilt als stumpf und roh. Die absichtliche Grausamkeit scheint eher auf Domination und Lust ausgerichtet zu sein; indifferente Grausamkeit, oft auch als Rohheit oder Verrohung gescholten, erleichtert die „professionelle" Ausübung von Gewalt gegen Menschen und Tiere. Beim operierenden Arzt oder der Ärztin kann eine solche „professionelle" Routine nicht stören, sofern sie nicht zu Nachlässigkeit, Gleichgültigkeit oder gar Unterlassungen bezüglich der Schmerzlinderung und Vermeidung unnötiger Leiden führt. Lieber ein kühler Chirurg oder eine kalte Chirurgin und ein Minimum von Kunstfehlern als ein hochsensibler und einfühlsamer Chirurg mit hoher Fehlerquote!

Beim Berufskiller dagegen ist die Routine besonders beängstigend; sie erlaubt ihm, keine Spuren zu hinterlassen und ohne innere Hemmungen zu töten, als wäre es eine mechanische Verrichtung. Dass Menschen das Böse delegieren, andere tun lassen und andere damit beauftragen, gibt dem Bösen jenes Ausmaß, das es zu einem gesellschaftlichen und politischen Problem macht. Hier wird die routinierte Grausamkeit zum Geschäft, das primäre Motiv ist nicht mehr Grausamkeit, sondern Profitstreben.

„Grausam" im Sinne der Indifferenz sind wir täglich, weil wir es nicht aushalten würden, alle Leiden in der näheren Umgebung, geschweige denn alle Leiden der Welt täglich vor Augen zu haben. „Crudele" in einer in vielen Opern besungenen Weise ist jede Dame, welche die Avancen ihrer Verehrer nicht erwidert. Wenn wir lachen und feiern, müssen wir die Gedanken an Leiden anderer verscheuchen. Anders wären wir kaum lebensfähig und müssten als dünnhäutige Empathiker mit allen Weinenden weinen. Deshalb ist das Thema der Grausamkeit durch Gleichgültigkeit weniger spektakulär als die Grausamkeit durch Absicht. Wir müssen wegschauen, um nicht „krank" zu werden; aber wir werden auch schuldig durch Wegschauen. Die Tatsache, dass wir immer wieder die Augen verschließen und vergessen müssen, um nicht an der Last des Mitleidens zu zerbrechen, führt dazu, dass einige von uns permanente (wenn vielleicht auch latente) Schuldgefühle haben und erpressbar sind zur Teilnahme an Wohltätigkeitsveranstaltungen und zu Spenden. Es fällt den Hilfsorganisationen leicht, potentiellen Spendern das Geld aus der Tasche zu ziehen, weil relativ Reiche das ungute Gefühl haben, an manchen Leiden und Nöten der Welt „irgendwie" beteiligt zu sein – sei es auch nur durch die Folgen von Unterlassungen. Sozialistischen Autoren behaupten, niemand könne sich bereichern, ohne andere in Armut zu stürzen (vgl. Proudhon 2009/1840, 230). Auch wenn dieses „Gesetz" nicht existieren sollte: Man könnte immer noch mehr für die Armen tun. Es ist schwierig, die moralischen Pflichten prinzipiell zu begrenzen und festzulegen, wie viel (oder wie wenig) wir anderen schulden – außer einem symbolischen Respekt und dem Verzicht auf Mord und Totschlag.

Grausamkeit ist oft im Spiel, wenn ich es nicht wahrhabe, weil ich wegschaue, nicht daran denke; es ist Grausamkeit durch Gleichgültigkeit.

"Grausam" für andere sind selbst Nebenwirkungen meiner Müdigkeit, wenn ich mich z. B. schlafen lege, statt noch ein paar weitere Leben zu retten. Wenn ich glaube: „Jetzt habe ich genug getan", gibt es immer noch Gelegenheiten, Leben zu retten und Leiden zu mildern. Warum nutze ich meine Freizeit nicht, um einsame Menschen zu trösten und streunende Katzen zu füttern? Folge ich dem Ruf meines zarten Gewissens, so riskiere ich Gefühle der Erschöpfung und des „burn-out"; folge ich ihnen nicht, so muss ich versuchen, die Anklage der Grausamkeit durch Gleichgültigkeit zu verdrängen oder durch eine tragische Weltsicht zu verarbeiten. Aus der Sicht der Tragödie sind Leiden und Untergang unvermeidbar, nämlich das Resultat einer Verkettung von Missverständnissen. Die tragische Sichtweise akzentuiert die Unvermeidbarkeit und enge Beziehung von Schuld und Grausamkeit, Misslingen und Missetat, Irrtum und fehlbarer Verirrung.

Als lachende und spielende Wesen sind wir begabte Verdränger. Moralisch gesehen tun wir immer zu wenig, doch ist es sinnvoll, die Dinge immer nur moralisch zu betrachten? Wie viel Leichtfertigkeit ist nötig, um permanente Schuldgefühle zu vermeiden – ohne einem moralischen Überengagement oder einer Hypermoral zu verfallen? Eine unbegrenzte affektive Beteiligung an den Leiden dieser Welt ist nicht möglich und auch nicht nötig. Doch wie steht es mit Zeit und Geld, die ich für die Rettung Unbekannter aufwenden sollte?

Wer sich regelmäßig moralisch überfordert fühlt, wird an einen Punkt gelangen, an dem er resigniert. Um Hypermoral und moralisches Burn-out zu vermeiden, zieht der gesunde Menschenverstand eine Grenzlinie zwischen Pflichten im engeren Sinne und höheren Idealen. Direkt beabsichtigte Grausamkeiten zu vermeiden ist eine strikte Pflicht, die man jedermann zumuten kann und für deren Übertretung man getadelt und bestraft wird. Es fällt leichter, auf aktive als auf passive Grausamkeit zu verzichten. Wer nur angehalten und unter Strafandrohung gezwungen wird, niemanden zu quälen, muss sein Leben kaum ändern; wer jedoch dazu verpflichtet und gezwungen würde, auf alle passive Grausamkeit zu verzichten, der müsste sein Leben radikal ändern und ein „neuer Mensch" werden. Obwohl die Folgen von Bequemlichkeiten und passiver Grausamkeit insgesamt betrachtet schlimmer sein könnten als die Folgen von aktiver Grausamkeit, wäre es kontraproduktiv, alle Menschen allein aufgrund ihrer Gleichgültigkeit, Faulheit und Unterlassungssünden als Henker, Mörder und Sadisten zu beurteilen oder gar zu verurteilen.

Das Argument der Überforderung richtet sich gegen einen naiven Konsequentialismus (ethische Folgenorientierung), der zwar die schlimmen Folgen unserer Unterlassungen bilanziert, aber die Nebenwirkungen der Hypermoral unterschlägt. Der naive Konsequentialismus ist unvollständig und muss durch Moralfolgenabschätzungen ergänzt werden. Die Durchsetzung moralischer Forderungen hat wie so manche radikale Therapie

Nebenwirkungen. Der naive Konsequentialismus kann verbessert werden durch eine umfassende Aufrechnung der „Nebenkosten" oder durch Moralfolgenabschätzung bezüglich einer exzessiven Schuldkultur. Ist es sinnvoll, Menschen schwere Schuldgefühle und schlaflose Nächte zu verursachen, weil sie glauben, sie hätten moralisch betrachtet nie genug getan oder sie seien moralisch gesehen auf dem gleichen Niveau wie Mörder und Folterer? Der verbesserte Konsequentialismus kann, wie das klassische Naturrecht, moralische Absichten besonders gewichten, allerdings nur aus indirekten Gründen, welche nicht die intrinsische Qualität der Absichten betreffen, sondern jene Sanktionskosten, die entstehen würden, wenn wir die Folgen aller Unterlassungen und Bequemlichkeiten gleich gewichten würden wie die Folgen absichtlicher und aktiver Grausamkeiten.

Ein Beispiel für diese Abwägung von aktiver und passiver Grausamkeit besteht in der Beantwortung der Frage, ob es richtig ist, Tierfabriken mit Vernichtungslagern zu vergleichen (vgl. Patterson 2004). Ist der Vergleich von Massentierhaltung und Treblinka angemessen? Auf der einen Seite gibt es eine Reihe von Ähnlichkeiten: Empfindungsfähige Wesen werden eingesperrt, möglichst kostengünstig gehalten und nach einiger Zeit getötet. Aus der Sicht des naiven Konsequentialismus sind die Folgen unserer Unterlassungen und Gleichgültigkeit für die leidensfähigen Tiere so verheerend, dass wir permanent ein schlechtes Gewissen haben müssten. Der Vergleich zwischen dem Wegschauen bei Konzentrationslagern und dem Wegschauen bei Tierfabriken drängt sich auf, wenn wir nicht *a priori* voraussetzen, dass Menschen und (alle anderen) Tiere in ihrem Wesen zu verschieden und daher völlig inkommensurabel sind und dass Vergleiche dieser Art unweigerlich dazu führen, das an Menschen (insbesondere den Juden) begangene Unrecht zu verharmlosen.

Auf der anderen Seite werden durch diese Rhetorik „Täter" (Produzenten) und „Komplizen" (zu denen alle Konsumenten von Fleisch gehören) in einen Topf geworfen; es wird unterstellt, dass wir alle (außer den strikten Veganern und den militanten Gegnern der Nutzung von Tieren zu Nahrungszwecken) grausam und böse seien. Menschen, die Fleisch essen, werden zwar über das empört sein, was sie als „unnötige Leiden" betrachten, aber werden sie auch ein nachhaltiges Unrechtsbewusstsein entwickeln, das sie am Essen von Fleisch hindert? Ist es eine wirksame Strategie, der Mehrheit der Fleischesser einzuschärfen, dass sie grausam und moralisch korrupt seien? Ist der Verzehr von Fleisch moralisch äquivalent mit der Grausamkeit von Folterknechten und Mördern? Führen solche Beschuldigungen die Aktivisten nicht mehr und mehr in die Grauzone von Subkulturen, die vom Rest der Gesellschaft als potentiell terroristisch verdächtigt werden? Terroristen können sich einer Logik bedienen, die besagt: „Die Folgen unserer Handlungen sind harmlos im Vergleich zu den Folgen eurer Unterlassungen".

Sind Fleischesser Komplizen des Bösen und Bösesten überhaupt, oder überschlägt sich hier die Rhetorik der Anklage? Ist es sinnvoll und wirksam (zugunsten der „Befreiung" der Tiere oder als Schutzmaßnahme gegen „Terroristen"), dass sich die Streitparteien in Auseinandersetzungen um Tierschutz und Tierhaltung gegenseitig böse und grausame Absichten unterstellen? Geht es vielleicht auch hier um einen Frömmigkeitswettstreit (vgl. I 4), in dem sich die Reinsten (die Veganer) über den Rest der Welt erheben?

Empörung gegen direkte Grausamkeit ist groß. Was gibt es Schrecklicheres als den Willen, unzählige Unschuldige zu töten und zu verstümmeln? Die Verurteilung des Terrors ist fast einhellig und gehört zur politischen Korrektheit der offiziellen Regierungen und der angesehenen Medien im sog. „Westen". Hinter dieser Empörung steckt die tiefe Überzeugung, dass Terrorismus wegen seiner Gleichgültigkeit für die unschuldigen Opfer oder seiner absichtlichen Grausamkeit böse und menschenverachtend sei. Terroristen sind nicht einmal gewöhnliche Kombattanten verfeindeter Staaten und halten sich nicht mehr an die Regeln eines „gerechten Kriegs", der unter anderem den Schutz von Nicht-Kombattanten vorsieht (vgl. Meisels 2008; Bufacchi 2009; Gray 2004).

Direkte Argumente gegen absichtliche Grausamkeit sind nicht leicht zu finden. Man kann zwar sagen, dass absichtliche Grausamkeit eine Form von Missachtung des Wertes einer anderen Person oder den Bruch einer vertrauensvollen Beziehung darstellt. Dies sind aber relativ „blasse" Argumente, die sich auch gegen viele Handlungen und Verletzungen richten können, die nicht aus absichtlicher Grausamkeit erfolgen. Absichtliche Grausamkeit könnte sogar als eine zwar perverse, aber besonders intensive Form der affektiven Beziehung gedeutet werden. Doch warum sind grausame Gedanken und Absichten böse? Sind Begründungen nicht eher so etwas wie Wiederholungen und Beschwörungen, dass das Böse eben – böse sei?

Eine Person mag es als schlimmer empfinden, Opfer einer absichtlichen Grausamkeit als Opfer von Gleichgültigkeit zu sein, weil in der grausamen Absicht eine zusätzliche Kränkung, Bedrohung oder „Brutalität" zum Ausdruck kommt. Auch dieses Argument vermag nicht restlos zu überzeugen, gibt es doch auch Fälle, in denen uns die Passivität, Gleichgültigkeit oder die Folgen des Wegschauens anderer kränken oder sogar in unseren Lebensgrundlagen bedrohen. Zählen nicht die Dauer und die Intensität der Leiden und Kränkungen bzw. der Tod mehr als die Frage nach den Absichten ihrer Verursacher? Kann die Gleichgültigkeit der anderen (die z. B. als Manager meine Arbeitslosigkeit in Kauf nehmen) ebenso kränkend und in allen Auswirkungen für mein Leben verderblich sein, selbst wenn keine sadistische Absicht im Spiel ist?

Angesichts dieser Schwierigkeiten, das intrinsisch Böse der aktiven Grausamkeit zu begründen, sehe ich keinen Grund, den Konsequentialismus in der Ethik preiszugeben. Grausamkeit mit boshafter Absicht oder mit Lust und Machtzuwachs als Prämie ist durch das Ausmaß der Schädigung anderer und die Neigung zu Exzessen in der Schädigung anderer böse. Diese Beurteilung verpflichtet uns nicht dazu, Grausamkeit bis ins Letzte zu erklären oder als solche zu verdammen. Der Konsequentialismus verspielt auch nicht die Möglichkeiten, absichtliche Grausamkeit und Grausamkeit aus Gleichgültigkeit aus indirekten moralischen Gründen differenziert zu missbilligen und zu ahnden. Es kann für mich einen Unterschied machen, ob ich Opfer passiver oder aktiver Grausamkeit bin. Die Absicht zur Grausamkeit wird nicht als ein in sich verwerfliches Merkmal betrachtet, sondern vielmehr als ein kontingenter „Verstärker" in der Verursachung und Vermehrung schlimmer Übel, z. B. in der Zufügung von „grundloser" oder geplanter und kalkulierter Gewalt im Unterschied zur Gewalt und Gefahr, die ein unvorsichtiger oder betrunkener Automobilist verursacht.

Ist der mitfühlende Mensch das geeignete moralische Gegengewicht zur Grausamkeit? Propheten des „homo empathicus" (vgl. Rifkin 2010) versprechen zu viel, weil sie die Hartnäckigkeit und Unfassbarkeit des Bösen unterschätzen. Das Böse bleibt ein nützlicher Grenzbegriff, der anzeigt, dass das Gute nur begrenzt machbar ist und regelmäßig von Gegenkräften durchkreuzt wird. Keine einschneidende Therapie ohne Nebenwirkungen, keine Revolution ohne Konterrevolution. Es gibt wahrscheinlich keinen signifikanten und weltweiten Fortschritt des Einfühlungsvermögens, weil die Gaben der Einfühlung und des Vorstellungsvermögens sehr verschieden verteilt sind, meist auf Familie und nähere Umgebung begrenzt bleiben und darüber hinaus als Motive der allgemeinen Menschenliebe nur schwach motivierend sind. Leider kann Empathie in Kombination mit Stupidität oder Übereifer auftreten und pervertiert werden. Schließlich wird Empathie systematisch „ausgetrickst" durch die selektive Wahrnehmung der Welt und die Exilierung des Bösen an Orte, die keiner Beobachtung zugänglich sind. Um zivilisierte Sensibilitäten zu schonen, werden besonders blutige und anstößige Tätigkeiten (wie z. B. die Schlachtung von Tieren) in unzugänglichen Gebäuden an der Peripherie von Städten durchgeführt, nach dem Motto: „Aus den Augen, aus dem Sinn". Auch eine „empathische Zivilisation", die sich als Leitkultur für die ganze Welt aufspielt, lässt sich leicht in Schlachten gegen „Barbaren" oder „Schurkenstaaten" verwickeln.

Es geht in diesem Teil um Keime des Bösen. Obwohl Grausamkeit als eine Ursache des Bösen gilt, bleibt doch unklar, inwiefern Grausamkeit die Entstehung des Bösen kausal erklärt oder ihrerseits der Erklärung aus anderen Motiven bedarf. Grausamkeit als Ausdrucksform des Bösen wird in Erzählungen und Fallstudien von besonders grausamen Handlungen anschaulich. Der Zusammenhang des Bösen mit Grausamkeit wird also oft durch Erzählungen verdeutlicht. Es handelt sich um narrative Erklärungen, welche in der Gestaltung des Details die Ausdrucksformen und Auswirkungen des Bösen profilieren. Der Bezug des Bösen zu Grausamkeit und Hass wird durch Erzählungen „gestiftet" oder zumindest zur anschaulichen Evidenz gebracht. Bevor das Thema Hass behandelt wird, werden die Wirkungen von Neid und Eifersucht untersucht. Sie gehören zu den Keimen des Bösen, die sich wie Ehrgeiz und Konkurrenzstreben in der Interaktion mit anderen, insbesondere im Vergleich mit anderen, abzeichnen.

I 9 Neid und Eifersucht

Eifersucht richtet sich gegen das Gute, das andere haben. Sie entsteht wie der Neid aus dem vergleichenden Urteil, dass es andere besser haben. Ich kann eifersüchtig sein auf die Freunde meiner Freundin, weil ich meine Freundin ganz für mich allein haben und nicht mit anderen teilen möchte. Hinter der Eifersucht lauert die Verlustangst. Ich gönne meiner Freundin ihre Freunde nicht. Ich leide darunter, nicht im Mittelpunkt zu stehen. Oder die Eifersucht entstammt der Panik über den Verlust der eigenen Ehre, wie im Falle von Shakespeares Othello. Dies kann als eine der schlimmsten Kränkungen erlebt werden und gibt Anlass zu bösen Affekthandlungen.

Ziel dieser bösen Handlungen aus Eifersucht ist es, mich wieder als Mittelpunkt der Beachtung zu fühlen und von anderen aufmerksam oder zärtlich behandelt zu werden. Aus Eifersucht richten sich Vernichtungswünsche gegen Geschwister oder gegen „Eindringlinge" wie z.B. den neuen Freund der Mutter. Eifersucht lehrt heimlich hassen, die wiederholt empfundene Zurücksetzung staut sich an. Eifersucht ist dort im Spiel, wo ich als Superheld die Rolle des Retters der Welt spielen will; falls mir ein anderer die Show stiehlt, bin ich bereit, seinen und den Untergang der Welt in Kauf zu nehmen. Es ging mir vielleicht nie um die Rettung der Welt, sondern vielmehr um die spektakuläre Rolle. Eifersucht ist insofern elementarer als Neid, weil es nicht wie beim Neid darum geht, bestimmte Dinge zu haben, sondern darum, geliebt, beachtet und bewundert zu werden. Neid und Eifersucht können sich jedoch vermischen, weil ich mich für wichtig und bewundernswert halte, sofern ich mehr besitze.

Da Eifersucht und Neid zu den hässlichen und verschämten Gefühlen gehören, verstecken sie sich mit Vorliebe hinter besonders noblen Projekten. Neid und Eifersucht verbergen sich hinter manchen scheinbar grundlosen Antipathien, die wir gegen Personen haben, die uns (wegen ihrer Schönheit oder ihrer Machtstellung) in unserem Selbstbild verkleinern. Der Neider ist sich seiner Antipathien bewusst, aber er denkt nicht gerne daran, dass dabei Neid im Spiel ist.

Besonders quälend ist ohnmächtiger Neid, denn der Neider strebt nach Verbesserung der eigenen Position. Ohnmächtiger Neid auf unerreichbare Vorzüge anderer wird zum Ressentiment: Die Trauben hängen zu hoch, also deklariert sie der Fuchs in der bekannten Fabel als sauer. Ein billiger

Trost und eine erfolglose Selbsttäuschung! Ich glaube nämlich nicht wirklich daran, dass die unerreichbaren Trauben sauer sind; unbewusst halte ich an der Überzeugung fest, dass sie besonders süß sind. Der ohnmächtige Neid gleicht der Eifersucht, die sich nur durch Schreien oder Versinken in Depression ausdrücken kann. Ungleicher Status und ungleiche Behandlung werden zu einem permanenten Anlass der Empörung und Verstimmung. Besonders hemmungslos und für andere sichtbar kommen Eifersucht und ohnmächtiger Neid in der Rivalität von Geschwistern und Kleinkindern zum Ausdruck. Das Leiden daran, (vermeintlich) immer benachteiligt und zurückgesetzt zu sein, richtet sich als Hass gegen Eltern (und später gegen Gott oder gegen den Staat), von denen man vergeblich erwartet, sie sollten immer für Gleichheit sorgen. Der eifersüchtige und machtlose Neid richtet sich gegen Größe und Vorzüge; er möchte das Hervorragende nivellieren.

Neid ist darauf aus, das, was andere haben, auch zu haben. Hier stört mich also nicht nur das Faktum, dass meine Freundin einen anderen Freund hat, sondern ich möchte selber auch andere Freunde haben. Während der Eifersüchtige weint, leidet oder das Gute der anderen zu zerstören sucht, umgibt sich der aktive Neider mit Freunden und Wertgegenständen oder pflegt den demonstrativen Luxuskonsum, um den Neid anderer zu wecken. Der Neid richtet sich meist auf das Haben von Objekten, Positionen oder Vorzügen. Am deutlichsten wird das beim Neid auf das neue Auto meines Nachbarn: Ich möchte dieses (oder eines dieser Art) selber besitzen. Was mich primär stört, ist nicht die Tatsache, dass der Nachbar ein solches Auto hat, sondern die Tatsache, dass ich (noch) kein ähnliches oder besseres Auto habe. Neid spielt sich auch zwischen Millionären ab. Es ist ein Wetteifer um die teurere Jacht oder die luxuriösere Villa.

In der Eifersucht meldet sich die Leidenschaft der „Verlierer", die in einem Vergleich oder Wettstreit unterliegen. Neid ist auch ein Anreiz, mehr zu leisten oder zu erwerben. Er ist konstruktiv, wenn er dazu führt, Besseres zu finden oder zu erschaffen. Er wird dagegen destruktiv, wo er sich mit Eifersucht vermischt und auf Revanchismus oder die Zerstörung des Besseren aus ist. Wer mit allen Mitteln gewinnen will und sich über Regeln der Fairness oder sogar den Respekt vor Menschenrechten hinwegsetzt, lässt sich wahrscheinlich von Neid und Machtgier treiben. Der destruktive Neid möchte durch Verschlechterung und Herabsetzung des Besseren Gleichheit herstellen. Dem Neid ist Reichtum, demonstrativer Luxus, aber auch Exzellenz aller Art ein Dorn im Auge, weil Reichtümer und Vorzüge immer daran erinnern, was der Neider nicht kann und nicht hat. Eifersucht ist auch ein Leiden, eventuell eine Krankheit und ein bohrender und nagender Affekt, der zu Bluttaten führen kann, wie Othello demonstriert. Shakespeares Tragödie zeigt, wie der leichteste Verdacht überschwängliches Vertrauen in totales Misstrauen verkehren kann und Othello dazu bringt, seine unschuldige Frau Desdemona zu ermorden.

I 9 Neid und Eifersucht

Neid gehört zu den vielen verschämten Affekten, die zu Tarnung und Selbsttäuschung führen. „Ich kenne keinen Neid" ist eine leichtfertige Äußerung – wo ist der Mensch, der frei wäre von Neid? Während uns andere als „Neider" auffallen und unangenehm berühren, kommen wir dem eigenen Neid nicht immer auf die Schliche. Uneingestandener Neid vergiftet manche Beziehungen *inter pares*, weil auf dieser Ebene am meisten verglichen wird und die „kleinen Unterschiede" von Bedeutung sind. Dieser Neid macht den Berufskollegen oder andere gleichgestellte Personen zu heimlichen Todfeinden, abgesehen davon, dass sie Rivalen sind, die jederzeit aufsteigen und uns überflügeln könnten.

Neid ist eine Quelle der Selbsttäuschung, aber auch das Resultat von Projektionen und Fehleinschätzungen anderer Art. Wie ich diesen Mann bewundere, der eine Villa, eine große Familie und Reichtümer hat – dass er vielleicht chronische Schmerzen hat oder an Leukämie leidet, passt nicht zur Aura des beneideten Objektes. Der Neid richtet sich gegen ein märchenhaftes Bild, das wir von Reichtum haben, nämlich das Bild vom Reichtum, der sorglos und glücklich macht.

Das Ressentiment ist eine heimliche oder unbewusste Strategie, um die Leiden des Neides zu betäuben. Die Fabel vom Fuchs und den sauren Trauben wurde bereits erwähnt. Ich entwerfe ein negatives Projektionsbild, das suggeriert, dass der Reichtum dieser Welt nicht glücklich mache und dass wir die Schätze dieser Welt nicht in den Himmel mitnehmen können (vgl. Mt. 6, 19f.; Lk. 12, 33). Was für ein Trostpflaster gegen Neid und jene, die an ihren irdischen Schätzen hängen! Dieser Trost durch „inneren Frieden" sieht zwar harmlos aus, kann aber durchaus einer solchen Strategie der Neidimmunisierung entspringen. Insgeheim beneide ich die anderen um ihr Auto, während ich keines habe, aber ich betäube diesen Neid und flüchte mich in die Überzeugung, dass Autofahrer stets im Stau stecken, dass Autofahren viel zu teuer ist, dass Autofahrer die Umwelt kaputt machen und sich und andere gefährden. Im Effekt komme ich mir als Heiliger vor, der aus edlen Beweggründen Verzicht leistet. Was ich im Kleinen beobachte, bestätigt Hegel im Blick auf die Weltgeschichte: Man tröstet sich damit, dass auch Fürsten und Genies nicht glücklich seien (vgl. Hegel 1970, Werke 12, 47).

Das Studium des Neids und des Ressentiments kann etwas beitragen zum besseren Verständnis, weshalb und in welchem Maße ich der Selbsttäuschung unterliege und meine Wertungen selber deformiere. Ich erfinde Deckgeschichten, um mein Versagen oder meine Schwäche in Vorzüge umzudeuten. Ich wiederhole diese Erzählungen und glaube selber daran. Die Keime des Bösen liegen darin, dass sich Antipathie zum Hass gegen jene steigert, die offen ihre Vorzüge wie Schönheit, Sorglosigkeit oder Reichtum genießen oder ohne Schuldgefühle dem Vergnügen frönen. Aus episodischem Neid wird eine Lebenshaltung. Ich verfalle einer säuerlichen Haltung, aus der nichts Gutes kommen kann. Ich stilisiere mich als freiwillig Entsagender. Lieber halte ich mich für keusch als für impotent.

In extremis ist der Asket der Fanatiker, der sich nicht verführen oder bestechen lässt. Die vermeintlich Besseren und Gerechteren sind fanatisierbar, weil sie die Mehrheit für ihren „feigen Hedonismus" und ihre „faulen Kompromisse" hassen. Sie neigen zum Weltbild jener, die sich für seriös und den Rest der Welt für unseriös halten. Sie wähnen sich umgeben von Oberflächlichkeit, Scharlatanerie und purer Hirnlosigkeit. Hinter der vermeintlichen Bescheidenheit und Frugalität des Asketen steckt vielleicht Selbstquälerei und die Unterdrückung der „frivolen" Freuden des Lebens. Sie empören sich über jene, die von den verbotenen Früchten genascht haben. Entsagung und Lebensneid liegen nahe beieinander; sie demonstrieren die Dialektik der Reinheit, das Umschlagen des Heiligen in Missgunst und Fanatismus.

Menschen können bitterböse werden, weil sie sich selber wie Hunde halten. Neid wird von Generation zu Generation gezüchtet und weitergegeben. Der Generationenneid richtet sich gegen die Jungen, die alles haben, immer gewalttätiger werden und eigentlich gar nicht arbeiten wollen, die nie „unten durch" mussten und weder Krieg noch Armut kennen. Der Generationenneid richtet sich gegen die Alten, „die immer älter, geiziger oder genusssüchtiger, reaktionärer und unnützer werden". „Ageism" richtet sich gegen diese Alten, „die genug profitiert haben vom Leben und endlich abtreten sollten, um der jungen Generation Platz zu machen". Stereotype Vorurteile können dazu dienen, andere zu dämonisieren und die bösen Anteile im eigenen Seelenhaushalt zu übersehen. Eifersucht und Neid sind wichtige affektive Komponenten des Lebens; sie enthalten Keime zum Bösen, etwa zur gehässigen Diskriminierung der Jungen oder der Alten. Sie machen „blind" für die Ungerechtigkeit und den Hass in der Empörung über andere.

Neid und Eifersucht können sich jedoch in Grenzen halten. Sie haben nicht das gleiche Eskalationspotential wie Zorn, Hass und Grausamkeit. Nicht jede Eifersucht wächst sich zum Eifersuchtsdrama aus. Es ist eine unnötige Dramatisierung, wenn man Eifersucht und Neid zu „Todsünden" stilisiert. Sie sind zum Teil unvermeidbare Begleiterscheinungen von Ungleichheiten und vergleichenden Urteilen; oft bleiben sie unterirdisch und relativ unwirksam. Dass sie allerdings keine harmlosen Randphänomene sind, habe ich in diesem Kapitel darzulegen versucht.

I 10 Hass und Selbsthass

Wenn sich alles (moralisch) Gute auf die Liebe zurückführen lässt, dann – so könnte man argumentieren – lässt sich alles Böse auf den Hass zurückführen. Diese Reduktion hat den methodischen Vorteil, dass wir das Thema des Bösen auf einen gemeinsamen Nenner bringen und damit vereinheitlichen. Reduktion kann ein Gewinn sein, weil Komplexität den Willen zum Verstehen behindert. Wir können das Postulat aufstellen: Wo immer Böses ist, muss Hass im Spiel sein. Hass ist eine notwendige Bedingung des Bösen.

Ich halte nichts von dieser und ähnlichen Reduktionen. Böses muss nicht aus Hass geschehen – es kann auch aus Langeweile oder Mangel an Empathie, Gier oder Zorn folgen. Böse ist auch die organisierte Vernichtung oder der industrielle Massentod, selbst wenn einige wichtige Funktionäre eines totalitären Systems kein Gefühl des Hasses empfinden. Das Böse kann auch aus Langeweile oder aus Egoismus stammen. Nicht überall, wo Böses ersonnen oder bewirkt wird, ist Hass im Spiel.

Lässt sich ‚Hass' definieren? Ein Vorschlag lautet: ‚Hass' bedeutet ‚Wille zur Vernichtung'. Ist diese Definition zweckmäßig? Sie scheint zu eng zu sein, sofern sie davon ablenkt, dass Hass nicht immer einen Willen zur Vernichtung von Leben involviert. Ich kann z. B. böse Absichten gegenüber einem Verstorbenen haben und aus Hass seinen Ruf *post mortem* durch üble Nachrede beflecken. Es gibt keinen Willen zur Vernichtung, jedenfalls nicht zur Vernichtung des Lebens. Entsprechend müsste man den Willen zur Vernichtung ausweiten: Hass will nicht nur die Vernichtung des Lebens, sondern unter Umständen auch Vernichtung der (guten) Erinnerung, Rufmord. Hass kann auch den Willen zur Grausamkeit einschließen; dann will Hass sogar die Verlängerung eines Lebens und seiner Leiden, nicht dessen Abkürzung.

Aurel Kolnai beschreibt Hass als ein komplexes und fließendes Phänomen. Hass kann viele eindeutige Zwecke haben wie z. B. die Ermordung, aber auch die Verleumdung (von lebenden und toten Personen!), die Vertreibung von Völkern. Allerdings hat der Hass nach Kolnai eine „Intention der Vernichtung" – aber es gibt neben der physischen Tötung viele andere Wege und Zwecke zur Realisierung dieser Absicht, die nicht einfach als Ersatz oder Abschwächung eines Wunsches nach physischer Vernichtung verstanden werden können. „Jeder Hass ist seinem konkreten Zweck nach unbestimmt und führt, ohne Rücksicht auf das konkrete Wollen, das sich an ihn knüpft, eine Atmosphäre ‚absoluter Vernichtung', einen Blick auf Töten und Auslöschen, bei sich" (Kolnai 2007/1936, 108). Hass kann nach dieser Charakterisierung intentional und doch grundlos sein.

Dass aus Hass oft Böses entsteht, ist jedoch unbestreitbar. Hass verdient, wie Grausamkeit, eine eigene Untersuchung im Rahmen der Thematik und Symbolik des Bösen. Grausamkeit und Hass beabsichtigen das Böse; sie verstärken jene Handlungen und Handlungsfolgen, die wir nicht nur als moralisch falsch, sondern als exzessiv unmoralisch beurteilen. Wiederum gibt es zwei mögliche Deutungen: Ich handle aus Hass – damit scheint Hass eine Ursache zu sein, die mein Handeln kausal erklärt. Oder mein Handeln bringt Hass zum Ausdruck – damit wird Hass als Modalität und Ausdrucksqualität meines Handelns beschrieben; Hass bildet den Bestandteil einer narrativen Erklärung. So kann z. B. die Tatsache, dass ein Täter mehrmals und jedenfalls „mehr als nötig" zugestochen hat, ein Anzeichen oder Symptom für Hass sein. Hass hinterlässt in der Verunstaltung, im Quälen und Demütigen des Opfers seine Zeichensprache. Die genaue Erzählung der Lebensgeschichte des Täters oder seiner Beziehung zum Opfer wird vielleicht bestätigen, dass Hass im Spiel war. Ein enger Zusammenhang zwischen Hass und böser Handlung besteht, auch wenn sich die Handlung vielleicht nicht oder nicht vollständig kausal als Handlung aus Hass erklären lässt.

Die Definition von ‚Hass' als Absicht zur Vernichtung (von Leben, Wohlsein, gutem Ruf …) verweist auf eine offene Liste von Übeln, die hier in Klammers angedeutet ist. Diese Liste kann vielleicht nie vervollständigt werden. Sicherlich muss man neben der Zerstörung oder Beeinträchtigung des Wohls des Gehassten auch noch dessen Demütigung, Ausschluss und Nicht-Anerkennung hinzufügen.

Hass besteht nicht immer in einer direkten Absicht, andere zu schädigen oder zu vernichten. Es könnte ja sein, dass Hass ohne Absicht und Bewusstsein wirkt und dazu führt, dass wir Menschen einfach nicht beachten (was im Effekt eine Variante von Nicht-Anerkennung oder Ausschluss ist), oder dass Hass dazu führt, die Situation anderer Menschen nicht zu verbessern oder sogar aktiv zu verschlechtern, ohne *in extremis* zu gehen und einen Plan der Vernichtung oder Zerstörung zu verfolgen. Damit kann sich Hass im weiten Spektrum von Absicht und schuldhafter Gleichgültigkeit bewegen.

Die Hypothese, dass es unbewusste Motive gebe, ist umstritten. Ist Hass nicht ein zu intensiver Affekt, um unbemerkt zu bleiben? Im Unterschied zum Zorn, der immer „heiß" ist, gibt es den „kalten" Hass, der wirksam ist, ohne mich affektiv zu erschüttern oder aufzuwühlen. Dass es latenten oder unbewusst wirkenden Hass gibt, mag sich mir selber durch rückblickende Introspektion bestätigen, wenn ich glaube zugeben zu müssen: „Als ich die schreckliche Tat begangen habe, war ich von Hass getrieben, aber es war mir damals nicht bewusst". Hass kann nach dieser Hypothese wirksam sein, ohne bewusst erlebt zu werden.

Hass ist in manchen Erscheinungsformen vielleicht deshalb nicht exterministisch (mit der Absicht oder Konsequenz der Vernichtung verbunden), weil es Hindernisse gibt, z. B. Schuldgefühle oder auch drohende Sanktionen, die davon abhalten, dass der Hass zur Vernichtung schreitet oder diese auch nur beabsichtigt. Damit könnten wir an der Definition von ‚Hass' als Vernichtungsabsicht festhalten und die „Milderung" des Hasses in der Realität sekundär durch innere und äußere Hindernisse bei der Ausführung erklären. Innere Hindernisse wären eine Art von verinnerlichter Zensur, die uns die Absicht der Vernichtung anderer Menschen verbietet.

Zweckmäßiger erscheint eine offene Definition, die keinen (bewussten oder unbewussten) Zerstörungswunsch voraussetzt. Diese Voraussetzung erscheint mir spekulativ und unbeweisbar. Es könnte sein, dass bei Hass immer Zerstörungswünsche im Spiel sind, aber es ist nicht bewiesen, ja sogar unwahrscheinlich. Ich kann z. B. eine Person hassen, weil sie immer früh am Morgen laut singt. Wenn sie aufhört zu singen, höre ich wahrscheinlich auf, sie zu hassen. Es gibt für mich keinen weiteren Anlass zu hassen. Um meinen Hass zu befriedigen, würde es genügen, ihr das Singen zu verleiden oder mich vor dem Gesang in Sicherheit zu bringen.

Liebe und Hass sind intentionale Gefühle (oder gefühlsmäßige Einstellungen mit einer Disposition zum Handeln), die eine unbestimmte Vielfalt von intentionalen Objekten haben können. Weil wir vieles hassen können und weil Hass zu diversen Handlungen führen kann, trägt die Zuordnung von Hass und Bösem nichts zur Vereinfachung von Komplexität bei. Liebe und Hass sind wie Variable, die von vielen Konstanten erfüllt werden können. So wie das Gebot der Liebe noch nichts darüber sagt, wer wie geliebt werden soll (wenn hier ‚sollen' überhaupt viel Sinn macht), so bleibt es auch offen, auf wen und auf welche Handlungsziele sich Hass bezieht. „Schwacher" Hass könnte z. B. lediglich dazu führen, dass ich bestimmte Menschen meide. Statt sie anzugreifen, kann ich sie fliehen.

Hass trägt nicht nur nichts zur Vereinheitlichung der Phänomene des Bösen bei, er erklärt auch nicht alles. Mit der Bezugnahme auf Hass verhält es sich ähnlich wie mit der Bezugnahme auf Grausamkeit: Sie sind nützliche Abkürzungen zur Beschreibung von Manifestationen des Bösen; sie insistieren auf jenem Überschuss, der das Böse vom lediglich moralisch Falschen oder Regelwidrigen unterscheidet. Hass und Grausamkeit sind Faktoren des Exzesses, Antriebe zur doppelten und vielfältigen Rache, zur Wiederholung und Steigerung des Furchtbaren. Hass und Grausamkeit können teilweise aus einer Geschichte von Rivalitäten, Verletzungen und Enttäuschungen von Erwartungen erklärt werden, aber diese narrativen Erklärungen bleiben approximativ. Statt die Exzesse im Bösen kausal vollständig zu erklären, geben sie diesen vielmehr einen Namen, fügen sie in den Ablauf einer Erzählung ein und lassen ein „Rätsel des Bösen" offen.

Grausamkeit und Hass sind Indikatoren für das Böse, das aus der Tiefe des Individuums stammt. Wer zwanzig Frauen tötet, um den Hass gegen seine Mutter zu befriedigen oder um sich selber im Akt der Grausamkeit zu spüren, handelt nicht aus der einfachen und schönen Klarheit eines absolut freien Entschlusses, sondern aus einer trüben Mischung von eigenem Antrieb und weiteren Motiven, verstärkt und kanalisiert durch äußere Gelegenheiten und Anreize. Kriminalistische Fallstudien bestätigen diese Diagnose.

Bezugnahme auf Hass vermag zwar nicht viel kausal zu erklären, doch sie bleibt unverzichtbar für die Deutung der Exzesse im Bösen. Neben kausale Erklärungen treten narrative Erklärungen, Hassgeschichten mit einem dramaturgischen Ablauf: Wie die Geschichte begann, wie sich der Hass steigerte, wie es zu Höhepunkten des Hasses kam und wie der Hass abflaute und wieder auflöderte etc. Manche Konflikte lassen sich nur aus Erzählungen verstehen, insbesondre wenn sich die tieferen Gründe und Motive (wenn es sie gibt) nicht eruieren lassen. Dies hängt damit zusammen, dass Hass zwar intentional gerichtet, aber oft unbegründet oder grundlos zu sein scheint. Wer die einschlägigen Geschichten nicht kennt, wird gewisse Konflikte als völlig unverständlich oder irrational beurteilen (vgl. Anders 2007; Beck 1999; Bollnow 1962; Boquel/ Kern 2009; Butler 2006; Coester 2008; Fromm 1974; Glucksmann 2004/2005; Guery 2002; Lask 2004; Le Cour Grandmaison 2002; Lessing 1930; Saltel 2001; Sternberg/ Sternberg 2008; Sumner 2004; Weinstein 1999; Ziegler 2008/2010).

Hasserzählungen resümieren auch die Anteile der Affekte an der Politik, insbesondere die Weitergabe des Hasses von Generation zu Generation. Klans oder Nationen, die sich über Jahrhunderte befehden, impfen ihre Kinder mit dem Hass gegen den Feind. Die Weitergabe des Hasses konkretisiert die Vorstellung einer „Erbsünde", die wir von unseren Eltern übernehmen. Weil jedoch die Möglichkeit besteht, die „Erbsünde" des Hasses zu überwinden (z. B. in der Liebe von Romeo und Julia), gibt es auch einen Anteil von eigener Entscheidung. Die paradoxe Zusammensetzung von „Erbe" (was ich nicht selber verschulde) und „Sünde" (was ich selber verschulde) findet im Generationenhass eine realitätsnahe Illustration. Anders gesagt: Es gibt viele Möglichkeiten, den von den Vorfahren geerbten Hass fortzusetzen, zu steigern oder abzuschwächen.

Die Propaganda des Hasses bedient sich gerne der Rhetorik der „Unschädlichmachung" und „Beseitigung", die es offen lässt, wer genau die Objekte des Hasses sind (Personen? Institutionen? Ideen?) und was allenfalls mit den gehassten Personen geschehen soll. Der Kommunismus hat den „proletarischen Hass" (Gorki 1954) gepredigt und die Unduldsamkeit gegen den Klassenfeind als Forderung des sozialistischen Humanismus aufgestellt. Das Spektrum der hassenswerten Klassenfeinde ist erschreckend groß; es umfasst nicht nur jene, die direkt und offen gegen den Sozialismus kämpfen, sondern auch alle Halbherzigen und Faulpelze innerhalb der eigenen Reihen. Der Hass richtet sich gegen jede Form von Unvollkommenheit und Abweichung von den erhabenen Zielen des Sozialismus (vgl. Schischkin 1964).

Der Mangel an Mäßigung und Selbstkritik ist der auffällige Mangel der Prediger des Hasses; das unheimliche und drohende Schweigen darüber, was das „Verschwinden" des Klassenfeindes für Handlungen involviert, ist der unauffällige Mangel von Hassideologien. Die kommunistische Ideologie gibt keine Antwort darauf, was mit dem Klassenfeind geschieht, wohin er kommt, wo er allenfalls überleben könnte und was in sog. Umerziehungslagern geschieht; die kommunistische Praxis hat verschiedene praktische Antworten gegeben: Schauprozesse, ein System von Spitzeln und Denunzianten, Gehirnwäsche und Ermordung in Lagern. Auch der deutsche Faschismus schwankt zwischen dem öffentlichen Projekt einer Deportation der Juden und dem heimlichen Programm der Vernichtung (im Sinne der Tötung oder des Sterbenlassens in Lagern). Die Politik des Hasses schafft und benutzt diese Unklarheit, um ihre bösen Absichten zu verschleiern und gleichwohl einschüchternde Gerüchte zu verbreiten. Die Vernichtungslager existieren im Bewusstsein der eingeschüchterten Bevölkerung vor allem in der Form unbestätigter Gerüchte; die verängstigte Bevölkerung will es gar nicht so genau wissen, solange nicht eigene Freunde und Verwandte betroffen sind.

Die Politik des Hasses betreibt die Politik des Kampfes mit dem realen Bösen gegen das imaginäre Böse. Diese Politik bedeutet, sich ohne einen Rest von Bedauern oder schlechtem Gewissen die Hände schmutzig zu machen. Konventionelle Moral wird suspendiert, um eine „höhere Moral" gegen eine feindliche Umwelt durchzusetzen. Schließlich wird im etablierten kommunistischen System die Propagierung des „proletarischen Hasses" zu einem Heulen mit den Wölfen. Wer sich als möglichst gesinnungstreu profilieren und gegen Zensur und Verfolgung absichern will, bedient sich in aller Öffentlichkeit der Rhetorik des proletarischen Hasses. Der Teufel soll mit dem Beelzebub ausgetrieben werden. Kritiker des Marxismus haben die Politik des Hasses als Maskerade des Teufels entlarvt. Hinter der Maske der Prediger der allgemeinen Menschenliebe grinst der Teufel (vgl. Kolakowski 1968).

Es ist wichtig, sich nicht auf eine Ursache oder einen Kontext des Hasses festzulegen. Hass kann ganz unterschiedliche Ursachen haben. Menschen, die sich entwurzelt und heimatlos fühlen, vermissen Anerkennung. Sie wissen nicht, was sie zusammenhält oder worauf sie stolz sein könnten. Es fällt ihnen schwer, sich selber zu lieben oder wertzuschätzen. Nach einer Hypothese von Theodor Lessing gibt es einen kausalen Zusammenhang zwischen dem ewigen Exil der Juden und ihrer Neigung zum Selbsthass (vgl. Lessing 2004/1930; Gilman 1993). Dieses „kleine und unbedeutende Volk der Hebräer" fühlt sich zwar von Gott auserwählt, aber die Auserwählung gilt als völlig unverdient. Die Größe Gottes wird ebenso ins Maßlose gesteigert wie die Selbstverkleinerung. „Herr, ich bin es nicht wert, dass du mein Haus betrittst; sprich nur ein Wort, dann wird mein Diener gesund" (Mt. 8, 8).

Was den einen als besondere (fast magische) Kraft des Glaubens erscheint, wird den anderen als unerträgliche Kriecherei erscheinen, die sich nicht von der Psychologie des Selbsthasses und des Masochismus unterscheidet. Menschen, die sich selber hassen, werden – zu Recht oder zu Unrecht – gefürchtet, denn sie sind für das Gebot „Liebe deinen Nächsten wie dich selber" nicht empfänglich. Eher besteht der begründete Verdacht, dass

Selbsthass in Misanthropie umschlägt. Selbstverachtung ist manipulierbar und missbrauchbar, etwa durch die Ausbildung zu Kindersoldaten und Selbstmordattentätern. Solche Menschen, die keine Verankerung für ihre Selbstachtung in Bildung, Ansehen und Eigentum finden, suchen keinen irdischen Gewinn und keinen materiellen Vorteil. Das eigene irdische Wohl und Leben ist ihnen nichts wert. Sie setzen alles auf eine Karte: den Eintritt ins Paradies. Für solche Heilsfanatiker ist das Lebensopfer eine Bagatelle.

Mit der Vererbung des Hasses über Generationen und der Manipulation und Instrumentalisierung des Selbsthasses sind wir bei Phänomenen angelangt, in denen sich die Anfänge des Bösen festigen und von einer Etablierung des Bösen gesprochen werden kann. Dieser Übergang wird am Ende des ersten Teils (vgl. I 13) und im zweiten Teil weiter behandelt.

Hass kann als Ursache des Bösen betrachtet werden, aber auch als Anzeichen oder Ausdruck des Bösen. Kausale Erklärungen aus Hass führen oft in ein Labyrinth von weiteren Ursachen. Narrative Erklärungen situieren den Hass in einer Hassgeschichte: Hass kann sich über lange Zeit aufstauen und in gewissen Episoden zum Ausbruch gelangen. Oft bleibt unklar, ob Hass zu den Ursachen oder Symptomen eines Konfliktes gehört. Die Politik des Hasses setzt sich über Generationen fort und bedient sich der Aufstachelung gegen imaginäre Feindbilder. Es besteht ein vielfacher Bezug zwischen dem Hass und dem Bösen, aber die einfache Erklärung alles Bösen aus Hass vermag nicht zu überzeugen.

I 11 Lust an der Zerstörung

In der Philosophie gibt es eine besonders destruktive Richtung, den Skeptizismus. Dieser prüft Erkenntnisansprüche und weist sie durch Einwände zurück. Der Skeptiker geht allerdings weiter als eine Philosophie, die sich der Methode des Zweifels bedient, um auf letzte Gewissheiten zu stoßen. Der echte Skeptiker fühlt sich nicht verpflichtet, selber positive Thesen aufzustellen oder Erkenntnisansprüche zu erheben. Er begnügt sich damit, zu prüfen und zu verwerfen, was andere anbieten.

In diese nüchterne Aufgabe mischt sich eine Lust der Zerstörung. Die Negation wird zur Hauptaufgabe, vielleicht zur Obsession, und sie scheint damit mehr schaden als nützen zu wollen. So bezeichnet sich Mephisto in Goethes Faust als den Geist, der stets verneint: „denn alles, was entsteht, ist wert, dass es zugrunde geht ..." (Goethe 1998, 43 Faust I, Verse 1340 ff.). Der Teufel befindet sich in symbolischer Opposition zur Unschuld des Wachsens und Werdens in der Natur. Wo der Teufel wirkt, hinterlässt er Schwefelgeruch und Asche. Negation wird als Analogon zu Krieg und Brandschatzung gesehen, die keinen Stein auf dem andern lassen und das Unterste nach oben kehren. Auf der symbolischen Ebene ist die umfassendste Zerstörung eine Vernichtung von Ordnung und eine Umwertung aller Werte. Der Teufel als „diabolus" stiftet – durch Täuschung und Gewalt – Verwirrung und Unordnung; als „diabolische" Wünsche gelten jene Wünsche, welche auf Verwirrung und Chaos abzielen.

Die Lust an der Zerstörung kann eine nützliche Funktion haben, etwa als Impuls von Jugendbewegungen. Sie bereitet das Terrain für neues Wachstum, so wie den schlimmsten Stürmen, Bränden und Überschwemmungen nach einigen Jahren eine üppige Vegetation folgt. Auf der symbolischen Seite wurde Zerstörung und Chaos als Ausgangspunkt für Erneuerungen und Schöpfungen betrachtet. Wer Neues schaffen will, muss Altes zertrümmern. „Die Lust der Zerstörung ist zugleich eine schaffende Lust" (Bakunin 1968/1842, 96).

Diese Auffassung der Lust an der Vernichtung als einer schöpferischen Kraft liegt den anarchistischen und kommunistischen Utopien zugrunde. Sie setzen auf eine ultimative Diskontinuität in der Geschichte; eine naturwüchsige Vorgeschichte wird durch eine „menschliche", d. h. von Menschen geschaffene und kontrollierte Geschichte abgelöst. Das utopische Element wird in der Revolutionsrhetorik weiter gepflegt, mit einer Vorliebe für die Metaphern von Feuer, Blut und Gewalt.

Diese Auffassung ist jedoch einseitig, weil sie das Risiko eines Rückfalls in Chaos und Barbarei verharmlost. Lust an Revolution und Vernichtung des Alten ist eine übermütige und bedrohliche Lust. Sie stützt sich auf die Vision eines von Menschen gemachten und gut gemachten völligen Neuanfangs, der die Zukunft gegen radikale Verschlechterungen und Rückfälle immunisiert. Was hätten die Freuden an der Zerstörung und dem Neubeginn für einen Sinn, wenn sie nur Ruinen und eine Katerstimmung hinterließen?

Ursache der Lust an Zerstörung ist auch eine Hybris, in der sich Menschen eine neue Schöpfung anmaßen oder sich als Retter der eigenen und anderer Spezies aufspielen (vgl. Gray 2010). Die fantastische und hyperbolische Auffassung einer Selbsterschaffung wird zur Grundlage einer problematischen Konzeption von Freiheit. Der Traum von einem absoluten Neuanfang wird als eine Konzeption von Freiheit ausformuliert, welche den Terror und Schrecken in sich trägt. Innovation, missverstanden als *creatio ex nihilo* (Schöpfung aus dem Nichts), verkennt die Tatsache, dass in der Natur und in der Geschichte keine absoluten Diskontinuitäten vorkommen und dass jede Neuerung mit bereits bestehenden Vorgaben auskommen muss. Böse ist die Lust an der Zerstörung dann, wenn sie sich gegen das Leben, die Biosphäre und die Artenvielfalt richtet und in einem Kult des Nichts kulminiert. Schrecklich-naiv ist die Lust an der Zerstörung, wenn sie sich für die Garantie eines besseren Neuanfangs hält. So wenig der Mensch der Schöpfer des Universums ist, so wenig kann er sich als derjenige ausrufen, der alles neu macht.

Die Kehrseite der Lust an der Zerstörung des Alten ist die Trauer über das Entschwinden des Alten, das wir kaum verlangsamen und schon gar nicht verhindern können. Die angemessene Haltung gegenüber der Auflösung des Alten und insbesondere den damit verbundenen Übeln, die sich Menschen untereinander antun, ist nicht Lust, sondern Trauer (vgl. Kant 2006, 149f.; Hegel 1970, Werke 12, 34). Kants Formulierung ist besonders deutlich, betont er doch, dass wir uns untereinander solche Übel zufügen „in den von uns selbst für wichtig und groß gehaltenen Zwecken". Dieser Kommentar könnte sich gegen revolutionäre Gewalt richten. Der Untergang der Alten macht dem Neuen Platz, aber es fügt auch die Wunden des Verlustes zu. Die Lust der Zerstörung richtet sich gegen Herkunft und gegen das Mütterliche im weitesten Sinne. Die Reaktionen der Mütter auf Kriege und gewaltsame Revolten sind die Seufzer und Tränen über den schrecklichen Verlust ihrer Kinder. Das Böse besteht darin, dass dieses Elend und diese nie versiegenden Tränen der Eltern und Angehörigen von Kriegsstrategen in Kauf genommen oder als unwesentlich betrachtet werden. Die moderne Kriegsführung verstärkt alte und schafft neue moralische Dilemmata (vgl. Gross 2009). Kriege scheinen immer weniger zu kalkulierbaren oder gar politisch wünschenswerten Zielen zu führen und immer mehr Kollateralschäden zu erzeugen. Das „over-kill-Potential" moderner Kriegstechnologien übertrifft die relativ harmlose Lust am Ikonoklasmus. Wem könnte es Lust bereiten, durch Gift und Strahlen Arten auszurotten oder gar die Biosphäre zu zerstören?

Die Ekstasen der Zerstörungslust müssen auf jeden Fall begrenzt und kontrolliert werden; es gibt keinen guten Grund, Zerstörungslust zu propagieren oder die spontane Zerstörungswut des Volkes zu verteidigen. *Tabula rasa* können wir nicht einmal im Geiste machen, ohne uns der Substanz der Überlieferung zu berauben. Eine reale Politik der *tabula rasa* mit Bildersturm, Bücherverbrennung und der massenweisen Hinrichtung von sog. „Konterrevolutionären" ist ein Vorwand für die Umtriebe des Bösen. Oder bin ich zu konservativ, dass ich in der Verherrlichung der Zerstörung keinen Wert zu sehen vermag?

Skeptiker und Revolutionäre machen selber Voraussetzungen: Sie setzen Standards einer wahren Erkenntnis oder einer erfolgreichen Praxis voraus. Sie wecken Erwartungen und Hoffnungen, an denen sie gemessen werden. Sie können sich der Prüfung und Kritik nicht entziehen. Die Ekstasen der Zerstörungslust sind nicht selbst-rechtfertigend.

In der Fiktion erweist sich der Terminator großer Beliebtheit. Die bekannte Serie von Filmen zeigt den Mensch im Kampf gegen die von ihm selber geschaffenen Maschinen, mit Unterstützung einer dieser Maschinen. Die Beseitigung von Menschen und Maschinen wird als notwendige Voraussetzung für einen künftigen Frieden legitimiert. Welche Gegner zählen noch als Menschen, welche nur als Maschinen? Wird die Zukunft durch große Individuen, neue Organisationen und Massenparteien oder durch eine übergeordnete „List der Vernunft" gerettet? Was ist so schlimm am

Gedanken einer künftigen Nicht-Existenz der Gattung *homo sapiens*? Dies sind einige der Fragen, die von der Terminator-Serie aufgeworfen werden (vgl. Brown/ Decker 2009).

Die Terminator-Trilogie spielt mit den Szenarien einer Welt, in der es keine göttliche Vorsehung zu geben scheint. Die Lust an der Zerstörung könnte aber als nützliche Negation gelten, wenn es im Hintergrund eine weise Vorsehung gäbe, welche sogar Kriege und Massaker als Mittel zu Besserem verwendet. Selbst unter solchen Garantien wäre im Rückblick auf die Geschichte von Zerstörung eher Trauer über die Opfer angebracht als ein Triumphalismus, der die Lust der Zerstörung nachträglich segnet.

Die Zerstörungslust könnte auch durch einen Selbsthass angetrieben werden, der sich in folgendem inneren Monolog äußert: „Ich bin es nicht wert zu bestehen, es sei denn als Mittel und Instrument für das Glück und die Freiheit künftiger Generationen". Die Lust der Zerstörung könnte so gesehen eine Lust oder zumindest eine Berufung zur Selbstzerstörung einschließen. Diese Berufung findet sich bei den Selbstmordattentätern, die deshalb zu Repräsentanten des Bösen und des Fanatismus werden, weil sie möglichst viele andere töten und verletzen wollen (das macht sie böse) und weil sie durch den Appell an Selbsterhaltung nicht zu bremsen und nicht zu bekämpfen sind (das macht sie fanatisch). Die Lust der Zerstörung kann in Anknüpfung an die Phänomene des Hasses gedeutet werden. Hass und Zerstörungswut scheinen sich gegenseitig zu verstärken – dies wäre eine kausale Erklärung. Oder sie fügen sich nahtlos in eine vollständige Beschreibung oder Erzählung eines Verbrechens ein und gelten als Zeichensprache des Bösen – dies wäre die narrative Erklärung.

Könnte Lust an der Zerstörung vernünftig sein, wenn der Pessimismus wahr wäre? Dieser besagt, dass es besser ist, nicht zu sein als zu sein, dass es das Beste ist, nicht geboren zu sein und das Zweitbeste, nach der Geburt möglichst rasch aus dem Leben zu scheiden (vgl. Nietzsche 1980, Band 1, 35 Die Geburt der Tragödie, Abschnitt 3). Niemandem ist so gesehen ein langes Leben zu wünschen. Der Pessimismus kann z. B. mit einer negativen hedonistischen Bilanz begründet werden, die besagt: Das Leben enthält mehr Leiden als Freuden. Insofern wäre es unvernünftig, das Leben zu verlängern, es sei denn, um vor dem Tod noch so viel als möglich zu genießen und auch nicht auf sog. „bösen Lüste" wie die Lust an der Zerstörung zu verzichten. Man könnte dies einen Hedonismus aus Verzweiflung nennen.

Der Pessimismus, der sich auf eine negative hedonistische Bilanz stützt, gibt sich einen Schein von Wissenschaftlichkeit und Berechnung. Wäre es nicht ehrlicher, den Pessimismus als Ausdruck persönlicher Enttäuschung und Verbitterung zu verkünden? Damit könnte man vielleicht eine Moral *ad personam* formulieren, die besagt: „Verzichte nicht auf Lust, schöpfe alle Gelegenheiten zu Lust aus!" Dieser selbst-adressierte Imperativ lässt sich jedoch nicht an alle Menschen adressieren, da manche Menschen diese subjektive pessimistische Sicht der Dinge nicht teilen.

Selbst wenn wir um der Argumentation willen annehmen, dass es (im Leben der meisten Menschen) insgesamt mehr Leiden als Freuden gibt, folgt daraus nicht automatisch eine Entwertung und Aushöhlung des Sinnes und Wertes von Leben. Es gibt verschiedene Weisen, auch im Leiden und der Entbehrung Sinn zu finden oder diese als Nebenwirkungen des Strebens nach wichtigen Zielen in Kauf zu nehmen. Eine generelle Propagierung der Lust an der Zerstörung ist auch im Rahmen einer pessimistischen Deutung der Wirklichkeit nicht gerechtfertigt, diskreditiert sie doch den Sinn und die Bedeutung, die Menschen im Kampf und im „Trotzdem" gegen das Absurde finden. Das Argument: „Lust an der Zerstörung ist legitim, weil das Leben mehr Leiden als Freuden enthält" ist völlig abwegig. Ich kann auch an einem Leben hängen, in dem Freuden rar sind und Leiden überwiegen.

Die Lust an der Zerstörung wird nicht dadurch legitim, dass alles ohnehin irgendwann zugrunde geht. Es ist ein platonisches Vorurteil zu glauben, dass die Vergänglichkeit ein Ding oder Wesen entwerte. Selbst Platon und die platonisch-christliche Tradition schließen aus dieser Prämisse nicht, dass menschliches Leben wertlos oder Suizid erlaubt sei. Die moralische Verurteilung des Suizids wird in der platonisch-christlichen Tradition allerdings nicht triftig begründet (vgl. Pabst Battin 1982). Dass sich jemand selber schädigt oder gefährdet, ist bedauerlich, aber ist es auch „böse"? (Nach Definition$_6$ in der Einleitung wird das implizit ausgeschlossen.) Hier muss man unterscheiden zwischen jemandem, der sich tötet oder den eigenen Tod in Kauf nimmt, um damit andere zu schädigen, und jemandem, der sich lediglich von seinem Leben (und seinen Leiden) verabschieden will. Perfid und böse ist ein Suizid mit der Absicht, bei Hinterbliebenen tiefe Schuldgefühle zu bewirken. Und als besonders böse gelten Selbstmordattentäter, die viele unbeteiligte und unschuldige Menschen mit sich in den Tod reißen, viele Verletzte hinterlassen und sich selber einer Strafverfolgung entziehen.

Wäre Lust an der Zerstörung für ein Individuum die einzige Quelle von Lust, so würde es sich um moralische Bedenken wenig kümmern. Es ist zu hoffen, dass solche Figuren eines morbiden Satanismus, die nur im Rausch der Zerstörung Lust und Lebenssinn finden, extrem selten sind und hauptsächlich in fiktiven Welten der Imagination und Kunst ihr Unwesen treiben. Die Argumente, die besagen, Lust an der Zerstörung sei unvernünftig oder krankhaft, können einige besonders destruktive Menschen nicht umstimmen. Die Gesellschaft muss sich vor ihnen schützen wie vor tollwütigen Hunden. Allerdings haben es die strafenden Instanzen mit Menschen zu tun, die versuchen, ein für sie sinnvolles Leben zu führen. Selbst scheinbar diabolischen Menschen geht es in Wirklichkeit meistens nicht darum, das Böse um seiner selbst willen zu tun, sondern darum, auf eine konfuse oder abwegige Weise dem eigenen Leben Sinn abzugewinnen.

I 12 Eifer, Zorn und Fanatismus

Das Böse ist eine Maßlosigkeit – das ist *per definitionem* wahr. ‚Böse' bezeichnet nicht jede Regelverletzung, jeden Ungehorsam oder alles, was in der Kindersprache oder in einer bloß konventionellen Moral als böse gelten mag. Böse geht über die Grenzen des (für den *common sense*) „Normalen" und Allzumenschlichen hinaus. Es umfasst jene exzessiven Übel, für die Menschen zur Verantwortung gezogen werden (sollten). Eifer, Zorn und Fanatismus haben den Antrieb zur Maßlosigkeit gemeinsam. In gewissen Grenzen werden sie zu Recht bewundert, nämlich als Energie, welche Menschen über die Mediokrität hinausträgt und zu außerordentlichen Leistungen anspornt. Ohne Eifer keine Exzellenz. Eifer ist Begeisterung, Energie und Elan. Der *élan vital* wird sogar zu einem zentralen Begriff der Lebensphilosophie (vgl. Bergson 1997/1907, 258). Es ist der Schwung, der über die minimalen Zielsetzungen der Selbsterhaltung und Absicherung des Lebens hinaus ins Wagnis und Abenteuer führt. Es ist die Tendenz zur Steigerung des Lebens, die Nietzsche als Wille zur Macht deklariert – gegen die bloße Stagnation einer defensiven Selbsterhaltung. Es ist das Mehr-Wollen im doppelten Sinne: Intensiver Wollen und mehr Ziele wollen (vgl. Nietzsche 2004).

Voltaire bezeichnet den Eifer („enthousiasme") zwar als eine Vorstufe des Fanatismus, aber Eifer kann nicht *per se* schlecht sein (vgl. Voltaire 1960/1765). Eifer ist zunächst eine Begeisterung, eine erhöhte Herzfrequenz und eine intensive Motivation. ‚Eifrig' ist ein Wort mit positiver Bedeutung, und zur Bezeichnung eines eindeutig negativen Eifers braucht es ein Adjektiv: ‚Blinder Eifer', der weder rechts noch links schaut und über Leichen geht – dies ist die richtige Bezeichnung für eine Quelle des Bösen. Weil Eifer auch der Kern von Lebens- und Kulturenergie ist, muss man sogar von einem irrenden oder fehlgeleiteten Eifer sprechen, um die negative Seite, nämlich die kriminelle Energie zu verdeutlichen. Der Eifer eifert sowohl für gute als auch für schlechte Ziele, er eifert zugunsten von Menschen, aber auch gegen Menschen, gegen vermeintlich falsche Doktrinen etc.

Zorn gilt in einer stoischen Tradition des Denkens als höchste innere Unruhe, die der Angst verwandt ist (vgl. Seneca 2008). Angst und Zorn mindern die Selbstkontrolle und neigen zur Verteufelung ihrer intentionalen Objekte. Zorn hat diese Finalität zur Übertreibung und Maßlosigkeit, welche die Chance auf ein Leben aus Vernunft untergräbt. Ist ein vernunftgeleitetes Leben und die damit verbundene Seelenruhe das höchste Ziel, so ist es das Beste, völlig frei von Angst, Zorn und Ärger zu werden.

Es gibt dagegen den gerechten Zorn der Propheten. Auch nach Aristoteles gilt Zorn als ein Affekt, der begründet oder unbegründet sein kann. Der gerechte Unwille stößt sich an unverdientem Unglück oder Leiden und ist wie das Mitleid Affekt eines rechtschaffenen Charakters (vgl. Aristoteles

1980, 112–118, Rhetorik 1386b–1388a). Im Unterschied zur Stoa wird an der Option eines angemessenen Zorns festgehalten, der sich gegen Übermut richtet, z.B. übermütige Gewalt, ausgeübt von reichen und jungen Männern (vgl. Aristoteles 1980, 88, Rhetorik 1379a). Zorn kann nicht nur maßvoll und angemessen sein; ein zu erwartender Zornausbruch wirkt auch abschreckend.

Die psychologische Voraussetzung dieser Auffassung besagt, dass es eine Instanz im Menschen gibt (die Vernunft), die sich über den Zorn stellen kann. Der Mensch ist dem Zorn nicht ausgeliefert. „Vielmehr kann er unter günstigen Umständen den Zorn dämpfen oder formen und sich darüber stellen" (Schmitz 2010, 185). Überdies gehört der Zorn, sofern er im Rahmen des Schicklichen geäußert wird, zu den katharsischen Erregungen, die durch ihre Entladung befreien.

Ein Argument für den Nutzen des Zorns besteht darin, dass er andere vor Angriffen abschreckt. Mutwillig handelt, wer keinen Schaden erwartet. Mutwille richtet sich mit Vorliebe gegen Schwache und Wehrlose. Gemeint sind jene, die sich durch gutmütige Einfalt zur leichten Beute machen. Für den Mutwilligen spielt es keine Rolle, ob mein Zorn maßvoll oder kontrolliert ist – es geht den Mutwilligen nur darum, ungehindert zu schaden, zu kränken oder zu profitieren, ohne durch den Zorn der Beleidigten gestört zu werden. Für die abschreckende Wirkung des Zorns ist nicht wichtig, ob er begründet oder unbegründet, maßvoll oder maßlos sei. „Es ist Eigenschaft des Eifrigen, sich zu wehren." (Aristoteles 1980, 67, Rhetorik 1372b). Wenn der Mutwillige mit einem Zornausbruch rechnen muss, falls er einen Passanten anpöbelt, so wird er es, falls er nicht unter Gruppenzwang handelt oder bereits völlig betrunken ist, unterlassen; der Eifrige, von dem wehrhafter Zorn zu erwarten ist, bleibt besser vor Zudringlichkeit und Neugier geschützt. Wo kein solcher Zorn zu befürchten ist – bei folgsamen Sklaven, scheuen Frauen und Kindern –, besteht kein Schutzwall gegen Neugier und Zudringlichkeiten. Es gibt bereits in der Antike gegensätzliche Auffassungen vom Nutzen dieses „heißen" Affekts.

Umstrittene Fragen bleiben, ob es so etwas wie eine maßvolle Form der Äußerung von Zorn gibt und ob Zorn als innerer Affekt das Urteilsvermögen und die Freiheit des Handelns nicht ernsthaft beeinträchtigt. Es geht darum, ob sich Zorn von Jähzorn unterscheiden lasse und ob Zorn eher „blind" als „sehend" mache. Eine Propagierung von Zorn als legitimer Haltung gegenüber Ungerechtigkeit bleibt angesichts dieser Unsicherheiten prekär. Es besteht ein Unterschied zwischen dem nüchternen Urteil, dass Zorn gelegentlich eine nützliche Funktion haben kann, und der Anstachelung zum Zorn oder zum Volkszorn, der an die niedrigen Instinkte der Menschen appelliert und dazu geeignet ist, Gewalt zu säen und Unversöhnlichkeit zu ernten. Die Beurteilung des Nutzens des Bösen nimmt die Form einer funktionalen Analyse an; die Propaganda von Hass und Zorn dagegen hat mit einer nüchternen Analyse nichts zu tun, sondern mit der Billigung von Grenzüberschreitungen und einer zynischen Billigung dessen, was vielleicht nicht zu verhindern war. Es besteht ein Unterschied zwischen einem Kritiker der Moral, der Moral distanziert, funktional und im Blick auf außermoralische Zwecke betrachtet, und einem Satanisten, der das Böse zelebriert. Jähzorn gleicht eher einer Krankheit, die den ganzen Körper ergreift und schüttelt, als einer empfehlenswerten und kontrollierbaren Strategie gegen Diebe und Einbrecher. Die Anlage zum Zorn mag eine abschreckende Wirkung haben, doch handelt es sich dabei wie gesagt nicht notwendigerweise um gerechten Zorn, sondern allenfalls um kontrollierte und kalkulierte Äußerungen von Zorn.

Die Annahme eines ‚gerechten Zorns' ist *in nuce* ein Versuch, Zorn als vernünftig zu rechtfertigen oder gar zu propagieren. Auch wenn ein Zornausbruch gelegentlich nützlich sein mag, sei es als Prozess der Reinigung für den Zornigen oder als Effekt der Abschreckung gegenüber Dritten: Ich neige gleichwohl zur Auffassung, dass es den gerechten Zorn nicht gibt. Die Tatsache, dass sich Kriege in einer nachträglichen Beurteilung als funktional nützlich erweisen, ist keine Grundlage für eine Rechtfertigung der Entscheidung, einen Krieg zu führen. Ähnlich verhält es sich mit dem Hinweis auf die reinigenden oder abschreckenden Wirkungen des Zorns. Die Verwechslung von funktionaler Analyse und ethischer Rechtfertigung führt zur irreführenden Doktrin des gerechten Zorns. Ein Zorn, den ich bloß mit der Absicht, andere abzuschrecken oder zu bestrafen zum Ausdruck bringe, ist ein vorgetäuschter Zorn. Ein „kalter Zorn" (im Unterschied zum „kalten" Hass oder Groll) ist kein echter Zorn. Zorn ist meines Erachtens meist unvernünftig und lässt sich nicht nur mit Vernunft, sondern auch mit anderen, eher „ruhigen" Affekten wie Mitgefühl neutralisieren. Ich nehme mit dem *common sense* an, dass Zorn insgesamt mehr Böses als Gutes stiftet.

Kehren wir zurück zum Eifer, der zum ethischen Idealismus anstachelt. Eifer hat auch den positiven Effekt, dass er den Minimalismus überwindet. Moralischer Eifer begnügt sich nicht damit, Interessen und Rechte anderer nicht zu verletzen, sondern bezieht sich auch auf (moralische und ästhetische) Ideale und Vorbilder. Ideale bieten Gründe an, die nicht ausschließlich auf gewöhnliche oder vitale Wünsche begründet sind. Eine idealistische Moral versucht, die Ideale der Menschen ernst zu nehmen. So gesehen wird ‚Moral' manchmal mit ‚Idealismus' gleichgesetzt. Idealismus besagt Folgendes: Die Moral strebt nicht nur nach Konvention und minimalem Anstand, sondern auch nach Vollkommenheit, Exzellenz und Reinheit. Das Beste wird gelegentlich zum Feind des Guten bzw. des bloß Anständigen und Richtigen. Ein typisches moralisches Ideal ist selbstlose Hilfsbereitschaft und Menschenliebe. Ein Ideal fordert mehr als nur das Verbot, anderen nicht zu schaden. Aber es verbietet nicht so sehr spezifische Handlungen, sondern es signalisiert wie ein Wegweiser eine Richtung und ein Ziel der freiwilligen Vervollkommnung. Ideale fordern große freiwillige Opfer.

Mit dem Anspruch auf erhabene Ziele wird ein Fixstern der Orientierung angenommen. Die noblen Ideen, wie sie Platon konzipierte, lassen sich von Menschen zwar nie vollständig realisieren, doch es bleibt ein Anreiz, sie als „höhere Realitäten" zu entdecken und sich ihnen zu nähern. Ideen und Ideale üben auf viele Menschen eine sanfte Anziehungskraft aus, die nur für die Vernünftigen unter ihnen wie ein starker Anreiz wirkt. Die meisten Menschen fliehen nach Platon vor dem Licht der Ideen. Die fixe Orientierung an Ideen und Idealen verhindert eine Gleichsetzung aller Moral mit bloßen Konventionen, Kompromissen und Mediokrität aller Art. Die idealistisch konzipierte Moral ist nicht an die Menschen anzupassen, sondern die Menschen sollen sich so weit als möglich nach den moralischen Idealen aus- und sich an ihnen aufrichten. Es gehört zum Menschen, wie er ist, dass er oft scheitert; das wird ihm stets bewusst, wenn er die Unterscheidung zwischen dem, was ist, und dem, was sein sollte, vor Augen hat. Der Idealismus hält an der Kluft zwischen Sein und Sollen fest. Diese Kluft soll als Orientierung und Ansporn bestehen. (Sie könnte sich allerdings auch als Ursache für moralische Resignation auswirken) Das Bewusstsein dieser Kluft bewahrt im besten Fall vor Selbstgefälligkeit und Personenkult; selbst moralische Vorbilder können nicht als makellose Verkörperungen der Perfektion verstanden werden. Das Ideal ist zu keiner Zeit und an keinem Ort vollständig realisiert. Vorbilder sind uns voraus, aber es sind keine „Heiligen" ohne Anfechtung und Rückschläge.

Der Idealismus bildet auch einen fixen Maßstab der Beurteilung von Gut und Böse. Er hat die nötige Widerstandskraft gegen die normative Kraft des Faktischen und alle Tendenzen, Moral zu verbilligen und an die Schwächen und Unvollkommenheiten der Menschen anzupassen. Die Bedeutung des moralischen Idealismus besteht darin, dass er die notwendige Voraussetzung ist, Unvollkommenheiten, Unreinheiten und die Nuancen und Anfänge des Bösen wahrzunehmen. Der Idealismus wirkt wie ein Mikroskop und entdeckt – kraft des Kontrastes – das „Böse im Kleinen". Der Idealismus stärkt und immunisiert das Urteilsvermögen gegen die korrumpierenden Kräfte einer zweideutigen und potentiell bösen, weil unreinen Realität. Er hat sozusagen einen Fuß in einer anderen Welt und lässt sich von dieser unvollkommenen Welt nicht vollständig absorbieren. Doch wie steht es mit der Annahme dieser überirdischen Welt?

Anstelle der Annahme einer übernatürlichen Welt ist es plausibler, die Ideen und Ideale gar nicht ontologisch, sondern funktional zu charakterisieren. Es geht nicht darum, was sie sind und wie sie beschaffen sind, sondern wie sie wirken. Ihre Funktionen als Fixsterne der Beurteilung, als Anreize zum moralischen Streben und als Korrektive gegen Selbstgefälligkeit und Personenkult sind ohne die Annahme einer höheren, übernatürlichen oder transzendenten Welt von Ideen nachvollziehbar. Während Ideen in der natürlichen Welt zum Teil pragmatisch funktionieren, findet sich kein Ort für die Ideen in dieser oder in einer anderen Welt. Ideen sind nicht wie Fahrzeuge, die irgendwo parkiert werden müssen, sondern symbolische Vehikel wie Worte und Zahlen. Die Annahme einer separaten und von dieser Welt getrennten Welt der Ideen hat sogar einen Nachteil: sie kann im Sinne eines moralischen Manichäismus dazu missbraucht werden, diese Welt als böse und die übernatürliche Welt als vollkommen und gut zu charakterisieren (vgl. I 4).

Ist der Idealismus potentiell fanatisch? Der Idealismus lässt sich vor dem Abgleiten in Fanatismus bewahren, indem an einer Vielfalt von Idealen festgehalten wird. Potentiell fanatisch ist die Verabsolutierung eines einzigen Ideals oder so abstrakter Ideale wie Reinheit und Vollkommenheit. Der moralische Idealismus sollte sich zusätzlich absichern, indem er zwischen der Realität und Objektivität von Normen und Idealen und der Annahme eines leichten und gewissen Zugangs zu diesen Realitäten unterscheidet. Ein moralischer Idealist, der weder unkorrigierbare noch unfehlbare Erkenntnisse in Anspruch nimmt und die Möglichkeit des Irrtums eingesteht, ist weniger fanatisierbar als ein Idealismus, der frei ist von Erkenntniskritik. Schließlich wird eine gewisse Äquidistanz zu meinen Idealen verhindern, dass ich mich ohne Blick auf andere Werte und Ideale einem einzigen Ideal verschreibe und dieses auf Kosten aller anderen Ideale vergöttere. Der Kunstfanatiker, der über Leichen geht, weicht ebenso von dieser Haltung der Äquidistanz ab wie der engstirnige Ökonomist, der kulturelle Phänomene auf einen ökonomischen Unterbau reduziert und die Armut zu bekämpfen sucht, indem er Kirchen, Theater und Opernhäuser schließen lässt.

Der Idealist muss nicht nur eine Vielfalt von Werten, sondern auch den Wert des Zweitwichtigsten akzeptieren, um nicht in Fanatismus und Barbarei zu verfallen. Auch wenn er den Wunsch nach Brot für banaler hält als den Wunsch nach Tugend, so darf er doch die Rücksicht auf den Wunsch nach Brot nicht ausklammern. Ein jugendlicher Idealist kann in dieser Hinsicht reifen, indem er eine Familie gründet, ein zweites Mal in die „moralische Schule der Familie" geht und die enormen Unterschiede von Präferenzen der Familienmitglieder bewusst studieren kann – die Unterschiede der Präferenzen zwischen Mann und Frau, Kindern und Erwachsenen, Söhnen und Töchtern. Die Fähigkeit von Eltern, sich in ihre Kinder hineinzuversetzen, und die entwickelte Gabe der Empathie reifer Menschen bilden ein Gegengewicht gegen verstiegene und fanatische Tendenzen des Idealismus. Die Familie ist in gewisser Hinsicht ein Modell für die (mehr oder weniger) friedliche Koexistenz von Menschen mit stark divergierenden Präferenzen. Sie kann auch ein Modell für (mehr oder weniger) friedliche Abschiede und Trennungen sein. Das Leben in der Familie ist mit einseitigem Idealismus oder Fanatismus kaum vereinbar. Eltern mit Kleinkindern werden gezwungen, sich ein zweites Mal und auf bewusste Weise den elementaren und kurzfristigen Wünschen zuzuwenden – Wünsche nach Genüssen und Spielen, aber auch das Privileg von ungehemmten Gefühlsausbrüchen, das sie sich selber lange nicht mehr gegönnt haben. Kinder erinnern mich an das „Kind in mir". Sie sind noch weit entfernt von kalkulierenden und kaltblütigen Fanatikern, die andere in den Fanatismus und Tod mitreißen.

Auch als Idealist darf ich den Blick für die vitalen Interessen der Menschen nicht verlieren, sonst leiste ich jenem Fanatismus Vorschub, der nicht mit sich verhandeln lässt. Erstens muss ich damit rechnen, dass es Menschen gibt, die meine hohen Ideale nicht teilen (die z. B. Kunst oder Religion nicht wertschätzen) und mit denen ich gleichwohl friedlich koexistieren muss; sofern diese „Banausen" (aus der Sicht des Idealisten) jedoch Rücksichten auf Leib und Leben anderer nehmen, sind sie akzeptable Gesprächspartner, die nicht *a priori* als „Feinde" (oder „Feinde der Menschheit", „Barbaren", „Klassenfeinde" etc.) zurückgestoßen werden dürfen. Umgekehrt darf von den „Banausen" gefordert werden, dass sie sich nicht einer Politik des Ressentiments gegen Kunst, dem Vandalismus und Ikonoklasmus verschreiben.

Zweitens muss ich die Realisierung meiner Ideale in einen größeren Zusammenhang von Interessen und Idealen einordnen, die nicht *en bloc* ignoriert oder übertrumpft werden dürfen. Diese Zurückbindung des Idealismus an eine Pflicht zur Äquidistanz gegenüber seinen Idealen und eine Pflicht zur Anerkennung elementarer dringlicher und vitaler Interessen aller Menschen könnte ihn vor Fanatismus bewahren. Was den Idealisten vom Fanatiker trennt, sind Empathie und Imagination, die attestieren, dass es ein gutes Leben auch ohne persönliche Teilnahme an Kunst oder Wissenschaft geben kann und dass es Menschen gibt, die auch ohne die großen Wahrheiten der Religion ein anständiges und friedliches Leben führen können. Die Toleranz des Idealisten verlangt aber nicht, auf meine Ideale zu verzichten; sie fordert nur, dass ich mich nicht in systematische Kampagnen oder bösartige Ressentiments gegen die Wertvorstellungen und Wertgewichtungen anderer verwickeln lasse. Da es auch Idealisten unter den Agnostikern und Atheisten gibt, muss man auch von diesen erwarten, dass sie sich die Option eines religiösen, aber gleichwohl anständigen und friedfertigen Lebens vorstellen können.

Ein wirksames Antidot gegen Fanatismus ist auch die Auffassung Kants, dass ich zwar eine Pflicht habe, mich selber zu vervollkommnen, aber kein moralisch verpflichtendes Mandat, andere zu vervollkommnen (vgl. Kant 1990/1797, 25–28). Ideale, die wesentlich auf einem freiwilligen Engagement beruhen, können nicht zu direkten Zielen der Politik und Pädagogik werden. Allerdings ist es vernünftig zu fordern, dass niemand andere Menschen an ihrer Selbstvervollkommnung hindern darf, sofern sie nicht andere schädigen oder gefährden. Eine perfektionistische Politik kann liberal und antifanatisch sein, sofern sie davon absieht, andere aktiv oder mit

Zwangsmaßnahmen zu perfektionieren und lediglich darauf besteht, dass Menschen Freiräume für ihre Selbstvervollkommnung erhalten. Kinder und Jugendliche können allenfalls daran gehindert werden, eine vermeintliche Selbstvervollkommnung zu praktizieren oder einvernehmenden Parteien oder Sekten beizutreten, die sie gesundheitlich und psychisch ruinieren.

Fanatismus ist schlecht zu bekämpfen, weil er sich nicht nur in den aktiven und dominanten Formen manifestiert (die eine gewisse Affinität zum moralischen Idealismus haben), sondern in zahlreichen Formen der Nachahmung und des Mitläufertums. Menschen lassen sich z. B. begeistern durch Hetz- und Hassreden, weil sie selber zur Kritik nicht besonders begabt sind. Sachliche und begründete Kritik ist eine schwierige Aufgabe (vgl. III 4); persönliche Diffamierung oder pauschale Äußerungen von Unbehagen, Abneigung und Hass sind dagegen ein „Kinderspiel", das keiner besonderen Ausbildung und Kultur bedarf. Weil maßvolle und angemessene Kritik so schwierig ist, flüchten sich manche Menschen lieber in pauschale Verurteilungen. Sie sind anfällig für den Fanatismus der Mitläufer, die sich von den Hetzreden charismatischer Führer anstecken und mitreißen lassen. Der charismatische und dominante Fanatiker erscheint ihnen als nobler Idealist.

Es gibt eine beunruhigende Verwechslungsgefahr zwischen Idealismus und Fanatismus, denn die Unterwerfung unter einen charismatischen Führer ist zugleich eine Form der Identifikation. Ich möchte auch so weise wie der Führer sein, der die Labyrinthe von Verschwörungen und Dekadenz durchschaut hat und das „unum necessarium" (das Eine, was Not tut) kennt. Nur der selbstkritische moralische Idealist wird zwischen einem menschlichen Vorbild und einer vermeintlichen Inkarnation der Vollkommenheit unterscheiden. Um den Fanatismus in seinem ganzen Spektrum darzustellen, muss man sich auch mit den Mechanismen und Strategien beschäftigen, welche zur Ausschaltung des moralischen Gewissens und der Selbstkritik führen.

Fanatismus lässt sich auch als Folge von „Gewissheiten ohne Gewissen" charakterisieren. Der Suche nach Gewissheiten liegt das Bedürfnis nach Sicherheit zugrunde (vgl. Dewey 1998/1929). Der Fanatismus findet absolute Gewissheit nicht im realen Zusammenhang der Gesellschaft, sondern in einer unerschütterlichen Ideologie. Der Fanatismus ist dem Gradualismus entgegengesetzt, der mit einem gewissen Grad von Sicherheit und Gewissheit zufrieden ist. Weil der Fanatismus die Möglichkeiten des Zweifels und der Selbstkritik ausschaltet, kann er nicht widerlegt, sondern nur zurückgewiesen oder bekämpft werden.

I 13 Wehret den Anfängen? Ausrottung des Bösen?

‚Böse' bezeichnet in der Kindersprache manches, was man nachträglich als Lappalie betrachtet. „Ich war sehr böse, weil ich die Suppe nicht aufgegessen habe, weil ich mit schmutzigen Hosen nach Hause kam, weil ich in der Schule eingeschlafen bin". Dieses Böse ist hier nicht gemeint. Es geht nicht darum, dass ich wieder einmal sehr frech war und der Mutter nicht gehorcht habe, sondern um die Verantwortlichkeit für Unterdrückung, Morde, Massaker und Kriege. Es bezieht sich auf Exzesse und Extreme, die mit dem Bösen im Kindergarten nichts zu tun haben. Oder doch? Wird das Böse im Kindergarten vorbereitet und gezüchtet?

Die Maxime „Wehret den Anfängen!" könnte auf eine solche Kontinuität zwischen dem Bösen von Kindern und dem Bösen von Erwachsenen hinweisen. Machen sich nicht bereits in den Kindergärten die künftigen Massenmörder und Diktatoren bemerkbar?

Ich habe diese Maxime im Titel mit einem Fragezeichen versehen, weil sie mir verdächtig erscheint. Die Überzeugung, die Keime des Bösen seien schon bei Kindern erkennbar und müssten durch die Erziehung korrigiert werden, hat viel gemeinsam mit den Versuchen, die menschliche Natur zu ändern. Sie führt zu einer Pädagogik des Exorzismus. Den Kindern soll möglichst früh die Veranlagung zum Bösen ausgetrieben werden. Erziehung wird als eine Konditionierung zum Guten verstanden. Anlagen zur Gewalt und zur Lüge sollen früh erkannt und „abgestellt" werden. Für die Keime des Bösen gilt eine Pädagogik und Politik der Null-Toleranz.

Wie sehr diese Pädagogik Kindern schadet, ist seit der Kritik am pietistischen Bildungsideal bekannt (vgl. Moritz 1794). Wird ein Kind permanent als Sünder behandelt und für die Regungen zum Bösen und Unartigen gestraft, wird jede banale Lüge als Todsünde angerechnet, so leidet darunter das Selbstwertgefühl, die Gelegenheit, sich in eine Fantasiewelt zu flüchten und die Möglichkeit, den Aufstand gegen die Übermacht der Erwachsenen zu proben. Ungehorsam und Auflehnung gegen die Eltern werden verteufelt, statt darin auch einen (hilflosen) Aufbruch zu mehr Autonomie zu sehen.

Besonders beliebt ist der Kampf gegen die Anfänge des Bösen im Streit der politischen Parteien. Den konservativen Parteien wird vorgeworfen, dass sie die nächste Diktatur vorbereiten, während den linken Parteien vorgeworfen wird, eine Revolution anzustreben, die dann von einer Diktatur mit linken Vorzeichen fortgeführt wird. Jede Partei strebt nach Vorherrschaft und muss von der Gegenpartei im Schach gehalten werden. Die kleinen Anfänge von Misstrauen gegen Ausländer „müssen" zu Vernichtungslagern führen; und die kleinsten Anfänge von Kapitalismuskritik führen „unweigerlich" in die Hölle einer kommunistischen Diktatur. Die Polemik ist offensichtlich und macht das politische Parteiengezänk so unerfreulich und fruchtlos. Sollte man daraus schließen, dass es besser wäre, politische Parteien abzuschaffen und eine Politik der Unparteilichkeit einzuführen? (Vgl. I 7).

Parteilichkeit und Parteienpolitik ist vielleicht zur Entdeckung und Begründung von Wahrheiten wenig geeignet, doch in der Politik geht es auch um die Expression von Interessen und die Vermittlung von Interessenkonflikten. Eine Metatheorie der politischen Parteien besagt: Im Kampf um die Anerkennung von Interessen und Rechten gibt es keine übergeordnete Frage nach Wahrheit. Die Wahrheitsansprüche der Parteien müssen in Interessenansprüche übersetzt werden. Diese sollen nicht nach ihrer Wahrheit oder tieferen Begründung, sondern legalen und legitimen Verfahren unterstellt werden, welche sie „gewichten", „ausbalancieren" und dabei nach Möglichkeit verhindern, dass es „ewige Verlierer" gibt. Ewige Verlierer sind Individuen oder Gruppen, die nie angehört und von wichtigen Rechten und Vorteilen kategorisch ausgeschlossen werden. In diesem Postulat zum Schutz der am schlechtesten Gestellten bekundet sich der politische Wille zur Verringerung jenes Bösen, das darin besteht, durch Absicht oder soziale Arrangements die Position von Benachteiligten und Verlierern zu zementieren oder gar zu verschlechtern. Während Entscheidungen durch Parteien und Abstimmungen Verfahren sind, hat die bereits von den Propheten formulierte Rücksicht auf die „Witwen und Waisen" den Charakter einer inhaltlichen Forderung.

Welche Argumente liegen der Maxime „Wehret den Anfängen!" zugrunde? Der Struktur nach handelt es sich um Eskalationsargumente. Die Eskalation vom „kleinen Bösen" zum Bösen im Großen wird als unvermeidbar oder jedenfalls höchst wahrscheinlich dargestellt. Die Rechte versucht die Menschheit vor dem „latenten Stalinismus der Linken" zu retten, und die Linke wehrt sich gegen den „schleichenden Faschismus der Rechten".

Ähnliche Züge hat die von dem amerikanischen Präsidenten George Bush jun. lancierte Politik des Kriegs gegen den Terrorismus; zur Abwendung terroristischer Gefahren werden Milliarden aufgewendet: als Vorwand für Expansionskriege, für Bewachungs- und Kontrollpersonal, um Flugpassagiere im Nacktscanner zu durchleuchten. Der Kontrollblick unter die Kleider ist der letzte Schrei einer ganzen Palette von präventiven Maßnahmen, welche die Privatsphäre durchlöchern und persönliche Rechte untergraben. Wie der Kampf gegen den Kommunismus führt auch der Krieg gegen den Terrorismus zu einer Politik der generellen Verdächtigung. An den Sicherheitscheckpunkten der Flughäfen werden „psychologische Experten zur Entdeckung verdächtiger Personen" eingesetzt. Verdächtig ist eigentlich jeder, der verdächtig aussieht und seine Unschuld nicht beweisen kann.

Der Krieg gegen den Terrorismus kulminiert auch im völkerrechtswidrigen Festhalten von Verdächtigen als feindliche Kombattanten. Sie werden ohne ordentliche Gerichtsverfahren verurteilt, in speziellen Sicherheitsgefängnissen festgehalten und durch Foltermethoden gedemütigt und gequält. Der Krieg gegen den Terrorismus soll nicht nur akute Gefahren abwenden, sondern die Welt vom Bazillus des Bösen befreien. In der Bombardierung und Ausräucherung der Taliban steckt eine exterministische Absicht: Solche Menschen wie die Taliban soll es in naher Zukunft nicht mehr geben. Man will sie „dezimieren" wie giftige Schlangen oder schreckliche Insekten. In der maliziösen Metaphorik von Ungeziefer steckt eine Erinnerung daran, dass sich Menschen ihren Platz auf der Erde durch die Verdrängung und Ausrottung „gefährlicher" oder „bösartiger" Arten gesichert haben.

Die manichäische Einteilung der Welt in Gute und Böse wird auch von den Terroristen vorgenommen; sie zählen sich selber zu den Guten, welche es den bösen Amerikanern oder dem bösen Westen heimzahlen. Der Krieg der Kulturen findet statt – zumindest in den Köpfen einiger Menschen. Beweggrund bleibt die Vision einer reinen Welt – gereinigt von jenen Menschen und Kulturen, die für ihre Feinde das Böse inkarnieren.

Eine Annahme in der Politik der Ausrottung des Bösen lautet: Wenn wir die Anfänge oder Keime des Bösen kennen, können wir das Böse wirksam bekämpfen. In dieser Annahme verbergen sich weitere Annahmen, die nicht unkontrovers bleiben sollten.

1) Der Schritt von den Anfängen zur Eskalation oder den Exzessen des Bösen ist zwingend oder automatisch; er lässt sich fast „logisch" nachvollziehen. – Hier liegt eine Vereinfachung der Rolle von Ursachen vor, die mit einer logischen Deduktion gleichgesetzt wird.

2) Die Anfänge oder Keime dürfen oder sollen mit allen Mitteln unterdrückt werden. Der Zweck heiligt die Mittel. – Der Kampf gegen das Böse legitimiert nicht alle effizienten Mittel. Die Unterdrückung von Anfängen könnte in sich falsch sein, im Sinne einer Normverletzung, z. B. unerlaubten Eingriffen in die Privatsphäre; oder sie könnte schlechte Nebenwirkungen haben, z. B. eine „Verstümmelung" der männlichen Natur, indem man z. B. Knaben „ruhig stellt", „feminisiert", ihnen aggressive Spiele verbietet und sie präventiv therapiert, damit aus ihnen keine künftigen Gewaltverbrecher oder Krieger werden. Diese Argumentationslinie sollte allerdings nicht dazu verwendet werden, die Erziehung von Kindersoldaten oder auch nur die Zulassung von Killerspielen für Kinder zu billigen.

3) Die Ursprünge oder tieferen Ursachen des Bösen sind erkennbar. Wer z. B. gründlich genug forscht, glaubt erklären zu können, weshalb es zu den beiden Weltkriegen im 20. Jahrhundert kam. – Die tieferen Ursachen liegen nicht auf der Oberfläche; sie verbergen sich, vielleicht entziehen sie sich grundsätzlich der empirischen Forschung. Tatsache ist, dass gerade über solche versteckten Ursachen am meisten spekuliert und spintisiert wird. Spekulationen und Konstruktionen führen z. B. zur „Deduktion des

Bösen aus dem Teufel" oder zur Ableitung aller „Verdunkelungen" aus einer „Seinsvergessenheit" (vgl. I 2).

4) Die Frage nach den tieferen Ursachen lässt sich auf ein oder auf einige wenige Muster (Egoismus, Konkurrenz, Neid, Zorn, Revanchismus etc.) zurückführen, die sich in der Geschichte wiederholen. Wer bereit und fähig ist, „aus der Geschichte zu lernen", kennt die tieferen Ursachen des Bösen. – Da sich in der Geschichte nichts exakt wiederholt, lässt sich nach einem Diktum von Hegel aus der Geschichte nur eines lernen: dass sich aus ihr nichts lernen lässt (vgl. Hegel 1970 Werke Band 12, 17).) Weniger pointiert ausgedrückt: Aus der Geschichte lässt sich vielleicht lernen, was man in der Vergangenheit hätte tun oder unterlassen müssen. Nachträglich ist man immer klüger. Nutzanwendungen für die Gegenwart oder gar Lehren für die Zukunft bleiben dagegen immer ungewiss. Das Böse in der Geschichte ist überdies häufig „überdeterminiert" durch eine komplexe Menge von Ursachen, die wir wahrscheinlich nie vollständig kennen und die sich nicht zu einem einfachen Muster zusammenziehen lassen.

5) Die tieferen Ursachen erschließen sich nur einem völlig unparteiischen Betrachter, der nicht bereits eine Antwort *a priori* voraussetzt und seinen Forschungen als Leitfaden zugrundelegt. (Eine Deutung *a priori* wäre z. B. eine solche, die den Kapitalismus, die Konsumgesellschaft oder die „Überfremdung" als letzte Ursache des Bösen voraussetzt) Eine völlig unparteiische Forschung, die das Böse nicht im Lichte von Deutungen *a priori* versteht, vermag die tieferen Ursachen wissenschaftlich zu entdecken und zu erforschen. – Das Ideal einer völlig unparteiischen Historie ist naiv und entspricht nicht der Methodenreflexion der Historie. Es gibt nur unterschiedliche Grade der Parteilichkeit. Es gibt Ideologen, die sich selber für unparteiisch halten oder stilisieren. Unparteilichkeit sollte nicht gleichgesetzt werden mit Theoriefreiheit oder einem absoluten Verbot von Werturteilen. Unparteilichkeit ist in der moderaten Variante einer eingeübten Fähigkeit zur Selbstkritik und zum Lernen aus Kritik realisierbar.

6) Die Anfänge des Bösen sind zugleich seine erklärenden und stärksten Ursachen. – Die Anfänge oder Keime des Bösen sind vielleicht nur im chronologischen Sinne erwähnenswert und tragen zur Entwicklung oder Erklärung der weiteren Karriere des Bösen wenig bei. Es ist ein teleologisches Vorurteil, das besagt, dass die Zukunft in den sog. Ursprüngen „totipotent" angelegt ist und sekundäre oder spätere Ursachen weniger zu gewichten seien. Diese „Ursprungsverhaftung" ist ein Hindernis, die Elemente des Neuen und Schockierenden im Bösen anzuerkennen.

7) Die Diagnose der Ursachen enthält den Schlüssel zur Therapie. – Die Diagnose von Ursachen mag *idealiter* den Schlüssel zur Therapie enthalten, doch das heißt nicht, dass wir mit der Diagnose die Therapie schon kennen oder jemals finden werden. Es bedeutet auch nicht, dass es eine Therapie gibt, die nicht darin besteht, neue Verbrechen zu begehen. Die wirksams-

te Therapie gegen das Böse – wie übrigens auch gegen alle menschlichen Leiden – wäre die schnelle und schmerzlose Vernichtung der Menschheit. Sie kommt aus deontologischen Gründen nicht in Frage; es gibt moralische Barrieren, welche Völkermord und absichtliche Vernichtung von Gruppen kategorisch verbieten. Wäre die Weltrevolution die beste Lösung aller sozialen Probleme, so wäre damit noch nicht gesagt, dass auch die (vermeintlich notwendigen) Verbrechen im Namen der Revolution zu rechtfertigen wären.

Diagnose und Therapie, Weisheit und Durchsetzungsmacht liegen in der Politik weit auseinander; eine politische Durchsetzung von Expertenempfehlungen gegen Interessengruppen ist oft unmöglich. Es gibt eine Kluft zwischen Wissenskultur und Politik. Politische Entscheidungsträger haben wenig Zeit, sich mit detailliertem Expertenwissen zu beschäftigen. Demokratische Politikerinnen sind überdies darauf angewiesen, Koalitionen zu bilden und Mehrheiten zu finden. Expertenempfehlungen finden daher nur begrenzt Beachtung. Überdies sind Experten häufig untereinander uneinig. Wer sollte entscheiden, welches die beste Therapie gegen eine Wiederholung oder Neuauflage von Kriegen, Diktaturen, Krisenzyklen und Verelendung wäre?

Solange Demokratien stolz darauf sind, dass in der Politik das Volk und nicht Experten das letzte Wort haben, werden die besten Expertisen geringe Chancen haben, angehört und befolgt zu werden. Platon und andere Philosophen haben sich vor einer Unterordnung der Wissenschaften unter die Politik gefürchtet. Wäre die Herrschaft platonischer Schöngeister geeignet, Katastrophen zu verhindern und das Böse zu verbannen? Platons Kritik richtet sich nicht gegen Demokratie im modernen Sinne, sondern gegen eine Theorie, die besagt, die Mehrheit sei befähigt, das Gute und Wahre zu erkennen.

Die Demokratie könnte selber als Keim des Bösen in Misskredit geraten, wenn sie lediglich als eine Herrschaft (oder Tyrannei) der Mehrheit konzipiert und gelebt würde. Zur Konzeption und Praxis einer modernen Theorie gehören aber auch die rechtsstaatlichen Regeln und Verfahren, die unter anderem jenen moralischen Kern enthalten, der bereits erwähnt wurde, nämlich Regeln und Verfahren zur Vermeidung der Schaffung von „ewigen Verlierern". Die Herrschaft des Volkes darf nicht als Triumph der Mehrheit über Minderheiten verstanden werden. Demokratie ohne Regeln und eine Aufsicht, welche die Vielfalt der Parteien und der Medien, die Unabhängigkeit der Gerichte und eine gesetzliche Normenkontrolle gewähren, ist nicht wünschenswert. Demokratische Politik muss sich auf Gewinner und Verlierer beziehen und Auffangnetze für die Verlierer bereitstellen.

Nicht die Demokratie *per se*, sondern der brutale Triumph der Sieger und Erfolgreichen ist einer der Faktoren des Bösen. Demokratie im modernen Sinne einer liberalen und rechtsstaatlichen Demokratie bedeutet nicht Tyrannei der Mehrheit und schon gar nicht: „Die Mehrheit hat immer recht". Es wäre ein Aberglaube zu meinen, Mehrheiten seien auf eine mysteriöse Weise unfehlbare Quellen des Wahren und Guten. Dieser Aberglaube verstärkt die Neigung, die Schwachen und Erfolglosen, die Eigenbrötler und Vereinsamten ganz zu vergessen oder zusätzlich zu peinigen.

Genau genommen spreche ich von der guten Demokratie als einem komplexen Ideal. Es gibt keine reale Demokratie ohne Pannen und Unvollkommenheiten. Gewisse Beschränkungen der Politik (durch Korruption, Ökonomie etc.) müssen hingenommen werden und sollten nicht als „Anfänge des Bösen" dramatisiert oder gar als Vorwand zur Abschaffung der Demokratie missbraucht werden.

Braucht es Bürgertugenden? Die Kritik der Kehrseiten und Herrschaft der Tugenden (vgl. I 3 und II 11) lässt von der Beschwörung der Bürgertugenden nicht viel Gutes erwarten. Die politischen Minimalforderungen in einer freien Demokratie beschränken sich darauf, sich über die Politik zu informieren und die Steuern zu bezahlen. Es gibt meist genug Übereifrige, die sich nach Ehren und Ämtern sehnen, auf Machtpositionen lange sitzen bleiben oder „ganz nach oben" wollen. Eine universelle Pflicht zur aktiven Teilnahme an der Politik oder auch nur eine Wahlpflicht ist für stabile Demokratien nicht notwendig. Hohe Wahlbeteiligungen sind oft nur das Resultat emotional und populistisch geführter Wahlkämpfe und können einflussreichen Demagogen nützen. Für einige Entscheidungen mag es genügen, dass Mehrheiten bei einer geringen Stimmbeteiligung zustande kommen, niemand von der Wahl ausgeschlossen war und die Menschen nicht die Urteilsfähigkeit ihres Gewissens verlieren. Geringe Wahlbeteiligungen setzen voraus, dass einige entweder relativ zufrieden sind oder sich vom Staat nichts erhoffen und deshalb entweder resigniert sind oder Wege der Selbsthilfe gefunden haben. Als „passive Anarchisten" nehmen sie den Staat nicht allzu ernst und sind vielleicht weniger anfällig für die Exzesse des politischen Karrierismus und Nationalismus.

Zweiter Teil: Etablierung des Bösen

II 1 Verrat, Lüge und Täuschung

In den folgenden Kapiteln werden nicht nur Tendenzen zur Etablierung des Bösen behandelt, sondern auch Tendenzen, die zur Korrektur oder Verbesserung beitragen. Das erklärt eine gewisse thematische Überschneidung mit dem dritten Teil. Das Gewissen, die Reue oder der wohlwollende „moralische Kredit" werden z. B. zweimal behandelt: einmal unter dem Aspekt der Verzögerung der Verschlechterung und der Einsicht in das begangene Böse, und (im dritten Teil) als Gegenkräfte des Bösen. Damit wird das Böse nicht als isolierte und statische Episode betrachtet, sondern als Prozess, in dem Verschlechterung und Besserung stattfinden.

Das Böse besteht nicht nur in punktuellen Entscheidungen, Handlungen und Unterlassungen, sondern es besteht und persistiert in Wiederholungen, Zyklen und Eskalationsstufen. Warum wird das Böse wiederholt? Dafür mag es verschiedene Ursachen geben. Eine könnte darin bestehen, dass der einmalige böse Akt Lust nach mehr verursacht, wie beim Hund, der einmal Menschenblut geleckt hat. Lustmorde werden ebenso nach Wiederholung verlangen wie Lust, die meist nach Verlängerung oder „Ewigkeit" strebt, bis zur totalen Ermüdung, wie wir bei spielenden Kindern beobachten können. Das Böse kann zu periodischen Wiederholungen führen, wie das Verlangen nach Trinken und Essen. Es kann sich habitualisieren, wie bei Kleptomanen und anderen Dieben, die ständig daran denken müssen, wie sie weiter stehlen können. Das Böse kann persistieren, weil es auf Anerkennung und Akkommodation stößt. In der Verbreitung und Etablierung liegt eine schleichende Legitimierung. Dies trifft z. B. auf viele Lügen zu, die uns fast unbemerkt unterlaufen. Schließlich gibt es manchmal so etwas wie eine „Suchtspirale" des Bösen, die zu immer höheren Dosierungen des „Gifts", zu Abstumpfung und Entzugsphänomenen führt.

Manche Lügen verlangen nicht nur nach Wiederholungen, sondern auch nach Erweiterungen, Ergänzungen und der Ausbildung von Lügensystemen. Um eine Lüge aufrechtzuerhalten, braucht es oft eine Serie flankierender Lügen. Wer erfolgreich lügen will, muss wie ein begabter Erzähler vorgehen. Mittelmäßige Lügner straucheln oft über ihre eigenen Lügen. Solche Lügen haben kurze Beine. Sie riskieren den Verlust der Kontrolle über das schlecht geknüpfte Lügennetz. Nur Lügen, die ein kohärentes Ganzes bilden, stützen sich gegenseitig und bleiben stabil und nach außen plausibel – bis vielleicht das ganze Lügensystem durch eine kleine Störung zusammenbricht.

Auch die Selbstlüge braucht ein System; sie wird zur Lebenslüge ausgebaut. Sie entzieht sich der bewussten Kontrolle eines Individuums und muss vielleicht von unbewussten Wünschen strukturiert werden. Da die Selbstlüge so sehr gegen den Kern der Selbstkontrolle verstößt, wird sie von einigen Philosophen wie Kant sogar als Zentrum des Bösen betrachtet (vgl. Kant 1990/1797, 68 ff.; vgl. Anderson-Gold/ Muchnik 2010). Diese Betrachtungsweise setzt eine hohe Wertschätzung der Selbstkontrolle voraus. Sie setzt auch eine Affinität des Guten zur Freiheit und des Bösen zur Unfreiheit voraus. Zugespitzt gesagt wird es fast undenkbar, zugleich frei und böse zu sein; „es scheint unmöglich zu sein, frei und nicht moralisch zu handeln" (Erhard 1970/1795, 121; vgl. Wolf 2002, 37–54). Gerät das Böse in unmittelbare Nähe zum Phänomen des Kontrollverlusts, so wird die Frage akut, ob denn Böses noch zurechenbar oder gar strafbar sein könne.

Wer ein Maximum an Selbstkontrolle anstrebt, braucht Transparenz seiner eigenen Gedanken, Wünsche und Absichten. Spalten sich Wünsche ab, so droht immer die Gefahr des Kontrollverlustes, der Verwirrung und Trübung im eigenen seelischen Haushalt. Das Ideal der vollkommenen Selbsttransparenz ist zwar nicht vollständig erreichbar, aber es bleibt ein regulatorisches Hintergrundideal einer rationalen Ethik. Selbsttäuschung ist eine subversive Gefahr, die Selbstkontrolle und Selbstachtung zum Einsturz bringen kann. So gesehen genügt es für Kant bereits, wenn jemand trübe Vorbehalte gegen die Pflicht hat, um vom „radikal Bösen" zu sprechen.

Die Schattenseiten dieses Ideals bestehen darin, dass so manche „Wahrheiten" oder „Erkenntnisse" „hässlich" und damit schwer zu ertragen sind, wie ein zweiter und mehr als flüchtiger Blick in den Spiegel. Kants Fehler besteht nicht darin, dass er ein hohes Ideal der Selbstkontrolle vertritt, sondern dass er es zur verbindlichen Pflicht für alle macht – und damit auch Rausch und Ekstase als unmoralisch verwerfen muss. Wird das Lügenverbot nicht durch die Schädigung anderer begründet, sondern durch den Zusammenhang der Lüge mit der Selbstlüge, wie das Kant tut, dann hat das auch Folgen für die Einschätzung von Genüssen und Drogen, welche die Selbstkontrolle bzw. die innere Transparenz des Individuums einschränken bzw. trüben. Man kann Kant auch vorwerfen, dass er das Lügenverbot nicht adäquat begründet hat; nach Kant liegt die moralische Krux der Lüge in der inneren Lüge, nicht in der Schädigung anderer oder im mangelnden Respekt vor anderen (vgl. Wolf 1988).

Es gibt einen Konflikt zwischen einem Leben der Lust und einem Leben der Erkenntnis bzw. Selbsterkenntnis. Vielleicht ist es eine Form von Grausamkeit gegen sich selber, die eigenen Regungen, Absichten und Wünsche immer im hellsten Lichte sehen zu wollen. Doch wohin führt die seelische Selbst-Vivisektion? Brauche ich einige Illusionen und Selbsttäuschungen, um nicht die Freude am Leben zu verlieren? Und ist die „Selbstbefleckung" durch Selbstlüge wirklich moralisch verwerflich?

Irrtumstheorien und verschiedene Formen des Fiktionalismus gehen davon aus, dass unsere Grundüberzeugungen falsch, aber nützlich sind (vgl. Vaihinger 1920; Kalderon 2005). Es nützt uns, anzunehmen, es gebe so etwas wie eine objektiv messbare Zeit, einen festen Boden unter den Füßen und zuverlässige Konstanz in der wahrnehmbaren Welt. Es gibt nach dieser Auffassung Irrtümer oder „Verfälschungen", die unvermeidbar und unkorrigierbar sind, obwohl wir sie, von einer theoretischen Perspektive aus betrachtet, revidieren müssten. Dazu gehören nicht nur Illusionen über mich (meine Qualitäten und meine „echten" Wünsche etc.), sondern auch Illusionen über andere und anderes und vor allem über fundamentale Werturteile – etwa die Illusion, die Spezies *homo sapiens* oder ihre einzelnen Mitglieder seien etwas unendlich Wichtiges und Bedeutungsvolles, so dass es sich lohne, am Leben zu sein, jedes gefährdete Leben zu retten und an generationenübergreifenden Projekten (wie z. B. dem Umweltschutz zugunsten künftiger Generationen) aktiv teilzunehmen. Wir (oder einige) brauchen vielleicht die Illusion, unzerstörbare Spuren im Universum zu hinterlassen – und zwar nicht nur Spuren der Zerstörung. Menschen, die diese Illusionen nicht brauchen und nicht teilen, könnten sehr „böse" werden. Sie entziehen sich der Verantwortung für die Zukunft.

Solche Illusionen „unsterblicher Verantwortung" werden durch Mythen und Religionen verstärkt, in denen die Menschen die Rolle von besonderen Lieblingen der Götter oder einem auserwählten Bundesvolk spielen. Der Glaube an die Würde und Einmaligkeit des Menschen könnte auch Aspekte eines säkularen Mythos haben, der unverzichtbar ist, weil er vor dem „horror vacui" schützt, d. h. vor der Erfahrung von Sinnleere, kollektiver Verzweiflung und kollektiver Selbstextermination. Illusionen dieser Art bilden einen Schutzschild gegen die Invasion schwarzer Gedanken, die besagen, dass es besser wäre, gar nicht zu existieren. Sie bewahren vielleicht auch vor einer Flucht ins Böse als Sinnquelle.

Wiederholte Lügen wie z. B. die dreifache Verleugnung von Petrus (vgl. Mt. 26, 69–75) finden ihre Erklärung auch darin, dass das Gewissen der Menschen „schlummert" und erst „aufwacht", wenn es zu spät ist. Ein gutes Gewissen ist ein sanftes Ruhekissen. Das moralische Gewissen meldet sich nachträglich als Schuldgefühl, und das ist dann der Fall, wenn es zu spät ist. Kants Metapher vom inneren Gerichtshof ist in diesem Punkt zutreffend: Auch Gerichte werden erst nach begangener Tat aktiv. Es kommt vor, dass man ins Böse hineingleitet, ohne es von Anfang an zu merken. Das Unbehagen, das vielleicht zu Beginn schon da war, hat sich noch nicht zum schlechten Gewissen gesteigert. Das prospektive und vielleicht präventive schlechte Gewissen ist weniger ein Gefühl als ein intellektueller Akt. Das retrospektive schlechte Gewissen ist moralische Reue – nicht die moralisch wertlose Reue über meine Dummheit oder verpasste Gelegenheiten, sondern die echte moralische Reue, das tiefe Unrechtsbewusstsein (vgl. III 3). Ludwig Feuerbach hat in seiner materialistischen Theorie des Gewissens das Gewissen nicht als Stimme Gottes verstanden, sondern als die verspätete Reue (vgl. Feuerbach in Braun 1994, 421–424). Wäre das moralische Gewissen bereits vor der bösen Handlung so laut und lästig wie nachher, würde es viel weniger Böses in der Welt geben.

Allerdings könnte es auch sein, dass wir durch ein allzu lautes und lästiges moralisches Gewissen (sei es ein allzu klares Vorauswissen oder ein heftiges Gefühl des Unbehagens) vor der Entscheidung in vielen Fällen entscheidungsunfähig würden, vor allem dann, wenn wir gar nicht handeln können, ohne ein größeres Risiko von Schuld einzugehen. Vielleicht würde ein Gewissen, das uns durch starke Stromschläge von bösen Entscheidungen abhalten würde, krank und unglücklich machen; sicher würde es uns unfrei und risikoscheu machen. Es wäre ebenso erdrückend wie eine überdeutliche Offenbarung oder ein eindeutiges Orakel (vgl. III 3).

Es wäre jedoch voreilig, dem schlechten Gewissen jede deliberative Mitwirkung abzusprechen: Es kann leise warnen und als Reue über das begangene Unrecht vor Wiederholungstaten bewahren und eine Eskalation oder Summierung des „begonnenen Bösen" verhindern. Der Übergang von kleinen Lastern zu großen Verbrechen verläuft nicht automatisch und unvermeidbar; das quälende Unrechtsbewusstsein könnte ein Faktor sein, der zur Besinnung anhält, bevor es zum Schlimmsten kommt. Eine frei gewählte Unterbrechung in der Ausführung eines kriminellen Versuchs wird als tätige Reue bezeichnet. Bereut wird der Versuch (der besser ganz unterblieben wäre); glaubwürdig wird die Reue aber dadurch, dass ich den Versuch freiwillig abbreche und nicht lediglich durch äußere Umstände unterbrochen werde (vgl. Herzog 1889).

Petrus, der nach der dreifachen Verleugnung seiner Zugehörigkeit zu Jesus bitterlich weint, ist ein menschlicher Mensch. Das Böse der Verstocktheit besteht darin, dass keine nachträgliche Reue eintritt, Selbstanklage und Selbstkritik ausbleiben. Dies ist besonders dort der Fall, wo Menschen letztlich mehr an ihrem „Bild" interessiert sind als an dem, was der Fall war und welche Rolle sie z. B. in einer Diktatur gespielt haben.

Eine gewisse Täuschung spielt auch dann eine Rolle, wenn wir uns anderen als Vorbild anbieten, nach der Maxime: „Sei bitte so wie ich!", obwohl wir eigentlich sagen müssten: „Sei so, wie auch ich sein sollte!". Eine freundliche und sanfte Täuschung ist jene des moralischen Kredits, den wir Freunden, Fremden und gelegentlich sogar Feinden gewähren. Der moralische Kredit besteht darin, die guten Seiten anderer hervorzuheben und sie – im Sinne einer Ermutigung – leicht zu überschätzen. Gegenseitiges Vertrauen beruht nicht nur auf positiven Erfahrungen, sondern auch auf Vertrauensvorschuss, der immun ist gegen kleine Erschütterungen und

Enttäuschungen. In einer Umkehrung von Lenins Diktum beruht der moralische Kredit auf der Annahme, dass Vertrauen besser sei als Kontrolle. Diese freundliche Täuschung beruht auf einer aktiven Anstrengung und unterscheidet sich von naiver Blauäugigkeit.

„Es gibt kein besseres Mittel, das Gute in den Menschen zu wecken, als sie so zu behandeln, als wären sie schon gut" (François Rabelais). Wer anderen Gutes zutraut und sie für besserungsfähig hält, macht ihnen ein „moralisches Geschenk". Diese Haltung des moralischen Optimismus gegenüber dem guten Willen anderer ist keine unkorrigierbare Blindheit, sondern so etwas wie ein Vorschuss, den man verleiht, um dann zu erleben, wie andere damit wuchern. Das Vertrauen setzt die Schwelle zur Widerlegung höher als eine allzu nüchterne oder gar misstrauische Einstellung. „Du müsstest mich häufig oder sehr schwer enttäuschen, dass ich aufhörte, an dich zu glauben". Die menschenfreundliche Illusion kann andere Menschen von ihren eigenen Selbstzweifeln erlösen und dazu beschwingen, sich dem erwiesenen Kredit würdig zu erweisen. Obwohl eine gewisse Illusion im Spiel ist, handelt es sich um eine wohltätige Illusion. Das Ideal eines Lebens ohne Illusionen wäre um diese Dimension des moralischen Kredits ärmer.

Verrat, Lüge und Täuschung müssen differenziert betrachtet werden. Täuschung ist ein Phänomen, das zum Leben gehört und mit den schönen Farben von Blüten beginnt und mit den Monumenten der Menschen endet (von Täuschung und Unrecht, die sich hinter dem Triumph der Pyramiden, Kathedralen und Bankenfassaden verbergen, wird im nächsten Kapitel die Rede sein). Lüge und Verrat dagegen manifestieren häufig das Böse, das in der Absicht zu täuschen liegt. Verrat verstößt zusätzlich gegen das Vertrauen und die Erwartungen von Freunden, Anhängern und Verbündeten. Die erwähnte dreifache Verleumdung Petri enthält diese Elemente des wiederholten Verrats und der bitteren Reue. Reue und schlechtes Gewissen sind affektive Formen der Selbstanklage, die das Böse, das ich getan habe, in Erinnerung rufen und anerkennen. Da Gewissen und Reue auch als Gegenkräfte zur Etablierung des Bösen betrachtet werden müssen, werden sie im dritten Teil nochmals behandelt (vgl. III 3).

Lüge und Verrat sind keine Kavaliersdelikte; ein moralischer Laxismus könnte die Sicht darauf verstellen, dass sich Menschen in Lügensysteme verstricken, die eine eigene Dynamik annehmen. Es ist zugleich beschämend und verwirrend, eine Lüge zurückzunehmen oder offen zuzugeben, und es wird fast unmöglich, Lügengewebe zu überblicken und eine Lebenslüge zurückzunehmen. Besonders wichtig ist die Fähigkeit, Verrat und Lüge zu bereuen, sofern sie großen Schaden anrichten oder unsere wichtigsten Bindungen zerstören. Reue kommt immer zu spät, aber es ist auch am Ende des Lebens nicht zu spät zur Abbitte. Don Quixote ist auf dem Totenbett bereit, eine edle Lebenslüge zu widerrufen.

Täuschung und Lüge sind weder die Quelle alles Bösen noch in jedem Fall in einem drastischen Sinn böse. Gleichwohl ist der Versuch einer Rehabilitierung von Täuschung und Selbsttäuschung eine paradoxe Strategie. Eine einmal durchschaute oder suspekte Selbsttäuschung lässt sich nur schwer aufrechterhalten, es sei denn durch aktive Formen der Selbstbetäubung und eines selbst gewählten Versinkens in Passivität und Kontrollverlust. Der Konsum harter Drogen ist ein solcher zweifelhafter Ausweg. ‚Sucht' wurde einst als Laster, danach als Krankheit aufgefasst. Beides ist vielleicht unangemessen. Doch die Rede von Sucht als Laster könnte ein Indiz dafür sein, dass ich „Böses" tue – nicht an anderen, sondern an mir selber. (Ich habe Zweifel daran, ob es zweckmäßig ist, von Bösem zu reden, das ich mir selber zufüge (vgl. Definition$_6$ in der Einleitung)). Ich bin nach dieser Auffassung nicht nur Opfer, sondern auf unheimliche Weise auch Täter. Ich kann mir selber Schreckliches zufügen. Die Fakten der Selbstgefährdung und Selbstschädigung lassen sich nicht in Zweifel ziehen. Ich lasse mich gehen, fliehe in die Sucht. Diese Redensweise suggeriert, dass ich selber eine Richtung gewählt und eingeschlagen habe, obwohl ich mich darüber selber täusche, etwa durch die Wiederholung meiner stereotypen Leidensgeschichte und die Fortsetzung einer Lebensform, die einer verlängerten Agonie gleichkommt. ‚Sucht' ist ein Sammelbegriff für Wünsche und Gewohnheiten, die meine Autonomie fatal einschränken.

Wenn ich mir aus Selbsthass, Selbstverachtung oder Selbstflucht selber „Böses" zufüge, könnte ich dann nicht entscheiden, damit aufzuhören? So wie es eine Verantwortung für Strategien der Selbsttäuschung, Realitätsflucht und Selbstbetäubung gibt, gibt es vermutlich auch eine Chance, dass ich eines Tages durch glückliche Umstände und eigenes Bemühen aus dem dunklen Tunnel der Selbstzerstörung herauskommen und es nicht mehr nötig habe werde, mir selber „Böses" zuzufügen (vgl. Fingarette 1988).

II 2 Leugnung von Verantwortung, Lebenslüge und das Argument „tu quoque"

Der Mythos vom Sündenfall am Anfang der hebräischen Bibel lässt viele Deutungen zu. Eine Deutung, die ich bevorzuge, besagt, dass die Menschen erst nach dem Ungehorsam Gut und Böse unterscheiden können. Aus der bloßen Ahnung des Bösen ist die Erkenntnis des Bösen geworden. Der erste Ungehorsam ist noch ein „Fehler unter Hypnose". Man könnte auch von „moralischen Schlafwandlern" sprechen, die den Sinn des göttlichen Verbotes noch nicht begriffen haben und sich mit schlafwandlerischer Gewissheit dem Bösen nähern, in der naiven Absicht, den Sinn des Verbots überhaupt zu verstehen. Nicht der erste Ungehorsam ist *per se* böse (das wäre eine Kindermoral), aber der Wille, den ersten Ungehorsam zu vertuschen und nachträglich die Verantwortung abzuschieben (auf Eva, auf die

Schlange): Dies ist eine Strategie des Bösen. Ablehnung und Leugnung von Verantwortung wird zum Leitmotiv der Geschichte des Bösen. Immer sind es andere oder äußere Faktoren, die als eigentliche Ursachen des Bösen bezichtigt werden. Es ist das Plädoyer eines sprechenden Hundes, der sagen würde: „Der Hunger und mein böser Meister haben mich böse gemacht". Strategien des Bösen sind Tarnung, Entschuldigung und Beschönigung. Verantwortung lässt sich abstreiten, verwässern und abschieben. In diesen Versuchen liegt auch eine Selbsttäuschung. Schuld ist keine äußere Bürde, die man abwerfen kann, sondern sie ist eine Last wie das eigene Körpergewicht.

So gesehen ist nicht der Anfang des Bösen oder das erste Erwachen aus der Unschuld das zentrale Problem, sondern die Fortsetzung und Vertuschung des Bösen. Böse ist nicht die kindliche Schwäche des Ungehorsams, sondern das erwachsene Verharren im Bösen. Der Mythos von Adam und Eva ist auch eine Erzählung des „Sündenbock-Mechanismus" (vgl. Girard 1988/1982; Haas 2009; Hinkelammert 2009). Ein Schuldiger lässt sich immer finden, wenn man sich nur „etwas anstrengt" und ein „Feindbild" konstruiert. Es ist, als wäre ich von hinten ins Böse gestoßen worden. Der Teufel ist die Konstruktion vom Bild eines Feindes, der die Menschheit begleitet und von der Treue zu Gott abbringt. Er wird zur „ersten Billardkugel", die alle anderen in Bewegung setzt und ins Böse hinabzieht. Und er kehrt, wie der *agent provocateur*, wieder als hämischer Ankläger im Jüngsten Gericht. Er hat die Menschen von Anfang bis zum Ende „mala fide" beurteilt, und nicht in Treu und Glauben.

Geschichten und Ideologien, die der Zurückweisung von Schuld und Schuldzuweisungen dienen, verdichten sich im Gewebe der Lebenslüge, ohne die das Leben unerträglich werden könnte. Wer permanent die Stimme einer kreischenden Anklage hören muss „Deine Schuld! Deine alleinige Schuld!", der müsste verzweifeln – außer er hat den anderen Mythos zur Hand, der besagt, dass Gott (fast?) alles verzeiht, sofern man die Gewissensqualen aushält und echt bereut.

Es gibt einen Unterschied zwischen Verantwortung übernehmen (d. h. sich selber zu einer wichtigen Aufgabe autorisieren) oder verantwortlich gemacht werden. Im zweiten Fall bin ich meist in der passiven Rolle, in der mich andere für etwas verantwortlich machen oder verantwortlich halten. Man bedenke den Unterschied zwischen den Ausrufen „Ich Esel!" und „Du Esel!". In der Kritik durch andere liegt das Risiko der Beschämung, Kränkung und Anmaßung. Im freiwilligen Akt, der darin besteht, Verantwortung zu übernehmen und mich selber streng zu beurteilen, besteht eine Manifestation von Macht und Kompetenz. Große Verantwortung zu übernehmen gehört zu den Äußerungsformen des Willens zur Selbstbestimmung und stärkt und ehrt den Akteur. Hätte Adam Verantwortung übernommen, so hätte er sich nicht verstecken müssen. Allerdings ist es begreiflich, dass man sich vor einem zornigen Gott versteckt, dessen bloßer Anblick nach biblischer Auffassung den Menschen auf der Stelle töten würde.

Ebenso menschlich ist die Zurückweisung von Verantwortungszumutungen durch andere. Eine gesunde Abwehrhaltung gegenüber Kritik und Verurteilung durch andere ist ebenso nötig wie die Immunisierung gegen eine Überzahl von hässlichen Wahrheiten oder negativen Meinungen anderer über mich. Es braucht eine dicke Haut und Wände gegen die neugierigen und bösartigen Blicke und Zungen anderer. Auch der Rückzug in die Privatsphäre bietet Schutz vor bösen Blicken und Vorwürfen, obwohl sich in der Privatsphäre gelegentlich die aufreibendsten Kammerspiele der Nörgelei abspielen.

Lügen sollen nicht verharmlost werden, entziehen sie doch anderen die Grundlage zur eigenen Urteilsbildung. Bei der moralischen Beurteilung sollten nicht nur die (vielleicht edlen oder zumindest „menschlichen") Gründe der Lügner, sondern auch und vor allem die Perspektive der Belogenen untersucht werden. Wollen die Menschen wirklich belogen werden? Oder wollen sie lediglich nicht immer dem Wahrheitsfanatismus und der undiplomatischen Aufrichtigkeit anderer ausgesetzt sein?

Wer belogen wird, ist in seinem Handlungsspielraum eingeschränkt. Es drohen darüber hinaus auch Vertrauensverlust und Enttäuschung von berechtigten Erwartungen. Einige Lügen schädigen andere. Besonders verwerflich sind absichtliche oder fahrlässige Falschaussagen vor Gericht, das Ablegen falscher Zeugnisse, das in den Zehn Geboten verboten wird (vgl. Mt. 10, 19; 15, 19). Wer absichtlich oder fahrlässig Falschaussagen vor Gericht macht, lügt nicht nur, sondern verstößt auch gegen die moralisch verpflichtende Rolle des Zeugen, die er zuvor mit einem Eid akzeptiert hat. Die Lüge im Zeugenstand hat besondere Auswirkungen: Sofern eine Falschaussage zur Verurteilung eines Unschuldigen und zu einem Justizirrtum führt, setzt die Lüge eine böse Maschinerie in Gang. Die Verbitterung und tiefe Kränkung des Gerechtigkeitsgefühls unschuldig Verurteilter ist verständlich.

In der traditionellen Moraltheologie wurden Lügen als teuflisch und böse absolut verboten, weil sie als absichtlicher Missbrauch des natürlichen und gottgewollten Zweckes der Zunge und der Sprache betrachtet wurden (vgl. Augustinus 1953; Wolf 1988). Dieses Argument lässt sich nicht aufrechterhalten, wenn man nicht die Annahme akzeptiert, es gebe einen einzigen wertvollen und uns allen bekannten Zweck im Gebrauch der Zunge und der Sprache. Die Fähigkeiten der Zunge und der Sprache sind vielfältig! Mit dem gleichen Argument, die Lüge sei falsch, weil gegen die Natur der Zunge und der Sprache, lassen sich auch Scherzlügen verurteilen, was Augustinus konsequenterweise auch tut.

Auch das Argument, dass die Erlaubnis von „Notlügen" zu einem völligen Zusammenbruch der Rechtsordnung oder des Vertrauens führen müsse, lässt mehrere Deutungen zu und ist nicht zwingend. Die rigorose moralische Ablehnung aller Lügen wurde von Augustinus bis Kant durch eine künstliche Abgrenzung der Lüge von allen anderen Formen der Täuschung unterstützt. Gegenüber Täuschungen wurde eine laxere Haltung eingenommen, was dazu führen kann, eine banale Lüge als schwere Sünde und eine nicht-verbale List mit schrecklichen Folgen als eine geringe Sünde zu beurteilen. Täuschungen und Lügen sollten nicht streng voneinander getrennt, sondern in ihrem Zusammenhang betrachtet werden. Lügen sind auch Täuschungsversuche; ein Leben ohne Täuschung anderer ist völlig unmöglich. Man denke nur an die Konventionen der Höflichkeit!

Lüge und Täuschung können nicht als Quelle alles Bösen betrachtet werden, vielleicht bewirken sie gelegentlich Gutes, sofern sie als Tarnungen zur Abwehr unberechtigter Neugier und Einmischung anderer dienen. Ob es sich bei dieser Abwehr um eine Form von Notwehr handelt, ist allerdings fraglich. Täuschung ist sogar eine Kunst, mit der Individuen, Kirchen und Staaten ein „image" für sich selber und andere konstruieren. Wo das Seelenheil unmündiger Gläubiger in Frage steht, scheint sogar die *pia fraus* (die fromme Lüge) oder jedenfalls die systematische Vertuschung nötig zu sein. Sie ist Bestandteil jener „Pastoralmacht", mit der der Hirte über seine Schafe wacht.

Kirchen, Banken und Nationalstaaten brauchen eine schöne Fassade, einen verklärenden Gründungsmythos und „altruistische Offerten". Sie stilisieren sich als Diener und Helfer, die nur das Beste für ihre Klienten oder Bürger wollen. Eine Bank will Geld verdienen, aber sie stellt ihre Angebote so dar, als wolle sie ihre Klienten „begünstigen" oder „beschenken". Man wird z. B. an einem Bankschalter in ein Kundengespräch verstrickt; es werden Angebote gemacht, „um Spesenkosten zu sparen". Diese Offerte enthält bereits ein Ablenkungsmanöver, geht es doch der Bank nur darum, mehr Kapital zu binden. Warum sollte die Bank ein Interesse daran haben, mir Spesenkosten zu erlassen, an denen sie bisher verdient hat? Sie muss an mir noch mehr verdienen, also hat sie Offerten ausgeheckt, die der Bank mehr einbringen. Täuschung und Lüge („Wir lieben unsere Kunden") sind Bestandteile der Politik von Kirchen und Parteien, um an Zustimmung, Spenden und Steuern zu gelangen. Deshalb müssen eigennützige Institutionen zahlreiche Propagandalügen aufrechterhalten und permanent an der Erhaltung oder Verbesserung ihres Ansehens arbeiten. Mit einem starken Parfum versuchen Kirchen, Banken und andere Zentralen von Macht und Ansehen ihren Schwefelgeruch zu übertönen. Die Imagepflege nach außen geht mit Strategien der Vertuschung im Inneren einher. Einkaufszentren präsentieren sich als Wellness-Oasen und Konsumtempel, aber es geht innen leitenden Managern weder um mein Wohl noch um mein Heil, sondern lediglich um ihren Gewinn. Viel Raum, Licht, Wärme und Musik ziehen einsame Herzen in ihren Bann. Das ist zwar nicht böse, stinkt aber nach jener Hinterlist, die den Kunden zum König macht, um ihm noch mehr Geld aus der Tasche zu ziehen. Einkaufszentren und Einkaufspassagen verkörpern die täuschende Wärme der Großstädte, die gelegentlich als Orte des Bösen dämonisiert werden (vgl. II 9).

Manchen, die am Geschäft beteiligt sind, wird diese Betrachtungsweise „weltfremd" vorkommen. Angestellte in einer Bank oder einem Einkaufszentrum werden sich als Bestandteile eines Systems betrachten, das die meisten Menschen befürworten und nutzen. Sie werden sich auch darauf berufen, dass sie nichts Besonderes tun, sondern das Gleiche, was viele andere auch tun. Gewöhnliche Menschen und solche, die wirklich Böses tun, bedienen sich der gleichen Strategie der Verteidigung und Legitimation. Wird jemand, der Böses tut, in die Enge getrieben, so wird auch er sagen: „Ich bin nicht allein. Andere machen das auch". Die Kritik „tu quoque" (Auch Du!) ist eine Strategie zur Verwässerung von Schuld und Verantwortung, ein Ablenkungsmanöver, dessen sich sogar Mörder und Vergewaltiger bedienen. Weil sich jedoch „Gute" und „Böse" derselben Strategie bedienen, erscheint sie vielen als selbstverständlich und unproblematisch (vgl. Honderich 2003).

„Auch Du!" Ich bin nicht der Einzige, der Böses sinnt oder tut. Es sieht so aus, als könnte die größere Zahl Handlungen und Projekte neu bewerten, als würden sich Kollektive selber autorisieren. Das Argument verweist auch auf die Rolle der Nachahmung. Wir brauchen das Böse nicht zu erfinden – wir können es nachahmen, mit der kindlichen Forderung: „Wenn der andere das darf, dann darf ich es auch ..." Doch darf es der andere auch? Oder wurde er lediglich nicht daran gehindert? Oder wird das, was andere tun, stillschweigend geduldet? Schaut die Mehrheit einfach weg? Was andere tun, könnte trotz einer verbreiteten Akzeptanz gleichwohl falsch oder sogar böse sein ...

Es ist schwierig, in einem Kommentar zum „tu-quoque" Argument neutral zu bleiben und weder in voreiligen Moralismus noch in blasierten Amoralismus zu verfallen. Letzterer könnte das Resultat der Überzeugung sein, dass die Menschen gar nicht anders können, als andere zu imitieren. Ein solcher „mimetischer Determinismus" würde dazu führen, dass wir menschliche Entscheidungen nicht unter moralischen Begriffen betrachten könnten – ebenso wenig wie die Laufbahnen von Planeten. Begriffe wie Freiheit und Verantwortung wären leere Begriffe, die nur eitle Illusionen nährten. Ersterer (der voreilige Moralismus) könnte besagen: Wir sind so stark und frei, dass wir den sozialen Mimetismus überwinden können. (Diese Annahme teile ich.) Wir sind sogar so stark und frei, dass wir *in extremis* gegen den Rest der Welt moralisch sein könnten. Was andere tun, ist für die Frage nach meinen moralischen Pflichten irrelevant. (Diese Annahme teile ich nicht.) Die protestantische Variante dieser Auffassung von kategorischen Pflichten lautet: „Pflicht ist Pflicht – ich stehe mit meinem Gewissen allein vor Gott".

Der soziale Mimetismus (der Hang zur Nachahmung) als solcher ist kein guter Grund, moralische Regeln zu verletzen oder böse Projekte zu verfolgen, aber das Verhalten anderer kann uns moralisch betrachtet nicht völlig gleichgültig sein, besonders wenn es darauf hinauslaufen sollte, dass Tugend und Pflichtbewusstsein systematisch ausgenützt werden. Deshalb begleiten wir das Verhalten anderer immer mit moralischer Kritik. Die Durchsetzung einer Moral geht Hand in Hand mit der Etablierung ziviler Verhältnisse, in denen Menschen von ihrem Fleiß, ihren Talenten und Tugenden (gut) leben können. Moral kann nicht darin bestehen, Menschen in einem „natürlichen Zustand" zu lassen, in dem sie permanent einer moralischen Feuerprobe ausgesetzt sind, ob sie auch dann noch tugendhaft bleiben, wenn sie dafür nur verspottet und ausgeraubt werden. Die Forderung: „Tue deine Pflicht und scheue niemand" ist in einer zivilen Gesellschaft zu erfüllen; in einer Gesellschaft des Kriegs aller gegen alle würde es zu einer Maxime des moralischen Heroismus und Asketismus. „Seid klug wie die Schlangen und ohne Falsch wie die Tauben" (Mt. 10, 16). Ist es möglich, nach dieser Maxime als Schaf unter Wölfen zu überleben?

Ein großer Teil der Moral lässt sich als Tausch verstehen, nach der Maxime: „Ich halte mich an die Regeln der Moral, sofern das andere auch tun – oder wenn jene, die Regeln verletzen, bestraft werden". Diese Moral ist eine Moral zwischen Gleichgestellten und Gleichberechtigten. Sie vermag vieles, aber nicht alles zu begründen, was als verbindliche Pflicht begegnet. Moral als Tausch ist nicht geeignet, Pflichten gegenüber Tieren oder Kleinkindern zu begründen. Moral als Tausch muss die Moral nicht „verschachern", sofern sie in einem fairen Rahmen stattfindet, in dem Gutes belohnt (oder jedenfalls nicht systematisch blamiert) und Böses angemessen bestraft wird. Unter fairen Bedingungen sollte es niemandem möglich sein, längere Zeit von seinen Verbrechen zu profitieren.

Das Argument „tu quoque" wird nicht zu einem Freipass zur Nachahmung von Verbrechen, aber zu einer Erinnerung daran, dass Moral nicht nur auf der Basis einer heroischen Selbstlosigkeit beruht, sondern auch auf positiven und negativen Anreizen. Was andere tun, kann mir auch moralisch gesehen nicht völlig gleichgültig sein. Moral kann nicht fordern, dass ich gut und gerecht bin, was auch immer um mich herum geschieht. Dies wäre nicht Moral, sondern Vogel-Strauß-Politik.

Manche Lügen und *tu-quoque*-Strategien sind Formen des Opportunismus, der Anpassung an andere und an eine bestimmte Umwelt. Biologisch betrachtet ist Opportunismus eine erstaunlich erfolgreiche Strategie. Sie verhilft zu „fitness", besonders wenn es Täuschung gegenüber Rivalen und Feinden ist, welche die eigene Brut bedrohen. Es lohnt sich, auch auf Lüge und Täuschung einen außermoralischen Blick zu werfen. Die Fähigkeit, übelwollende Konkurrenten und Feinde überzeugend zu belügen und virtuose Lügensysteme zu errichten, ist ein Anzeichen von Intelligenz. Sogar Feigheit kann unter diesem Aspekt der klugen Anpassung gewürdigt werden, während Heroismus und Draufgängertum oft dumm und selbstzerstörerisch erscheinen (vgl. Wuketits 2008).

Moralisch betrachtet ist Opportunismus „schillernd". Das heißt nicht, dass die Moral selber schwankend ist, aber dass Moral in kluge Urteile über günstige Umstände und den richtigen Moment (*kairos*) eingebettet sein muss. Mit dem Thema der Etablierung und Festigung des Bösen geraten auch jene äußeren Faktoren ins Visier, die das Böse einschränken oder verstärken. In einer feindlichen Umgebung ist Opportunismus eine verzeihliche Überlebensstrategie. In einer zivilen Gesellschaft sollte es möglich sein, auch ohne Nachahmung der Hinterlist und Verbrechen anderer zu überleben oder sogar gut zu leben.

II 3 Verschwörung und kollektive Verantwortung

Bisher wurde das Böse im Zusammenhang mit individueller Verantwortung behandelt. Das Böse wird jedoch nicht nur Individuen zugeschrieben, sondern auch Gruppen und Organisationen. Kollektive Verantwortung kann unstrukturiert sein wie z. B. die Verantwortung einer Jugendbande für spontane Gewaltaktionen. Sie kann aber auch strukturiert sein, z. B. durch das Organigramm eines Unternehmens, die Hierarchien in Gesellschaft und Armee oder eine klare Definition von Arbeitsteilung und Rollen, die auch die Verantwortung distribuieren. Organisierter Verrat beginnt aber schon dort, wo sich mehrere Leute absprechen, eine Intrige oder Verschwörung planen und finstere Pläne schmieden. Dass es solche Konspirationen des Bösen gibt, wurde immer wieder vermutet und zum Teil verallgemeinert und zu sog. Verschwörungstheorien banalisiert, wonach das Böse und Destruktive von geheimen und weltumspannenden Gesellschaften geplant und durchgeführt wird.

Verschwörungstheorien sind schlechte historische Theorien, weil sie die Geschichte zu einem von einer Elite geplanten Ablauf umdeuten. Konspirationen sind aber meist früher oder später zum Scheitern verurteilt, weil sich in der Geschichte viele und verschiedenartige Absichten und Interessen durchkreuzen und Zufälle nicht eliminiert werden können. Geheimhaltung lässt sich auf die Dauer nicht aufrechterhalten; Gerüchte verbreiten sich. Geheime Gesellschaften können sich selber marginalisieren; sie haben Rekrutierungsprobleme und eine Tendenz zur Überalterung. Schließlich verzichten sie durch die Geheimhaltung auf die Mittel einer öffentlichen Selbstdarstellung, offene Propaganda und die Gelegenheit, im Licht der Öffentlichkeit kritisiert und korrigiert zu werden. Mit der Abschottung schwinden auch die Fähigkeiten zur Selbstkritik, zur raschen Anpassung an veränderte Umstände und zur eigenen geistigen Entwicklung. Als geheime Männerbünde sind sie zusätzlich einseitig und selektiv in der Wahrnehmung der Wirklichkeit und im Repertoire von Entscheidungsmustern. Eine Gesellschaft, die von einer solchen Elite geführt würde, wäre zur Stagnation verurteilt.

Erklärungen von Missständen und Kriegen durch eine Verschwörung einer kleinen Minderheit von „Bösen" sind unangemessen. Gleichwohl kann nicht ausgeschlossen werden, dass es solche Verschwörungen gab und gibt. Dazu gehören auch geheime Koalitionen und Absprachen und andere Formen der Geheimhaltung in der Absicht, zu täuschen und Wissensprivilegien zu verteidigen und auszunützen.

Der organisierte Verrat ist eine Gestalt des Bösen in der Geschichte. Auch wenn er es nicht schafft, Geschichte zu machen, so kann er doch erwünschte Veränderungen einleiten oder unerwünschte Entwicklungen aufhalten. Das Böse im organisierten Verrat besteht darin, dass andere Menschen durch geplante und konzertierte Handlungspläne von Informationen und Entscheidungen ausgeschlossen werden und die Drahtzieher des Verrats ihren Wissensvorsprung und die Geheimhaltung dazu verwenden, anderen zu schaden, sie zu benachteiligen oder sie von den Schaltkreisen der Macht fern zu halten. Bereits der Ausschluss von Informationen ist ein Übel; die Chancen zur freien Urteilsbildung werden verschlechtert (vgl. III 2). Der Ausschluss von Entscheidungen verstößt gegen demokratische Postulate, ist aber auch in real existierenden Demokratien an der Tagesordnung, weil viele Entscheidungen delegiert werden und Experten und Kommissionen ein gewisses Vertrauen genießen.

Im Verrat steckt der beabsichtigte oder in Kauf genommene Vertrauensbruch. Falsche Freunde üben diesen Verrat als falsche Schmeichler und Ratgeber. Der perfide Ratschlag ist ein Bestandteil der Intrige, wie sie Jago in Shakespeares Othello spinnt. Jago ist die treibende Kraft der Intrige und des ganzen Stückes. Er gibt in seinen Monologen einige seiner Motive preis: gekränkte Ehre, Eifersucht – und doch treibt er sein Spiel viel weiter, als es diese Motive nahelegen würden. Er ist der Virtuose der bösen Intrige und betreibt diese um ihrer selbst willen, aus Freude daran, das heimliche Zentrum des ganzen Geschehens zu sein und andere zu manipulieren, gegeneinander aufzuhetzen und zu ruinieren.

Ob Vertrauensbruch gelegentlich moralisch richtig oder unvermeidbar ist, bildet eine Frage der Kasuistik. Vertrauen ist ein hohes privates und öffentliches Gut, vergleichbar mit der Sicherheit. Doch ihre unschätzbare Bedeutung wird meist erst dann bewusst, wenn Vertrauen und Sicherheit gefährdet oder gar zerstört sind. Verlorenes Vertrauen lässt sich nur langsam und mühselig wiederherstellen. Insofern ist die mutwillige oder auch nur gedankenlose Zerstörung von Vertrauen moralisch sehr bedenklich, wenn nicht sogar boshaft. Wenn der Vertrauensverlust und die Unsicherheiten ganze Gesellschaften befallen, dann leiden fast alle unter der Unordnung.

Der Intrigant – Jago in Shakespeares Stück Othello ist ein literarisch hervorragendes Beispiel – gilt als Verkörperung des Begriffs des Bösen. Er ist mehr als eine sterile Theaterpuppe, mehr als ein Psychopath ohne Fähigkeit zur Empathie, aber er ist auch ein Mensch mit einer Vorgeschichte von Enttäuschungen und Kränkungen. Er verkörpert die kriminelle Energie jener, die alles daran setzen, die Pläne anderer zu durchkreuzen und ihre Rivalen oder Vorgesetzten, aber auch ihre Freunde und Verbündeten zu Fall zu bringen (vgl. Raatzsch 2009). Der Intrigant wird nicht viel erreichen, wenn er sich nicht anderer bedient und Koalitionen und Konspirationen organisiert. Die Unruhe und Unheimlichkeit dieses Intriganten führt das Böse vor Augen, das nicht mit der Befriedigung eigener Interessen zufrieden ist, sondern einen höheren, aber destruktiven Ehrgeiz manifestiert. Der fatale Intrigant ist ein Spieler, der am Abgrund steht und mit dem Scheitern seiner Pläne und dem eigenen Untergang rechnet. Der Fanatismus des „reinen" Intriganten besteht darin, dass dieser wie ein perverser Märtyrer für das Böse den eigenen Untergang in Kauf nimmt. In der organisierten Intrige oder Verschwörung verstrickt er andere in seinen teuflischen Ehrgeiz. Selbst wenn es diesen reinen Typus des Intriganten und Verschwörers nie gegeben hätte, selbst wenn er nur eine Welt zwischen der Realität und der Symbolik des Bösen bevölkern sollte, so wird er doch als Typus und Charakter in Shakespeares Stück verständlich. Verdi hat ihm eine Arie in den Mund gelegt und die vibrierende Energie des Intriganten musikalisch umgesetzt. Eine Anlage zum Intriganten schlummert vielleicht in vielen Menschen, doch wer treibt es wie Jago zur virtuosen Rücksichtslosigkeit? Es gelingt ihm, seine Umgebung, seine Vorgesetzten, Rivalen, die völlig unschuldige Desdemona und sogar seine Freunde und seine Ehefrau für seine schlimmen Zwecke zu instrumentalisieren und seinen teuflischen Projekten den Anschein wichtiger politischer Staatsaktionen zu verleihen. Der Typus des fanatischen Verräters verfängt sich mit tragischer Notwendigkeit in der eigenen Intrige und wird von der Gewalt der von ihm ausgelösten Ereignisse zerstört.

Das Böse wird im moralischen und rechtlichen Kontext immer mit menschlicher Verantwortung in Zusammenhang gebracht. Es geht nicht um sog. physische Übel, die wie zerstörerische Kometen ohne menschliche Mitwirkung vom Himmel fallen. Das Schicksal hält viele Übel bereit, doch es erzeugt nicht das Böse. Viele Übel sind kumulative Übel, d. h. sie sind die Summe vieler kleiner Verfehlungen. Das aktive und grandiose Böse ist dabei nicht im Spiel. Der episodische und solitäre „Umweltsünder" ist eine harmlose und amüsante Figur: Er wirft seine Abfälle zum Fenster hinaus und macht seinen eigenen Garten zur Abfallgrube. Wen kümmert es, wenn er keine Nachbarn hat, die sich über den Gestank beschweren? Solange er der einzige „Umweltsünder" auf der Welt ist und keine Nachbarn hat, besteht kein moralisches Problem. Die kumulativen Übel sind nicht beabsichtigte und zum Teil unvorhergesehene Nebenwirkungen (vgl. Spaemann 1977). Umweltprobleme haben ihre Ursache nicht darin, dass viele Menschen böse sind und Lust haben an der Umweltzerstörung. Gleichwohl liegt eine Verantwortung vor, und zwar eine individuelle und eine kollektive Verantwortung. Ich bin verantwortlich für das, was ich tue und (zusammen mit vielen anderen) bewirke. Das Böse liegt nicht nur in individueller Bosheit, sondern auch in den vermeidbaren Wirkungen kollektiver Gleichgültigkeit angesichts der Nebenwirkungen für andere (Menschen und Tiere) und für künftige Generationen.

Es gibt zwei Arten von Grausamkeit: Jene der absichtlichen (und lustvollen) Bosheit, und jene der Indifferenz und Gedankenlosigkeit (vgl. I 8). Analog zu dieser Unterscheidung gibt es den wissentlichen Umweltschänder im großen Maßstab und den kleinen Mitläufer der kollektiven Verantwortung. Das Fehlen eines sozialen Mitdenkens und die Abwesenheit generationenübergreifender Pläne und Hoffnungen sind Kristallisationspunkte schlechter und schlimmer Folgen, die von den jetzt oder einst Betroffenen als Auswirkungen des Bösen empfunden und verstanden werden können. Es ist empörend, zu wissen und ohnmächtig zusehen zu müssen, wie relativ Reiche und Mächtige Ressourcen verschwenden. Nicht nur die brutalen „Monster", sondern auch die Gedankenlosen schaffen das, was von Menschen verantwortet wird und im Effekt ebenso schrecklich ist wie die Werke von Hass und Grausamkeit. Etwas von diesem Bösen steckt in der Gedankenlosigkeit, Dummheit und Gleichgültigkeit gegenüber den am schlechtesten Gestellten, die unter Umverteilungen und Krisen am meisten leiden oder unter das Existenzminimum gedrückt werden.

Kollektive Verantwortung besteht, wenn mehrere Menschen absichtlich, wissentlich oder fahrlässig an der Verursachung großer Übel mit- oder zusammenwirken. ‚Kollektive Verantwortung' ist ein Sammelbegriff für viele Typen von Verantwortung: stellvertretende Verantwortung, geteilte Verantwortung, aufgeteilte Verantwortung, korporative Verantwortung, Kausal- und Gefährdungshaftung, moralische und rechtliche Verantwortung, graduell abgestufte und volle Verantwortung, maximale Verantwortung und sog. „Kollektivschuld" (vgl. Wolf 1993, Kapitel 5). Was allen Typen gemeinsam ist: Sie unterscheiden sich vom Paradigma der separaten individuellen Verantwortung des „einsamen Wolfs", d. h. des bösen Einzeltäters. Diese Abweichungen vom klassischen Paradigma der individuellen Verantwortung bedeuten keine Verwässerung von individueller Verantwortung. Ich bin nicht weniger verantwortlich für meine Passivität, ob ich nun der einzige Zeuge eines Unfalls bin oder einer unter vielen. Die kollektive Verantwortung mehrerer passiver Zeugen schmälert nicht die individuelle Verantwortung jedes einzelnen für unterlassene Hilfeleistung. Verantwortung lässt sich nicht wie ein festes Quantum (z. B. ein Kuchen aufteilen). Selbst passive kollektive Verantwortung in einer großen Ansammlung (z. B. durch untätiges Beobachten eines Verbrechens durch eine Menschenmenge) hat nicht zur Folge, dass der Einzelne in einer Menge von 100 passiven Beobachtern nur noch den Bruchteil von 1 % Verantwortung trägt. Eine solche Verwässerung der Verantwortung ist imaginär, nicht real.

Die pauschale Rede von einer „Kollektivschuld" für Kriege oder Kriegsverbrechen führt dagegen zu einer völlig unbestimmten Rede von Verantwortung; sie hat keinen Erkenntniswert, sondern gleicht einem pauschalen Vorwurf an ein ganzes Volk für einen Krieg oder für ein furchtbares Regime, unter dem (große) Teile der Bevölkerung selber leiden. Kollektive Verantwortung kann nur in einer spezifischen Situation (wie z. B. unterlassene Hilfeleistung in der Situation der passiven Zeugen von Unfällen und Verbrechen) oder unter Bedingungen zugeschrieben werden, unter denen eine Arbeitsteilung oder ein Organigramm für die Verteilung von Pflichten und Zuständigkeiten besteht. Sie kann nicht auf ganze Völker oder Kulturen ausgeweitet werden, ohne ‚Verantwortung' und ‚Schuld' zu leeren Worthülsen zu machen.

Für die Durchführung von bösen Handlungen braucht es oft „Sympathisanten" oder „Gehilfen". Weiter führt die böse Entscheidung, die in einer Gruppe gefasst und durchgeführt wird, zu mimetischen Anreizen: Einer ahmt die anderen nach, ein anderer versucht sie sogar zu übertreffen und sich in der Gruppe auszuzeichnen. Ausübung von Gewalt durch eine Gruppe kann dazu führen, dass ich mich dadurch, dass andere mitwirken („tu quoque"), als Mitglied bestärkt fühle. Kollektive scheinen sich selber zu autorisieren – im Guten wie im Bösen.

II 4 Routine, Rollen und Arbeitsteilung

Routine in der Ausübung des Bösen kann dazu führen, anfängliche Hemmungen zu übertönen und aus dem Ungewöhnlichen etwas Gewöhnliches und Alltägliches zu machen. Das Böse geschieht nicht mehr aus einer langen und skrupulösen Überlegung, sondern es wird zum Reflex. Dieser Effekt tritt ein durch Wiederholung, Standardisierung und Monotonisierung einer Tätigkeit. Das Böse, das anfänglich bunt, schillernd, schockierend und faszinierend sein möchte, wird zum Grau in Grau eines schematischen Handlungsablaufs, wie z. B. die massenhafte Tötung von Tieren sich an die monotone Arbeit am Fließband angleicht und vom Abenteuer der Jagd weit entfernt ist. Aus dem Ungeheuer wird der Vollzugsbeamte; aus dem Abenteuer wird die Wiederholung des Gleichen.

Das Böse wird auch zur Rolle in einem „Theater des Lebens", die ich spielen und ablegen kann. Ich muss den Bösen spielen, ohne der Böse zu sein. Rolle erlaubt Rollendistanz und damit auch Distanz von Verantwortung. Der Theatermörder kann nicht als Mörder zur Verantwortung gezogen werden. Wenn ein Stück aufgeführt werden soll, in dem ein Mörder vorkommt, dann muss jemand diese Rolle übernehmen. Vielleicht wird er damit nicht zum Sympathieträger des Publikums, aber er sollte nicht moralisch, sondern ästhetisch beurteilt werden, nämlich danach, wie gut und überzeugend er diese Rolle spielt. Eine ästhetische Betrachtung des Lebens könnte das Böse generell ästhetisieren, nämlich mit der Überlegung, dass jemand diese Rolle spielen muss, weil sonst das Stück nicht zustande kommt.

Ein interessantes Gedankenexperiment besagt, dass in jeder Gesellschaft bestimmte Individuen und Minderheiten die Rolle von Verbrechern spielen müssen, weil sonst kein vollständiges und realistisches Schauspiel zustande käme. Jemand muss die Rolle des Bösewichts übernehmen, und einigen wird diese Rolle vielleicht sogar gegen ihr anfängliches Widerstreben zugeteilt. Gibt es nicht Menschen, die sich – aufgrund ihres Aussehens, ihrer körperlichen und geistigen Eigenschaften, ihrer Herkunft etc. – besser zu gewissen Rollen des Bösen eignen? Lebt nicht jede Gesellschaft davon, dass man auf einige Bösewichter zeigen, ihnen einen Namen und ein konkretes Erscheinungsbild zuschreiben kann? Ist die Stigmatisierung von Kriminellen und Außenseitern nicht eine Art von Regieaktion und Rollenzuweisung, damit das Schauspiel beginnen kann? Das anonyme und unsichtbare Böse macht Angst und ohnmächtig; es genügt unserem Bedürfnis nach Schuldzuweisung und Selbstabgrenzung von den anderen nicht. Es irritiert das „Wir-Gefühl der Guten". Immer wieder wird in einer Gesellschaft „Spreu vom Weizen getrennt"; Bösewichter werden ernannt und benannt. Ob damit eine Ordnung oder eine Scheinordnung geschaffen wird, ist sekundär. Das Böse ist oft ein hybrides Phänomen, das seine Effekte zwischen dem Realen und dem Imaginären entfaltet. Wichtig ist nur, dass das Schauspiel verständlicher und leichter zu beurteilen wird, wenn alle Rollen einen Namen tragen und einen Charakter verkörpern. Es geht um eine Inszenierung der Rollenzuweisungen für Gute und Böse, Ankläger und Beschuldigte, sowohl auf der Bühne als auch in den Szenarien der Massenmedien und der Gerichtssäle.

Die Unterscheidung in Gute und Böse kann auch als Resultat einer Arbeitsteilung betrachtet werden. Einige Gruppen oder Individuen in der Gesellschaft werden mit einer Lizenz zur Tötung ausgestattet. Geheimdienste werden zum Bösen (im Auftrag der Gefahrenabwehr) autorisiert. Eine klar definierte Lizenz zum Töten für wenige ist das geringere Übel als eine generelle Lizenz zum Töten, ein Rückfall in den „Wilden Westen" oder den „Naturzustand". Die Rollenzuweisung erfolgt hier nach Regeln und Gesetzen; sie wird zu einer Aufgabe und zu einem Auftrag und dem obersten Ziel der nationalen Sicherheit untergeordnet.

Neben den Angehörigen der Geheimdienste gibt es in allen Ländern, welche die Todesstrafe kennen, professionelle Henker. „Henker von London, walte Deines Amtes!" So lautet der Aufruf an eine zwielichtige Gestalt, an die Mitglieder eines in seinem Ansehen schillernden „unehrlichen" Berufsstandes. Der traditionelle Berufsstand wurde abgelöst aufgrund neuer Tötungsmethoden und der Perfektionierung der Exekution von Technikern der Tötung. Diese Veränderungen entsprechen zum Teil den industriellen Tötungsmethoden in Vernichtungslagern und in Schlachthäusern (vgl. I 8). Männern, welche die Rollen des Henkers oder der Exekutionsbeamten spielen, scheint etwas vom „Geruch des Bösen" anzuhaften. Es sind keine Ehrenmänner. Frauen, welche das Böse als Routine oder Rolle (z. B. als Leiterinnen von Konzentrationslagern) ausüben, beflecken das Bild und die Ehre der Frau (vgl. Kompisch 2008).

Im Unterschied zu den legalen Handlungen der Exekutionsbeamten gibt es auch illegale Formen des professionellen Tötens, sei es als private Auftragsempfänger oder als Mitglieder der organisierten Kriminalität. Das Recht hat ganz bestimmte und meist praktikable Vorstellungen davon entwickelt, wie das Strafmaß von Auftragskillern und deren Anstiftern und Auftraggebern abgestuft werden soll. Sie tragen auch moralisch betrachtet geteilte Verantwortung. Der Auftraggeber initiiert und finanziert das Böse, während es der Auftragskiller ausführt. Beide Parteien trifft Schuld. Der Auftragskiller hat keine „böse Absicht", aber er hat eine „böse Routine", die ihn für die Gesellschaft gefährlich macht. Die Schwelle der Tötungshemmungen ist niedrig; er lässt sich für die Ausführung des Bösen kaufen, und das in wiederholten Rhythmen der Berufsausübung. Seine Beweggründe zum Töten gelten als „niederträchtig", doch Motiv und Metier sind verständlich, weil es ökonomisch betrachtet nicht mehr als eine andere ungewöhnliche und riskante Form ist, Geld zu verdienen. Doch gerade dadurch, dass er Leben zerstört und dafür Geld nimmt, erscheint er moralisch betrachtet als eine Person, welche gegen die Auffassung der menschlichen Würde verstößt. Er reduziert diese auf einen Preis und vergleicht den Wert des Lebens einer Person mit einem bestimmten Geldbetrag. Was keinen Preis haben sollte, wird so behandelt, als ob es einen Preis hätte. Das Inkommensurable wird auf eine niederträchtige Weise kommensurabel gemacht.

Seltsamer wäre ein Berufskiller aus Lust, der Aufträge annimmt, aber kein Geld, sondern den Erfolg seiner Arbeit (Tötung und Geheimhaltung) als Ehrensache verstehen würde, wie ein guter Künstler oder Schauspieler. Sein Fehler wäre nicht so sehr, dass er eine niedrige Gesinnung verrät und die Würde des Menschen verkennt, sondern vielmehr die Perversion seines Lebens, das Mord als Auftrag und schöne Kunst zur Quelle von Lebenssinn erhebt. Die moralische Perversion liegt in der ästhetischen Verklärung der Unmoral zur Lebenskunst.

Die Verantwortung des Auftraggebers liegt in der Anstiftung und Finanzierung von Mord, aber auch in der Scheinheiligkeit eines Mörders mit

„sauberen Händen". Er trachtet nämlich danach, dass sich andere für ihn die Hände schmutzig machen. Der Auftraggeber ist der Mörder mit sauberer Weste. Diese Verschönerung der Fassade kann die Schuld und primäre Verantwortung nicht überdecken. Der „Saubermann" will nicht nur unbequeme und riskante Arbeit delegieren, sondern auch den guten Ruf wahren, und zwar durch Vertuschung und Hinterlist. Komplexer wird die Situation, wenn sich ein Berufsmörder zur Ausführung von Morden anbietet oder sogar Menschen dazu nötigt, Morde zu bestellen. In solchen Fällen übernimmt er die erste Verantwortung und die Rolle des Anstifters.

Einen weiteren Grenzfall bilden die Mörder, welche hohe Ideale von Selbstjustiz verfolgen. Sie sind nicht notwendigerweise von Personen beauftragt, glauben aber, einen Auftrag im Namen von Rache oder Gerechtigkeit zu verfolgen. Das Drama der Selbstjustiz ist besonders vertraut aus der Welt der Fiktionen, insbesondere des Wilden Westens. Sie ist gewissen Akteuren wie z. B. Charles Bronson auf den Leib geschrieben und erhält in Serien wie „Dirty Harry" oder „Dexter" ihre drastische Dramaturgie. Der Verkauf von Selbstjustiz-Filmen ist in Deutschland verboten, aber nicht in Frankreich oder der Schweiz. Dies widerspiegelt unterschiedliche Auffassungen der Rolle des Staates und seines Anspruchs auf das Gewaltmonopol. Es mag Nationen und Kulturen geben, welche den Staat als zu schwach beurteilen, um Korruption und Verbrechen wirksam zu bekämpfen. Einige Menschen halten Selbstjustiz für eine subsidiäre Aufgabe von Polizisten oder (organisierten) Zivilisten. Terroristen, die mit Bomben auf dem Leib und einem Fehlzünder *in flagranti* erwischt werden, sollten nach dieser Auffassung auf der Stelle erschossen werden. Dies würde einem von der Polizei vollzogenen „Schnellgericht" entsprechen, dem Staat viel Geld und der Bevölkerung künftige Gefahren ersparen. Man denke etwa an die geringen Chancen für politisches Exil oder eine Wiedereingliederung von Ex-Terroristen.

Das Plädoyer für Selbstjustiz versucht das „Böse" des Terrorismus zu bekämpfen und legitimiert das „zweite Böse" einer unkontrollierbaren Selbstjustiz. Oft erweist sich das „zweite Böse" als das hartnäckigere und tückischere Übel (vgl. Card 2010). In diesem Falle ist es eine Polizei, die im Schnellverfahren Urteile fällt und vollstreckt und damit systematisch gegen die Definition und Legitimation ihrer Rolle verstößt. In der Verfolgung der Verbrecher wird sie selber zum Verbrecher, nach der Maxime: „Um das Monster zu bekämpfen, muss man selber zum Monster werden". Die Polizeiethik dagegen spricht in dieser Hinsicht eine deutliche Sprache (vgl. Kleinig 1996). Niemand wird die Bürger vor einer verbrecherischen Polizei schützen können, außer private Selbstjustiz-Organisationen, die ein weiteres Übel und „drittes Böses" darstellen. Mit der Autorisierung der Polizei zur Selbstjustiz würden wir einer Gesellschaft der frei schwebenden und wildernden Rächer Tür und Tor öffnen. Es wäre eine Gesellschaft von konkurrierenden staatlichen und privaten Schutzorganisationen.

In Ländern, in denen sich der Bürger vor Verbrechen der Polizei oder der Strafvollzugsbehörden fürchten muss, ist nicht nur der Rechtsstaat untergraben, sondern auch die moralische Legitimation der Polizei. Das Richteramt wird ausgeweitet, jeder Befürworter der Selbstjustiz hält sich für einen Richter. Ein Volk von Richtern wird ein Volk von Henkern. Eine gute Polizei muss sich nicht nur strikt an Regeln halten, sondern auch ein Urteilsvermögen haben, aber eine Polizei mit Richteramt und Exekutionsgewalt wäre eine „böse" Polizei.

II 5 Vielfache Rache als Tradition und Institution

„Rache ist süß." Die Bereitschaft zu Zorn und Rache hält andere davon ab, mich oder meinen Klan zu überfallen. Wir halten uns mit der gegenseitigen Bedrohung von Racheaktionen in Schach; die Tatsache, dass wir wissen, womit wir rechnen müssen, hält uns von Eingriffen und Angriffen ab und erzeugt ein „Gleichgewicht des Schreckens". Je heftiger und schneller die zu erwartende Reaktion ist, umso abschreckender. Gewisse Regelverletzungen kommen dadurch zustande, dass z. B. junge Männer denken: „Mir hat niemand etwas zu sagen. Ich kann machen, was ich will". Wenn ich annehmen muss, dass ein Jugendlicher, den ich auf ein Rauchverbot in der Straßenbahn aufmerksam machen möchte, mich nachträglich mit seiner Jugendbande zu Tode trampeln wird, dann werde ich schweigen. Seinen zornigen Blick würde ich in Kauf nehmen, aber nicht das Risiko, verletzt und malträtiert zu werden. Die Erwartung von Zornausbrüchen und Racheaktionen wirkt abschreckend.

Vielfache Rache ist aber auch ein Überdecken von Verletzungen und Trauer durch eine Orgie von Gegengewalt. Solange Rache wütet, findet Trauerarbeit nicht statt. Trauern über Verluste und Kränkungen erlaubt es, dem Mitgefühl, Selbstmitleid und anderen „weichen Gefühlen" stattzugeben. Als Auslöser für Rache und Vergeltung braucht es nicht einmal die schweren vorangegangenen Kränkungen. Die Bereitschaft zur exzessiven Gegengewalt steckt tief in mir. Ich habe in der Fantasie schon manche Menschen vertrieben und umgebracht, die es gewagt haben, mich „im falschen Moment" zu stören oder zu kränken. Ein unerwiderter Gruß oder ein verächtlicher Blick können am Anfang eines Zwistes stehen, der zur Gewalt eskalieren würde, wenn es nicht soziale Kontrolle, den Staat und seine Gesetze gäbe. Auslöser von Ehestreitigkeiten sind meist so banal und unscheinbar, dass man ebenfalls auf eine bereits bestehende Disposition zum Konflikt schließen muss. Es ist schwierig herauszufinden, wer „zuerst schuldhaft" gehandelt hat und wie die gegenseitigen Beschuldigungen weitergeführt wurden. Deshalb ist man in einigen Ländern davon abgekommen, die Frage der „Schuld" zu untersuchen und ein Zerwürfnis und Vertrauensverlust zwischen Ehepartnern als hinreichenden Scheidungsgrund anzuerkennen. So gesehen braucht es keinen „Schuldigen" und keinen „Bösen"; der Rosenkrieg wird kaum mehr mit moralischen Kategorien beurteilt.

Das Böse in der Tiefe des Individuums erscheint wie ein Raubtier, das auf seine Gelegenheit wartet, um andere zu „strafen", „in Schranken zu weisen", „zu züchtigen", aber auch zu demütigen und zu Geständnissen und zu einem umfassenden „Unrechtsgefühl" zu zwingen. Das zornige und rachsüchtige Raubtier ist der unheimlichste aller Gäste in meinem Seelenhaushalt. Die innere Bestie ist schwer zu zügeln; je länger ich sie zurückhalte, um so „schärfer" und „bissiger" wird sie. Zurückgehaltene Rachewünsche stauen sich auf; wer ohnmächtig ist, sich rasch und wirksam zu rächen, neigt zur inneren Vergiftung, d. h. zum Ressentiment.

Blutrache gehört zu den Quellen jenes Bösen, das sich in der Verkettung der Generationen festsetzt und steigert. Rache ist wie Hass *in extremis* auf Vernichtung ausgerichtet: Die vollständige Blutrache wäre die Ausrottung des feindlichen Klans. Erst wenn die Existenz und das Andenken des Hassfeindes vernichtet sind, ist der unselige Kreislauf der Blutrache beendet. Es ist eine primitive Form der historischen Erinnerung, in der besonders erlittene Demütigungen und Verletzungen durch die Feinde gespeichert werden. Eigene Übergriffe und Gewalttaten werden entweder vergessen oder zu Heldentaten verklärt. Zwar gibt es eine Erinnerung – ein Volk ohne Erinnerung würde die vermeintliche Pflicht zur Blutrache vergessen. Aber es ist keine „wissenschaftliche" oder „nüchterne" Erinnerung, sondern eine bohrende, wühlende und grübelnde Erinnerung, die wieder und wieder auf die erlittenen körperlichen und seelischen Verletzungen zurückkommt und aus dem Brüten über die eigene Opferrolle neue Rachepläne schmiedet. Das Nicht-Vergessen-Können wird zu einem Nicht-Verzeihen-Können. Die verletzte Ehre würde jedes Nachgeben und Verzeihen fürchten – als unfreiwillige Offenbarung einer Schwäche an die anderen.

Die Blutrache bietet jüngeren Mitgliedern Gelegenheit, im Krieg gegen den Feind eine Heldenrolle zu spielen. Den Angegriffenen erscheint dagegen das Unrecht der anderen erneut als unverdienter Angriff. Man erinnert sich nicht gerne an selbst verübtes Unrecht – lieber erinnert man sich an verrichtete „Heldentaten". Rache ist Vergeltung für verletzte Ehre und Mittel zur Wiederherstellung der Ehre.

Mit der Institutionalisierung der Rache beginnt die Chance zu ihrer Eindämmung. Die Begrenzung der Rache auf eine gleiche, angemessene und verhältnismäßige Vergeltung gehört zu den größten Kulturfortschritten. Angesichts der exzessiven und endlosen Rituale der Blutrache, die eine Steigerung der Gewalt geradezu fordern, ist die Fixierung der *lex talionis* ein Beitrag zur Gründung von Recht und Gerechtigkeit. Auge um Auge ist ein viel geringeres Übel als die Vernichtung eines ganzen Klans für die

Verletzung eines Mitglieds meines Klans. Eine gleiche (oder äquivalente) Vergeltung kann aber erst dann durchgesetzt werden, wenn die Macht der Klans gebrochen und durch eine höhere Instanz (einen Staat) überwacht wird. Das unscharfe Prinzip der Ehre wird durch den präziseren Begriff der Schuld ersetzt. Der Verfestigung eines größeren Übels wird durch die Etablierung eines geringeren Übels abgeholfen. Dies ist jedenfalls eine gute Absicht. Dass der strafende Staat durch Justizirrtum, Klassenjustiz und Korruption der Gerichte zum Unrechtsstaat wird, ist das bleibende Risiko. Ungleichheiten in der Strafpraxis richten sich nicht nur gegen Unterschiede der Klassen, sondern auch gegen Unterschiede des Status und der sexuellen Präferenzen (vgl. Wacquant 2004).

Strafe als äquivalente Vergeltung ist im historischen Rückblick betrachtet ein geringeres Übel als die von Individuen und Klans geführte Rache. Aus der Orientierung an der Zukunft betrachtet, die es auf Prävention oder sichernde Maßnahmen absieht, ist die Vergeltung vielleicht ein neues Übel. Sie hat einen üblen Nachgeschmack von archaischen Riten der Rache und der Grausamkeit. Die Übertragung der Aufgaben eines moralischen Tadels und einer gerechten Vergeltung auf den strafenden Staat trägt meines Erachtens nichts zur Legitimation der Praxis staatlichen Strafens bei, sondern erscheint eher als ein seltsamer Anachronismus. Diese Diskussion wird in den Abschnitten II 6 und III 5 mit einem Blick auf Straftheorien weitergeführt.

II 6 Exzessive Strafen

Eine Form des „zweiten Bösen" ist das Unrecht unter dem Deckmantel der Strafe. Das Böse sucht immer nach einer Legitimation, und es scheint in der Abwehr und Bestrafung des Bösen selber seine beste Legitimation zu finden. Wird im Krieg absichtlich getötet, so wird in der Praxis des Strafens absichtlich Leid zugefügt. Warum sollte nun eine absichtliche Schädigung plötzlich legitim und gut erscheinen? Die gute Absicht kann unmöglich als „heiligende Kraft" akzeptiert werden. Selten wird hier deutlich ausgesprochen, was eigentlich auf der Hand liegt: Mit Kriegen, aber auch mit Strafen begibt man sich in den Kontext des Bösen. Psychoanalytisch betrachtet kann sich niemand mehr hinter der guten Absicht verstecken. Die Psychoanalyse hat jedem Individuum die Möglichkeit der Erkenntnis der Destruktivität in den eigenen guten Absichten bereitgestellt (vgl. Fromm 1974, 76f). Die Strafe zertrümmert und zerstört Lebensläufe. Sie lässt die Folgen von Übermacht spüren, eliminiert die Privatsphäre, dämpft das Selbstwertgefühl und verbannt den Einzelnen in ein Milieu der Verdorbenen und Verzweifelten. Sie stigmatisiert und depraviert Menschen so, wie es sonst nur schwere Verbrechen tun.

Böses wird zugefügt, doch es wird zugleich umbenannt und weißgewaschen. Hat nicht der zu Bestrafende zuerst Böses getan? Entweder wird suggeriert, dass sich das Böse nur durch Böses bekämpfen lasse, was so generell nicht stimmt, oder offen deklariert: Wer straft, tut Böses. Eine schlechte Begründung („tu quoque") würde dann lauten: Der Täter hat Böses getan, also darf der Staat auch Böses tun.

Es wird auch unterstellt, ein begrenztes zweites Böses (z. B. die Tötung oder Folter eines Schuldigen) sei gar kein Böses, es sehe nur isoliert betrachtet so aus, es werde wie durch eine Form von „moralischer Alchimie" von einem oberflächlich betrachtet Bösen (wie Freiheitsentzug und anderen „Depravierungen") zu einem Mittel des Guten und damit selber zu etwas Gutem. Das Übel der Strafe selber werde zum Teil eines „organischen Ganzen", das Unrecht, Strafe und Sühne umfasse und selber nicht böse sei, weil es zu einer Reinigung oder Wiederherstellung des Guten führe. Später (vgl. III 4) werde ich auf eine generelle Skepsis gegenüber der Strafe als Weiterführung oder Vertiefung des moralischen Tadels zurückkommen.

Wenn Strafe als angemessene Vergeltung moralisch legitim wäre, dann müsste zunächst geklärt werden, was „angemessen" heißt. Die einfachste Forderung ist eine Gleichheit, „Auge um Auge, Zahn um Zahn". Doch erweist sich diese Gleichheit oft als trügerisch: Schließlich ist es nicht dasselbe, ob ich als Einzeltäter in eine Wohnung einbreche und dem erzürnten Hausbesitzer bei der Flucht und – als Gegenmaßnahme gegen seine Gewaltandrohung – ein Auge ausschlage, oder ob der Staat als übermächtiger Moloch entscheidet, mir als völlig wehrlosem Gefangenen von einem Folterknecht ein Auge herausschlagen zu lassen. Und wie sollte die gleiche Vergeltung in Fällen von Vergewaltigung, Verstümmelung oder Massenmord aussehen? Sollte man einen Tierquäler mit Folter und einen Holzdieb mit Holzdiebstahl bestrafen? Würde der Staat nicht gezwungen, Gräueltaten mit Gräueltaten zu vergelten? Damit würden die Art und das Maß der Strafe vom Täter diktiert; der Staat müsste das Verbrechen durch ein zweites Böses imitieren.

An die Stelle einer buchstäblichen Gleichheit tritt in der Theorie der Vergeltung ein Äquivalent, und dieses wird oft durch Konvention und konventionelle moralische Abschätzungen fixiert. Exzessive Strafen sind dann Strafen, die zu streng sind. Aus der Sicht der Vergeltungstheorie könnten auch zu milde Strafen als ungerecht erscheinen. Exzessive Strafen haben dagegen etwas von den Exzessen des Bösen, die weit über das hinausgehen, was ein Individuum verdient.

Drakonische Strafen werden z. B. ausgesprochen, wenn geringe Verfehlungen wie kleine Holzdiebstähle für den Eigengebrauch mit hohen Bußen oder Freiheitsentzug geahndet werden. Tendenzen zu exzessiven Strafen bestehen dort, wo Privateigentum von einer Klassenjustiz als heilig und unantastbar geschützt wird. Exzesse im Strafmaß sind auch Symptome von

II 6 Exzessive Strafen

Diktaturen und Imperien, die versuchen, das Strafrecht als politisches Instrument zu benutzen und z. B. den „Krieg gegen Drogen" zu forcieren. Zutiefst ungerecht sind ganz offensichtlich Strafen gegen Unschuldige und gegen jene, deren Schuld nicht durch ein reguläres Verfahren bestätigt oder erwiesen ist. Exzessiv und ungerecht ist auch die Doppel- und Mehrfachbestrafung für ein und dasselbe Verbrechen.

Exzessiv werden Strafen auch dann, wenn alle Vergehen und Verbrechen in einen Topf geworfen und als „Rebellion" interpretiert werden. Auch diese Vereinheitlichung aller Verbrechen und ihre Ahndung als „Ungehorsam" und „Rebellion" ist ein Symptom einer Diktatur, die sich durch jede Regelverletzung in Frage gestellt sieht. Es ist ein Eingeständnis der Fragilität der eigenen Machtstellung, die immer und möglichst spektakulär bewiesen werden soll. Ein Staat, der sich keine Differenzierungen, keine qualifizierten Ausnahmen und keine Anrechnung mildernder Umstände leisten kann, der nicht zwischen gewöhnlichen und politisch motivierten Verbrechen unterscheiden will und alle Verbrechen als politische Kapitalverbrechen deklariert, zeigt Angst und Schwäche.

Vielleicht sind alle Strafen in einem absoluten Sinn exzessiv. Dies lässt sich aber deshalb nicht überprüfen, weil es keinen absoluten Maßstab gibt, weil das Strafmaß immer auf Schätzungen, konventionellen Festlegungen und groben Vergleichen beruht. Strikte Anhänger der Strafgerechtigkeit könnten auch zu milde Strafen als schlecht bezeichnen, weil sie die Rechte der Opfer missachten und gegen einen höheren Standpunkt der Gerechtigkeit verstoßen. Doch ist ihr Gerechtigkeitssinn ein zuverlässiger Indikator oder gar das Abbild einer absoluten Gerechtigkeit?

Strafen werden vermutlich ein Amalgam von archaischen Racheimpulsen, idealistischen Gerechtigkeitsforderungen und modernen Wünschen nach Prävention und sichernden Maßnahmen bleiben. Sie stellen die „Praktiker" der verschiedenen Etappen der Strafe (Festnahme, Urteil, Vollzug) vor große Herausforderungen, die sich gewöhnlich nicht vom „Schreibtisch aus" lösen lassen. Umgekehrt ist es nicht zulässig, die Praktiker und Vollzugsbeamten von Reflexion zu dispensieren und diese an Professorinnen und Lehnstuhl-Philosophen zu delegieren. „Der Teufel steckt im Detail." Besonders im Strafvollzug stellen sich die Fragen, welche Behandlungen und welche verschärften Kontrollen nötig sind, wann die bloßen Schikanen beginnen und was man konkret tun kann, damit der Strafvollzug nicht zur reinen Hölle wird, welche Maßnahme und Kontrollen für wen wirksam und für wen nur demütigend und entmutigend sind. Strafvollzugsbeamte müssen genauer und sensibler abwägen als intellektuelle Schreibtischtäter.

Manchmal wird Strafe als eine Fortsetzung oder Vertiefung des moralischen Tadels verstanden. Die Konzeptualisierung von Strafe als moralische Erziehung oder moralisches Urteil bleibt ein problematisches „Edelmodell", das an der schlechten Wirklichkeit scheitert (vgl. III 4).

Im pädagogischen Kontext geht es darum, zwischen Strafe und Misshandlung von Kindern zu unterscheiden. Ist Strafe etwas anderes als eine sekundär legitimierte oder rationalisierte Kindsmisshandlung? Die Verurteilung der Prügelstrafen in der Aufklärung hat dazu geführt, subtilere Strafen an ihre Stelle zu setzen, deren gemeinsamer Nenner der Liebesentzug ist. „Ich kann dich nicht lieben für das, was du getan hast." Diese Mitteilung könnte Erfolg haben, wenn sie von einer Reintegration abgeschlossen wird, die besagt: „Ich verzeihe dir. Ich habe dich wieder lieb". Sie kann aber auch unter dem Aspekt einer „Dialektik der Aufklärung" beschrieben werden, die unter dem Vorzeichen eines Fortschritts der Zivilisation über die Barbarei neue und noch invasivere Formen von Kontrolle und Manipulation einführt (vgl. Dekens 2008)

Die Bestrafung von Kindern muss dem kognitiven Stadium eines Kindes entsprechen – sie darf nicht nur weh tun, sondern sie muss für ein Kind oder einen Jugendlichen verständlich sein. Im Bereich der Erziehung könnte Strafe als eine Form der nachdrücklichen und verschärften Mitteilung verstanden werden. *De facto* ist sie aber öfter eine Kampf- und Notmaßnahme, wo „Worte nichts bewirken". Pädagogische Strafen sind auch Versuche zur Behauptung oder Wiederherstellung eines autoritären Abstands.

Strafandrohungen sind oft nur ein Mittel der Verhandlung und werden häufiger eingesetzt als in eine Strafe umgesetzt. Sie folgen dem Muster der Drohung: „Wenn du nicht aufisst, gibt es keine Nachspeise" oder: „Wenn du nicht aufisst, darfst du nicht spielen gehen". Die weitergehende Drohung, die dahinter steckt, lautet: „dann werden Mama oder Papa sehr böse sein". Auf diese Weise wird die Drohung zum unberechenbaren Faktor des Beziehungsabbruchs aus Ärger, Zorn oder Enttäuschung. Eine besonders schlimme Strafe könnte darin bestehen, angesichts eines Fehlverhaltens oder einer Unartigkeit eines Kindes über Tage, Wochen oder Monate stumm, vorwurfsvoll und „traurig" zu sein. Dies sind Strafen, die vom Kind als „böse" und „grausam" empfunden werden. Strafen im Geiste der „schwarzen Pädagogik" übertreffen das „Böse im kindlichen Verhalten" um ein Vielfaches; erst die brutalen und perfiden Strafen der Erwachsenen verkörpern das Böse im vollen Sinne.

II 7 Entwurzelung und Marginalisierung

Eine wichtige Ingredienz eines gelungenen Lebens ist das Gefühl der Zugehörigkeit. Ich lebe nicht nur „in die Welt geworfen", sondern in einer Gemeinschaft. Als Mitglied einer Gemeinschaft weiß ich, wohin ich gehöre, wo meine Heimat ist, wer meine Brüder und Schwestern im engeren und weiteren Sinne sind. Zugehörigkeit ist ein anderes Wort für Verwurzelung in einer Solidargemeinschaft, in der man meinen Namen kennt und beobachtet, was ich tue und lasse. In der Solidargemeinschaft herrscht ein gewisses Maß an Teilnahme; es gibt Angehörige und Nachbarn, die bemerken, dass ich nicht mehr zur Arbeit gehe, dass ich mein Haus nicht mehr verlasse, dass ich einen neuen Hund habe etc. Diese Verwurzelung können Menschen teilweise verlieren, wenn sie vom Land in eine Stadt ziehen. Noch stärker wird die Entwurzelung, wenn ich mein Land verlasse und in eine fremde Kultur eintrete, mit einer fremden Sprache und fremden Sitten. Einige Menschen wandern freiwillig aus, um ihre Lebenslage zu verbessern – sie haben sich freiwillig entwurzelt und nehmen ein gewisses Risiko in Kauf, um ihre Lage zu verbessern. Sie haben kein Recht sich zu beklagen, wenn ihre Situation im freiwillig gewählten Exil sich nicht automatisch verbessert. Andere werden unfreiwillig entwurzelt, durch Not, Vertreibung und Massenflucht.

Die Lebensform des Kosmopoliten, der überall zuhause ist und keine Verwurzelung kennt, ist für die meisten Menschen unerreichbar. Wer nur seine eigene Muttersprache spricht, kann nicht automatisch überall zuhause sein. Vielen Menschen wird diese Lebensform auch nicht als wünschenswert erscheinen. Einigen mag sie sogar als in sich schlecht erscheinen, denn ist der Mensch ohne Wurzeln nicht auch ein Mensch ohne Tradition, ohne Religion und ohne echte affektive Bindung an sein Land?

Unfreiwillige Entwurzelung kann insofern „böse" machen, als die Trauer und das Trauma der Entwurzelung auch die konventionellen Bindungen an Moral und Religion schwächen. Menschen verlieren Orientierungen und werden zum Spielball schlechter Einflüsse. Ein Vertriebener fühlt sich in einem fremden Land unwillkommen; er wird von einer Woge der Gleichgültigkeit zurückgestoßen. Dem Staaten- und Papierlosen bleibt keine Wahl zwischen zumutbarer und unzumutbarer, legaler und illegaler Arbeit – er findet nur noch Platz auf einem „Totenschiff", auf dem kaum Löhne bezahlt und Versicherungsleistungen angeboten werden. B. Traven hat im gleichnamigen Roman dem verzweifelten Lebensgefühl der Ausgebürgerten und Papierlosen ein literarisches Denkmal geschaffen (vgl. Traven 1982).

Ich erlebe die Nachteile meiner Situation und beobachte die Vorteile der „Eingeborenen". Es wird mir bewusst, dass ich es mir nur leisten kann, in einem Ghetto oder in einer minderwertigen Vorstadt zu leben, zwischen dem stinkenden Kanal und der lärmigen Autobahn, neben Bahngleisen oder auf einem Abfallhaufen. Es macht mir nichts aus, „Eingeborene" und Bessergestellte zu bestehlen und zu betrügen. Ich sehe darin nichts anderes als einen Akt der gerechten Umverteilung oder eine Strategie gegen die tägliche Erfahrung der Verachtung und Anfeindung. Die Kriminalität von Ausländern wird von den Einheimischen besonders beachtet, und diese selektive Wahrnehmung wird durch falsche Statistiken in den Massenmedien verbreitet. Die Einheimischen bilden Parteien, die sich auf das Thema Ausländerkriminalität spezialisieren und rasche und wenig zimperliche Wegweisungen verlangen. Der Teufelskreis von Versuchungen und Verdächtigungen, Fehlverhalten und Ausschluss ist kaum zu durchbrechen. Das „Ausländerproblem" wird in der Interaktion von Ausländerfeindlichkeit und gegenseitigem Misstrauen verstärkt. Fremde, die sich nicht heimisch fühlen, die fremde Kultur und Lebensweise nicht als „verbindlich" oder „überlegen" anerkennen, werden dafür gescholten, dass sie sich nicht „integrieren" und „assimilieren". Diese Fremden ducken sich nicht, bleiben nicht dankbar und bescheiden, unauffällig und abhängig vom Wohlwollen der „Gastgeber" oder „Alteingesessenen". Der Arbeitsmarkt hat einige von ihnen angezogen; die Erfahrung der Fremde hat viele gekränkt und einige wenige in die Kriminalität getrieben. Der Fremde, der nicht „bescheiden" und „diskret" ist, sondern fordernd und stolz, wird als „anmaßend" und „frech" gehasst.

Das Gefühl der Entwurzelung kann vielleicht teilweise ausgeglichen werden, wenn Menschen sich nicht nur als „Pflanzen", sondern auch als autonome Wesen verstehen. Ihr Verhältnis zur Moral und zur Religion ist nicht mehr ein bloß konventionelles – Moral und Religion sind mehr als nur nationale Folklore. Das stolze Selbstbild kann aber nicht ganz darüber hinwegtäuschen, dass ich – sofern ich eine halbwegs heile Kindheit hatte – zuerst wie eine Pflanze fest verwurzelt aufgewachsen bin und dass die Orientierung an der eigenen Region und Umgebung wichtig bleiben kann – auch wenn ich vielleicht eine zweite oder dritte Heimat akzeptieren muss. Die Bilder von Verwurzelung und Entwurzelung werden in diesem Zusammenhang verwendet. Pflanzen umtopfen ist riskant. Entwurzelt zu sein von einer solchen symbolischen (zweiten oder dritten) Heimat ist belastend und könnte die Haltung verstärken, sich als „outlaw" ohne Bindungen und Hemmungen zu fühlen oder zu benehmen.

Eine distanzierte Betrachtungsweise darf sich nicht einseitig mit der tristen Situation der Entwurzelten beschäftigten, sondern muss auch die Tatsache ins Auge fassen, dass Ausschluss und Benachteiligung von Menschen „systemisch" bedingt sind. Die organischen Metaphern sind deshalb irreführend. Marginalisierung und Ausschluss sind unter anderem Nebenfolgen des Wunsches von Gemeinschaften, „unter sich zu bleiben" oder – weniger extrem – den Anteil von Fremden zu kontrollieren und selber zu bestimmen. Reminiszenzen an das Stammesdenken finden sich in allen Gemeinschaften. Selbst in einer so lockeren „Gemeinschaft" wie in der von Insassen eines Zugabteils werden die neu Einsteigenden als „Fremde" empfunden. Auf vielen Ebenen werden Grenzen zwischen Innen und Außen gezogen. Wer gerne bei sich zu Hause bleibt und sich einschließt, schließt damit all jene aus, die kein Essen und kein Obdach haben. Der Wanderer aus der Ferne, der abends in ein Dorf mit hell erleuchteten Fenstern kommt, fühlt, dass er in den meisten Stuben nicht willkommen ist. Er wird nicht irgendwo anklopfen, sondern er hält sich an die offizielle „Gaststube", wo man ihn zuerst auch misstrauisch beobachtet, seine Ausweispapiere sehen will, und dann sein Geld. Man fragt sich, warum einer auf Wanderschaft geht, wovor er vielleicht auf der Flucht ist, warum er sich freiwillig entwurzelt und nicht zuhause geblieben ist, wann er wieder abreisen wird.

Die Analogie zwischen dem eigenen Land und der eigenen Stube ist jedoch irreführend. Das Territorium eines Staates kann nicht mit der Symbolik der Privatsphäre belegt werden. Während ich ein Recht habe, unerwünschte Menschen von meiner Privatsphäre und meiner Stube fernzuhalten, kann ich dieses gleiche Recht für ein ganzes staatliches Territorium nicht in Anspruch nehmen. Was Einreise und Aufenthalt in einem Land betrifft, geht nicht nur mich etwas an, sondern auch alle anderen Bürger, und die einschlägigen Entscheidungen müssen gesetzlich geregelt werden.

Der Druck, seine eigene „Stube" zu verteidigen, wird größer, wenn wachsende Migrationsströme von freiwillig-unfreiwillig entwurzelten Menschen „wie hungrige Heuschrecken" (so die verfängliche Metapher!) in fremde Länder und Kontinente ausschwärmen, angestiftet und ausgebeutet von skrupellosen Schlepperorganisationen. Missverständnisse und Gewalt sind in solchen Bewegungen unvermeidbar. Not und Verzweiflung stößt auf die Behäbigkeit jener, die sich ihre Privilegien erarbeitet und „ersessen" haben. Entwurzelte Menschen neigen entweder zur Flucht in die Unauffälligkeit oder zur Intensivierung der äußeren Erkennungszeichen ihrer Herkunftskultur. Einige Entwurzelte werden erst auf der Flucht und in der Fremde zu den „religiösen Fundamentalisten", die sie vielleicht zuvor nicht waren. Jetzt erst müssen sie ihre kulturelle Identität verteidigen und demonstrativ zur Schau stellen. Mit ihren Judenhüten und Turbanen werden sie zur leicht erkennbaren Projektionsfläche jener, die nach Sündenböcken für ökonomische Krisen suchen.

An die Stelle der Sichtbarkeit orthodoxer Juden ist heute die Sichtbarkeit von Muslimen bzw. die sichtbare Unsichtbarkeit verschleierter Musliminnen getreten. Letztere ist besonders aufreizend, weil sich hier öffentliche Auffälligkeit mit suspekter Vermummung paart. Für die Einheimischen zeigt sich darin auch der demonstrative Wille, sich nicht zu integrieren und stattdessen in Parallelgesellschaften zu verharren. Eine Muslimin mit Gesamtkörperverhüllung, die in einem kleinen Schweizer Dorf das Büro für Sozialhilfe betritt, wird zur „Entschleierung" aufgefordert. Sie versteckt unter der Burka nicht nur ihre individuelle Identität, sondern vielleicht auch eine Bombe. Misstrauen, Missverständnisse und Aggression sind unvermeidlich. Die verschleierte Frau kann zu einer Ikone des Bösen werden, weil sie sich freiwillig und sklavisch ihrem Mann unterwirft, weil sie sich „vermummt" (wie Angehörige des „schwarzen" Blocks bei nicht bewilligten und gewaltsamen Demonstrationen) und weil sie potentiell einen Schutzmantel für Waffen und Bomben trägt. Zudem verweigert sie sich der Mode und dem Druck zur Entblößung der Frauen in der Öffentlichkeit und in der Werbung, und sie entzieht sich den Experimenten der Selbstdarstellung emanzipierter Frauen. Sie läuft einer unheiligen Koalition von Feindseligkeiten ins Messer.

Die sog. „Überfremdung" wird auch als Gefahr für den Wert der demokratischen und nationalen Selbstbestimmung empfunden. Deshalb wird selbst dort, wo sich keine Fremdenfeindlichkeit zu Wort meldet, die starke Forderung nach Integration (nicht Assimilation) erhoben. Integration umfasst die Beherrschung einer der wichtigen Landessprachen (oder, in offiziell einsprachigen Ländern, der Landessprache) und die Anerkennung elementarer (rechtlicher) Regeln des Zusammenlebens in einem Land. Auch diese Forderungen entsprechen der Überzeugung, dass die Erstarrung von Fremden in einer demonstrativen und rigorosen Gegenkultur eine Gefahr und eine Quelle des Bösen ist. Das Angebot der Integration darf nicht zum Zwang zu Assimilation und Selbstaufgabe werden. Wie viel „Alterität" eine Gesellschaft verträgt und zu wie viel Differenz-Verträglichkeit sie verpflichtet ist, wird umstritten bleiben.

Dass das „ganz Andere" und „völlig Unverständliche" nicht nur mit der Transzendenz Gottes, sondern auch mit dem Fremden und der Alterität assoziiert ist, entspricht einer spezifischen Konzeption des Bösen als des „Abgründigen", dessen Gründe und Motive (für mich, für „uns") nicht nachvollziehbar sind. Der Fremde und das Böse sind unergründlich, unverständlich, unerträglich. Das bloße Verharren des Fremden in der totalen Alterität könnte als „böse" verdächtigt werden. Doch die Quelle des Bösen ist nicht die Alterität selber, sondern die Differenz-Unverträglichkeit (vgl. Saner 2002). Ein heimlich-unheimlicher „Krieg der Kulturen" könnte im Gange sein. Warum sollten sich Menschen über Generationen hinweg weigern, mich (oder „uns") zu verstehen oder mir ins Gesicht zu sehen? Hegen sie die Absicht, meine („unsere") Kultur zu verdrängen und – durch Nachwuchs und unkontrollierbare Verschwörungen – ein Ungleichgewicht zu ihren Gunsten zu erreichen? Haben sie nicht längst vergessen oder nie akzeptiert, dass sie bei „uns" nur Gastrecht genießen? Das Uns in Anführungszeichen soll andeuten, dass es nicht nur die reinen Autochthonen gibt und dass sich unter den Gegnern von Neueinwanderern oft bereits ansässige Ausländer oder „secondos" befinden. Aus Sitzenden werden Besitzende. Sie gleichen jenen Fahrgästen in „ihrem" Eisenbahnabteil, die allen Neueinsteigenden Misstrauen und Unwillen entgegenbringen, obwohl sie selber zuvor Zugestiegene sind.

II 8 Despotie

‚Despotie' bedeutet Willkürherrschaft. Der Despot lässt seiner Willkür und seinen Launen freien Lauf – er vergreift sich als Herrscher über sein Land an den Frauen seiner Untertanen, schändet Kinder und lässt Unschuldige hinrichten. Auch ein Kaiser kann sich despotisch verhalten – wie z. B. der launische und grausame römische Kaiser Caligula, der im Stück von Albert Camus auftritt und sagt: „Heute bin ich Venus". Diktatur und Tyrannis bezeichnen gefährliche und anfechtbare Einrichtungen und tragen zur Etablierung des Bösen bei. ‚Despot' bezeichnet ein individuelles Charaktermerkmal. Der Despot herrscht gerne allein – er ist Autokrat und damit Feind der Demokratie. Er konsultiert nicht gerne die Meinungen anderer und setzt sich über ihre Ratschläge hinweg. Er kann bösartig sein und seine Herrschaft vertiefen und ausweiten, aus welchen Motiven auch immer.

Die moralische Verurteilung der Willkürherrschaft ist einhellig. Das heißt: Niemand möchte Opfer der Willkürherrschaft sein. Möchte aber auch niemand selber Despot sein? Zunächst scheint es attraktiv, nach seinen Wünschen und Launen leben zu können und andere zu manipulieren und zu kontrollieren. Die reine Despotie ist jedoch instabil, denn sie ist Herrschaft ohne den Versuch einer Legitimation. Sie kann nur auf Einschüchterung, Manipulation und nackter Gewalt basieren. Streng genommen ist bereits der Versuch, Menschen zum Gehorsam zu manipulieren, ein Versuch, ihnen Gehorsam als etwas „schmackhaft" zu machen, was auch in ihrem Interesse sein könnte, oder was jedenfalls ihre Pflicht sei.

Der wohlwollende Despot verdient das besondere Interesse, weil er – unfreiwillig – den Verdacht bestätigt, dass aus gutem Willen Böses entstehen kann. Er widerlegt – unfreiwillig – das Vorurteil, aus dem guten Willen könne nur Gutes kommen. Der wohlwollende Despot bedient sich einer paternalistischen Begründung von Herrschaft. Er will Untertanen zu ihrem Glück zwingen. Er ist nicht durch eine böse Absicht oder durch willkürliche Launen böse, auch nicht durch eine Absicht, andere zu dominieren oder gar auszubeuten, sondern er macht sich schuldig und wird böse durch paternalistischen Zwang. Man kann es nicht genug wiederholen: Das „Böse" des wohlwollenden Despoten residiert nicht in einer bösen Absicht, sondern im ungebrochenen „guten" Willen, Menschen zu beglücken oder nach seinen Vorstellungen zu „befreien". Der größte Fehler des wohlwollenden Despoten besteht darin, dass er seine Bürger wie Untertanen, ja wie Kinder behandelt und ihre Chancen, mündig zu werden oder zu bleiben, vereitelt. Er kann es nicht begreifen, dass seine geliebten Untertanen eigene Wege gehen, selber entscheiden möchten und sogar ein Recht darauf haben, auf ihre Weise glücklich oder unglücklich zu werden.

Die meisten Religionen haben sich in einem feudalen Kontext zu großen Weltreligionen entwickelt; sie bewahren das Bild von Gott als einem wohlwollenden Despoten. Eigenwille gilt als Sünde; die leitende Metapher der Sündenvorstellung in den Psalmen ist jene der Verirrung auf Abwegen (vgl. Ricœur 2009/1950/1960). Dies erklärt, weshalb in den meisten Religionen so wenig die Rede ist vom Schutz der Privatsphäre oder der Achtung vor dem persönlichen Willen, auch wenn es der Wille Andersgläubiger oder Ungläubiger ist, weshalb Eigenwille, Trotz, Verstocktheit und Ungehorsam als Sünde gelten und Gotteskindschaft als Leitbild für die Beziehung des Menschen zu Gott.

Aufgeklärte Verteidiger Gottes haben zu zeigen versucht, dass die Allmacht Gottes durch seine Weisheit und Güte eingeschränkt wird. Leibniz verteidigt in seiner Theodizee die Behauptung, Gott herrsche nicht wie ein orientalischer Despot, sei er doch Ursache und Grund einer Welt, auf deren Gesetzmäßigkeiten die Wissenschaften anwendbar sind (vgl. Leibniz 1996/1710, 58 f., 65). Er stifte nicht durch häufige Wunder mutwillig Verwirrung in einer Welt, in der universale Naturgesetze wirkten. Kurz: Leibniz verwirft das Gottesbild eines willkürlichen oder unvernünftigen Despoten.

Doch trifft diese aufgeklärte Kritik an einem ungezügelten Begriff von Macht auch die Konzeption eines wohlwollenden Despoten? Ich glaube, dass Leibniz die moralische Krux des Paternalismus nicht gesehen hat. Das zentrale Problem des Paternalismus besteht nicht darin, dass mich jemand grundlos oder willkürlich nötigt, sondern darin, dass er den Zwang damit begründet, er wolle nur mein Bestes und er wolle mich daran hindern, mich zu schädigen, zu ruinieren, zu verrohen oder mein Heil zu verlieren. Es ist die Begründung der gerechten Herrschaft in der überlegenen Weisheit des Herrschenden. Zu Beginn des 18. Jahrhunderts sahen es viele Gebildete immer noch als eine Ehre an, Untertanen eines aufgeklärten Despoten zu sein. Nach Leibniz ist es nicht dasselbe, ob ich von den extravaganten Launen eines Despoten oder von der göttlichen Weisheit zu etwas gezwungen werde. Das ist sicher richtig, aber es macht den paternalistisch begründeten Anspruch auf Herrschaft nicht legitim. (Die Behauptung, es sei schlimmer, meine Frau zu töten als sie nur zu schlagen, macht es nicht legitim, sie zu schlagen.) Es ist die paternalistische Art von Begründung, die den wohlwollenden (oder aufgeklärten) Despoten in seinem noblen Selbstbild scheinbar unangreifbar macht und die das Individuum (mit spezifisch liberalen und postmodernen Sensibilitäten) so sehr kränkt und verletzt.

In gewisser Weise ist jeder Anspruch auf politische Autorität mit der Unterstellung verknüpft, dass Menschen ohne die Anerkennung einer Autorität nicht friedlich und in Wohlstand zusammenleben könnten. Der Anarchismus bildet gegenüber dieser verbreiteten Auffassung, die besagt, dass wir zentrale Autorität und Hierarchien, Staat und Gesetze dringend nötig haben, eine Ausnahme. Weil der Anarchismus in jedem Anspruch auf politische Herrschaft eine Form von schleichendem Paternalismus sieht, werde ich auf diese Kritik im Folgenden eingehen.

Anarchisten sehen im Staat und in gesellschaftlichen Hierarchien kein notwendiges Übel im Kampf gegen das Böse, sondern vielmehr die Verkörperung des Bösen. Weil sie nicht an den Unterschied zwischen legitimer und illegitimer Herrschaft glauben, ist ihr Interesse für unterschiedliche Regierungsformen gering. Sie glauben, dass Staat und verkrustete Machtgefälle nicht vernünftig begründbar sind, sondern fälschlicherweise unterstellen, dass sich Menschen nicht selber organisieren und nicht selber helfen können. Versuche, die Autorität des Staates mit einem Pakt oder Urvertrag zu legitimieren, attestieren den Menschen diese Unfähigkeit, sich selber und ohne Unterwerfung und Obrigkeit zu organisieren. Kurz gesagt: Der sog. Kontraktualismus bestreitet die Kompetenz der Menschen zur Selbsthilfe; es braucht, so wird argumentiert, eine „höhere Instanz", damit Konflikte besser gelöst werden können. Das Böse stammt so betrachtet weder aus der menschlichen Natur noch aus der Instabilität eines sogenannten Naturzustands, sondern aus der Entmündigung jener, die blind gehorchen oder zum Gehorsam gezwungen werden. Ob der Anarchismus selber eine haltbare Position ist und ob er eine überzeugende Kritik am Kontraktualismus übt, bleibe dahingestellt.

Expandierende Staaten benutzen den paternalistischen Vorwand nicht nur dazu, ihre eigenen Bürger zu beherrschen, sondern auch, um Interventionen zu legitimieren. Ihre Regierungsvertreter werden z. B. Folgendes sagen: „Die Menschen in Afghanistan können sich nicht selber helfen. Afghanische Mädchen und Frauen können sich nicht selber helfen. Also müssen wir das Land besetzen". Sogar humanitäre Aktionen wie die Hilfe der USA in Haiti nimmt im Januar 2010 die Form einer Besetzung an: Es werden Tausende von Soldaten geschickt, um die „Sicherheit" im Lande zu gewährleisten. Um diese Legitimation schmackhafter zu machen, verbreiten die Medien zuvor Gerüchte über Kindesentführer, Gewalttäter und Plünderer, die angeblich die Hauptstadt des Landes im Griff haben. So schnell und so unbemerkt operiert die Logik des imperialen und internationalen Paternalismus. Der Paternalismus ist nicht nur als Begründung kritisierbar, sondern führt auch in der Umsetzung zu vielen Nebenwirkungen. Wird der zivile Aufbau durch die Präsenz einer fremden Streitmacht erleichtert? Wie lange dürfen amerikanische Soldaten im Lande bleiben? Kann sich die nationale Identität unter einer Besatzung erneuern? Werden Armut und Bildung von Armenvierteln unter der Besatzung verschwinden? Müssen die fremden Soldaten Französisch lernen oder die Einheimischen die Sprache der Besatzer? Wie viele minderjährige Frauen werden von amerikanischen Soldaten geschwängert, wie viele Mädchen und Frauen vergewaltigt? Ich kenne die Zukunft nicht, aber ich beobachte die Infiltration des Landes mit amerikanischen Soldaten unter dem Vorwand der humanitären Hilfe mit größtem Unbehagen. Es ist nicht nur für skeptische Europäer oder die Kritiker der Außenpolitik Amerikas naheliegend, die „Hilfsaktion" unter dem Aspekt eines langfristigen imperialen Programms der USA zu sehen.

Eine ganz andere Frage betrifft die moralische Integrität der Untertanen einer Despotie. Kann es für die unterdrückten Bürger kein moralisch anständiges Leben geben? Auch wenn vielleicht manche aus Mangel an Wachsamkeit oder Mut mehr oder weniger mitverantwortlich sind, so scheint es doch falsch zu sein, allen (mündigen) Menschen eine gleiche „Basisschuld" an Entstehung und Etablierung der Despotie zuzuschreiben. Die Rede von einer generellen und nicht-graduierbaren Kollektivschuld wurde bereits kritisch kommentiert (vgl. II 3). Insbesondere wird die Möglichkeit der Abstufung von Schuld und Verantwortung preisgegeben, wenn diese Begriffe zu einer gleichen Kollektivschuld nivelliert werden. Niemand ist allein dadurch schuldig oder gar böse, weil er das Pech hat, unter einer Despotie geboren worden zu sein und unter ihr aufwachsen und überleben zu müssen. Es gibt einige Auswege, um sich nicht verstricken und verpflichten zu lassen oder um jedenfalls keine Heldenrolle innerhalb der Despotie anzustreben – es sei denn die Heldenrolle des Widerstandskämpfers.

Was von Despotien gesagt werden kann, trifft wohl auch auf Diktaturen oder totalitäre Regime zu. Frauen und Männer, die in einem totalitären System auf Karriere und Ruhm verzichten, bringen das minimale Opfer, das nötig ist, um nicht einer Kollektivschuld zu erliegen. Die Tatsache, dass nicht alle aktive Widerstandskämpfer sind, genügt jedenfalls nicht für eine pauschale moralische Anklage. Wer sich der Diktatur durch Flucht ins Exil entzieht, wird wahrscheinlich gegenüber all jenen ein schlechtes Gewissen haben, welche keine Gelegenheit oder Mittel zu diesem Ausweg finden. Auch hier wäre der Vorwurf eines Mangels an Loyalität aller Flüchtlinge gegenüber den Zurückbleibenden unbegründet. Gibt es eine moralische Pflicht, das Leben in einer Diktatur auszuhalten?

Wer ins Exil flieht, braucht seinem Volk unter der Diktatur nicht den Rücken zu kehren. Mancher, der die Macht des Wortes hat, fühlt sich verpflichtet, die Diktatur, der er durch Flucht entronnen ist, aus dem Exil zu kritisieren und zu bekämpfen.

Je weniger ich von der Diktatur profitiere, je weniger ich mich öffentlich exponiere und nach Karrierechancen unter der Diktatur lechze, umso größer ist die Chance, relativ unschuldig davonzukommen. In der Diktatur gibt es diverse Möglichkeiten, moralische Integrität aufrechtzuerhalten: Der Rückzug in die Apolitie (vgl. Löwith 1936, 164–179), also z. B. die Weigerung, in die nationalsozialistische Einheitspartei einzutreten, die Flucht in die Bedeutungslosigkeit, das sog. „innere Exil" oder das Experimentieren mit unterschwelligen Formen der Kritik und Parodie, die nicht sofort als subversiv erkannt und verfolgt werden können. Ironie, Sarkasmus oder eine gespielte Naivität im Sinne des Soldaten Schweyk können dazu führen, Sand ins Getriebe einer Diktatur oder eines totalitären Systems zu streuen.

Eine interessante kasuistische Frage betrifft den Tyrannenmord. Er wird zu den moralisch begründeten Ausnahmen des Tötungsverbots gezählt, der – obwohl eine Form der absichtlichen Tötung – durch den Erfolg nachträglich legitim erscheinen mag. Ob Mord allerdings ein legitimes und effizientes Mittel der Politik ist, muss bezweifelt werden. Eine Lockerung des Tötungsverbotes könnte auch ein Anreiz sein, unbeliebte Eliten aus dem Weg zu schaffen. Wäre der Tyrannenmord die einzige wirksame Methode, um sich eines unerträglichen Lebens unter einem Tyrannen zu entledigen und das politische Geschick eines ganzen Landes in bessere Bahnen zu lenken, dann müsste die Methode, den Teufel mit dem Beelzebub auszutreiben, als qualifizierte Ausnahme anerkannt werden. Sie könnte vielleicht als kollektive Notwehr begründet werden.

II 9 Metropolis

In diesem Kapitel wird von einem Topos (d.h. einem Gemeinplatz) die Rede sein, in dem sich Realität und Symbolik des Bösen vermischen. Dass das Böse auch hybride Phänomene bezeichnet, in denen sich das Reale und Imaginäre durchdringen, wurde bereits erwähnt. Das Imaginäre umfasst so heterogene Phänomene wie den Mythos, die Kunst und die modernen Medien. Es ist ein Wagnis, von den „bösen Städten" zu reden – nämlich das Wagnis, in falsche Zuschreibungen und fantastische Assoziationen abzugleiten. Es geht um atmosphärische Orte oder Zonen des Bösen und die Durchdringung von Bild und Begriff, Symbolik und Realität.

Tief geprägt wurde unsere Kultur von der Erzählung von Kain („verflucht, verbannt vom Ackerboden", Genesis 4, 11; vgl. Szondi 1969) als dem gezeichneten Brudermörder und Städtegründer und von den Darstellungen der Sündenstädte zu Beginn der hebräischen Bibel: Sodom und Gomorra, der Turmbau zu Babel, die Hure Babylon; sie stehen für das Böse, das sich zur Lebensform etabliert hat und in einer Verkehrung der natürlichen Ordnung der Sexualität zu Prostitution, Vergewaltigung und Homosexualität symbolisiert wird. „Flieht aus Babel, jeder rette sein Leben, damit ihr nicht umkommt bei seinem Schuldgericht" (Jer. 51, 6). Der mythische Gegensatz zu den Städten sind die Berge, zum Teil heilige Berge, auf denen sich Gott zeigt. „Auf dem Berg lässt sich der Herr sehen" (Gen. 22,14). Große Städte liegen in der Ebene oder im Unterland; einige von ihnen werden zu sprichwörtlichen Sammelorten der Bösen und Ungerechten, die Gott und seine Gesetze vergessen haben.

Stadt und Land bilden einen Kontrast. Dieser zeichnet sich bereits im Konflikt von Kain und Abel ab, dem Mythos des ersten Mordes, der zugleich einen Brudermord und die Eskalation der Rivalität zwischen Jäger und Ackerbauer darstellt. Auch in diesem Gegensatz durchdringen sich Realität und Symbolik. Zivilisationskritik und Antiurbanismus haben ihre Wurzeln in der Bibel und in der antiken Welt, aber sie finden sich wieder als Reaktionen auf die Industrialisierung im neunzehnten Jahrhundert, und zwar auf den höchsten Gipfeln der philosophischen Essayistik und der Kunst. Morton White hat die faszinierenden Zeugnisse des romantischen Antiurbanismus in Amerika dokumentiert (vgl. White 1977; 2005). Der Topos wird zu literarischen und filmischen Erzeugnissen wie „Sin-City" trivialisiert, welche die Atmosphäre von Schock und Verdüsterung einfangen. Die Vorlage stammt aus der Gattung der Comics; Batmans *Gotham City* verdichtet ebenfalls die Stimmung von Gewalt und Verbrechen, finsteren Hinterhöfen, eine Unterwelt von zwielichtigen Verlierern und triumphierenden Jokern.

Wie sehr die Symbolik der bösen Stadt ins Mythische und Imaginäre übergreift, zeigt auch die Tatsache, dass sich neben dem Topos der „bösen Stadt" auch eine Gegengeschichte der Metropolen als Orte des Geistes schreiben lässt. Auch hier ist nicht nur von empirischen Tatsachen, sondern viel von Atmosphäre und Ambiente die Rede (vgl. Hose/ Levin 2009). Diese Darstellung bestätigt vor allem die Stadterfahrungen jener, die vorwiegend in Universitäten und Bibliotheken verkehren und die Slums, Spielcasinos, Spelunken und Bordelle meiden.

Der Topos der „bösen Stadt" scheint auch die Differenzierungen und wissenschaftlichen Korrekturen der Stadtsoziologie zu überleben. „Die" Stadt wird mit der Großstadt gleichgesetzt, als gäbe es keine Klein- und Mittelstädte, das Idyll von „sweet suburbia" oder die polarisierenden Effekte der „Gentrifizierung" oder „Yuppisierung" von Stadtteilen. Die Symbolik der bösen Stadt bleibt indifferent gegenüber solchen Unterscheidungen und neuen Typologien (vgl. Schmidt-Lauber 2010). Die symbolische Typologie umfasst eine Reihe eingängiger Kontraste: Auf dem Land herrschen Langsamkeit, beharrlicher Fleiß, Herzlichkeit und gegenseitige Hilfe; in der Stadt dominieren Tempo und Anonymität, Einsamkeit und Zynismus. Städte sind Orte der intensivierten Bewegungen und Blockierungen von Bewegungen, der Drängelei, Nervosität und Ungeduld. Trotz aller Eile werden Busse und Bahnen verpasst; eilige Autofahrer ärgern sich im Stau. Passanten gehen immer schneller und werden bei der geringsten Verzögerung immer ungeduldiger. Wer langsam oder behindert ist, erfährt sich in den fließenden Fußgängerströmen als alt und überflüssig – ein lästiges Hindernis für all jene, die Wichtigeres vorhaben, sich wichtiger fühlen oder aufgrund kurzer Mittagspausen und steigender Mobilitätszwänge den Erfahrungen von Zeitverknappung unterworfen sind. Schlendern und flanieren wird zur Tugend gelangweilter Touristen und poetischer Außenseiter.

Verbrechen geschehen auch auf dem Lande, aber in den Städten häufen und konzentrieren sie sich in gefährlichen Quartieren und Ghettos. Um die Ghettos und Vorstädte rankt sich ebenfalls der Mythos des Bösen und Verfluchten. Der Ursprung des Mythos liegt in den Judenstädten der frühen Neuzeit (vgl. Stébé/ Marchat 2009). Die Abschottung gegenüber anderen Teilen der Stadt gibt Gerüchten und Ängsten Nahrung. Das Ghetto bildet eine unfreiwillige Zone der Benachteiligten, die sich durch eine freiwillige Kultur der Absonderung und verstärkte Loyalitäten nach innen über Jahrhunderte stabilisiert. Die berüchtigten Vorstädte von Paris bilden Sammelorte von Migranten und sozialen Absteigern, die sich untereinander misstrauen und bekämpfen (vgl. Negri 2010). Es gibt eine Korrelation zwischen Jugendarbeitslosigkeit und Jugendgewalt, die sich von Zeit zu Zeit in scheinbar sinnlosen Orgien der Zerstörung austobt.

Je größer die Stadt, umso hektischer das Leben, das mich zum unbekannten und unbedeutenden Individuum in der Maße macht. Je größer die Zahl der Lebenden, umso größer die Zahl der Sterbenden. „Metropolis, Nekropolis." So kann der Einzelne in seiner Einsamkeit dahinvegetieren oder lange unbemerkt tot sein. Der Topos von der bösen Stadt ist das Produkt von wiederholten, episodischen Medienmitteilungen von Unfällen und Verbrechen, Angstprojektionen und Gerüchten, die sich in der scheinbaren Objektivität von Kriminalitätsstatistiken verdichten. Hinter den imaginären Schrecken stecken auch reale Leiden der Einsamkeit und der Hoffnungslosigkeit der Verlierer, Absteiger und Arbeitslosen, der Kranken und Sterbenden ohne Versicherung und ohne Fürsorge. Zum Sound der Großstadt gehören die Polizei- und Feuerwehrsirenen, das permanente Dröhnen, Hupen und Kreischen des Straßenverkehrs, die ewigen Lichter der Werbung und die verdächtigen Gerüche der Kanalisationen und Abfallberge.

Vielleicht bleibt in solchen Stadtbildern und Stadtmythen etwas von jenem Rest von Irrationalität erhalten, der jeder Entmythologisierung trotzt. Die Stadt oder gewisse Bezirke und Quartiere erhalten die Aura des Infernalischen. Die sprichwörtlichen „Höllen der Vorstädte" bieten tagsüber gelegentlich einen nicht ganz sauberen, aber doch trügerisch harmlosen Anblick und werden erst mit der Dämmerung und einem Nachtleben bis zum Morgengrauen ihrem schlechten Ruf gerecht. Im Schutz der Nacht blühen der Drogenhandel, die Prostitution und die Begleitkriminalität. Es scheint, dass es auch den *genius loci* gibt, der das Böse anzieht und zum Bösen verführt.

Die Herzlosigkeit der Städte ist ein sich selber bestätigendes Vorurteil. Mach die Probe aufs Exempel: Gehe eine Woche ohne Geld nach Paris – kaum jemand wird dich beachten oder gar freundlich anlächeln, geschweige denn bedienen und umsorgen. Bleibst du längere Zeit ohne Geld oder hilfreiche Bekannte und Verwandte, so landest du unter den Brücken und in den Ghettos. „Sans un sous, on est rien du tout", lautet ein bekanntes Chanson. Während sich mancher eine Maske der Gleichgültigkeit oder Geringschätzung des Lebens aufsetzt, verliert er oder sie selber an Wert, nämlich an Gelegenheiten der Wertschätzung durch andere. Sein Leben ist keinen Penny mehr wert.

Es ist dieses Verschwinden des Einzelnen ohne Geld in der Nichtigkeit, die dazu führen kann, dem Leben überhaupt Sinn und Wert abzusprechen. Die Gossen der Großstadt sind voller enttäuschter Absteiger und praktischer Nihilisten, die nicht mehr an den eigenen Wert glauben. „Brennpunkt der gesellschaftlichen Vereinsamung des Menschen sind die großen Städte"

(Kölbel 1959, 176). Gerhard Kölbel unterscheidet den engen Raum „bedrückender Entzweiung und Zerstreuung" (Kölbel 1959, 180) von Formen der beglückenden, erhebenden inneren und äußeren Einsamkeit. Angebote für Stille und Meditation, aber auch für Eskapismus in virtuelle Welten kontrastieren die unerträglichen Seiten des Stadtlebens.

Freiheit und Individualität um den Preis der Anonymität und Isolation sind nicht viel wert. Freiheit braucht Unterstützung und Anerkennung durch andere, um nicht in Resignation und Verbitterung umzuschlagen. Mit dem Verlust der affektiven Bindungen, welche eine Dorfgemeinschaft zusammenschmieden, geht ein Verlust moralischer Bindungen einher. Aus dem erbarmungslosen Egoismus des alltäglichen Überlebenskampfs werden die Masken der Blasiertheit und die Kälte der Herzen. Man braucht kaum hinzuzufügen, dass es diese ideale Dorfgemeinschaft nirgends gibt und nie gegeben hat, dass sie nichts anderes ist als ein rückwärtsgewandter Traum.

Der Gegensatz zwischen Stadt und Land beruht auf einer Typologie, angereichert mit Halbwahrheiten und gleichsam methodischen Übertreibungen. Die Dämonisierung der Städte in der Großstadtlyrik des Expressionismus (z. B. in den Gedichten von Georg Heym oder im Zyklus „Les villes tentaculaires" von Émile Verhaeren) und den Großstadtromanen wie Döblins „Berlin Alexanderplatz" ist ebenso einseitig wie die Idyllisierung des Landlebens. Verbrechen geschehen überall, nicht nur in den Städten. Obwohl die Anonymität ein Faktor von Angst und Verunsicherung ist, geschieht doch der größere Teil von Gewaltverbrechen in affektiven Beziehungen; es sind nicht besonders häufig Taten von Unbekannten, die von der Anonymität profitieren. Dass es jedoch Übergänge von der Anonymität und Gleichgültigkeit zum Verbrechen gibt, ist ebenfalls unbestreitbar. Bestimmte Formen der Grausamkeit bestehen gerade in dieser Gleichgültigkeit, mit der Menschen in einer Stadt an einem Verletzten oder Toten vorbeieilen oder einem Verbrechen bloß neugierig, gebannt oder vielleicht sogar belustigt, jedenfalls passiv zuschauen. Ein Glotzer versteckt sich hinter dem anderen. „Warum soll ausgerechnet ich etwas tun, wenn alle anderen auch nichts unternehmen?" *Tu quoque*: „Du tust auch nichts!"

Ein Teil des Bösen, das man mit den Großstädten assoziiert, ist Projektion der Ängste des verlorenen Landmenschen, der die Städte meidet oder nur unfreiwillig betritt, der sich ins Abseits einer Glaubensgemeinschaft flüchtet, um dem „Sündenpfuhl" der Stadt zu entgehen. Wer sich unter die Stadtmenschen mischt, setzt sich der „Infektion mit dem Laster" aus. Längst hat die Industrialisierung die Landwirtschaft und das Landleben verändert und gewisse Differenzen zwischen Stadt und Land nivelliert. Die Mobilität, die es erlaubt, blitzartig zwischen Stadt und Land zu pendeln, hat ebenfalls zur Verkleinerung der Gegensätze von Stadt und Land beigetragen. Die genannten Projektionen der „bösen Städte" sind aber nicht ohne reales Fundament. Es gibt die Phänomene der Schnelligkeit und der Oberflächlichkeit der Begegnungen, der Störungen der natürlichen Rhythmen von Tag und Nacht, welche Menschen generell überfordern und sie zwingen, die Stadt zu fliehen oder sich einen Schutzpanzer gegen Reizüberflutung zuzulegen.

Wie das Böse so verweist auch die Symbolik und Realität der Großstädte auf eine tiefere Zweideutigkeit des menschlichen Lebens. Der Kontrast zwischen Stadt und Land ist nicht nur eine Quelle all jener realen Konflikte, die man auch der Rollenteilung von Mann und Frau oder der Ausdifferenzierung der Arbeitsteilung zuweist, sondern es geht hier zusätzlich um Kontraste, die im Rhythmus der Abwechslung und der Stimmungsschwankungen unterschiedlich und neu erlebt und bewertet werden. Es ist kein Zufall, dass dünnhäutige Poeten wie Rainer Mara Rilke die Metropole Paris als Kloake und schreckliche Stätte des Lärms und der Gesichtslosigkeit erleben. Gleichwohl dient ihm die abstoßende Großstadterfahrung im Roman „Die Aufzeichnungen des Malte Laurids Brigge" als Quelle der poetischen Inspiration für die Beschreibung ebenso hässlicher wie faszinierender Szenen.

Wer auf dem Lande wohnt, ist vielleicht gezwungen, in der Stadt Arbeit zu finden. Wer sich wie Rousseau in der Natur und auf dem Lande erholt, wird bald von Langeweile in die Stadt zurückgetrieben. Rousseaus „Rêveries du Promeneur solitaire" ist eine literarische Antizipation des modernen Urlaubers, der sich auf dem Lande erholt und von seinen ambivalenten Bindungen an die Großstadt eingeholt wird (vgl. Rousseau 2006/1782). Stadt und Land unterscheiden sich nicht nur als Orte, in denen Verbrechen begangen werden, sondern auch als Orte, an denen Verbrecher und Verfolgte auf unterschiedliche Weise untertauchen, nämlich entweder in urbaner Anonymität oder in ländlicher Intimität.

Die Anonymität und Herzlosigkeit der großen Städte ist der Preis für eine Art der Freiheit des Individuums, die in einem Umfeld von dichter und intensiver sozialer Kontrolle nicht zu haben ist. In einer urbanen Umgebung nimmt auch der Druck zum Kirchenbesuch und zum religiösen Bekenntnis ab. Der Freiheitsraum, den die Gleichgültigkeit der anderen öffnet, kann zur Distanzierung gegenüber Traditionen und Bekenntnissen führen. Der Großstädter betrachtet seinen Glauben oder Unglauben als Privatsache und vermeidet es, ihn öffentlich zu bekennen. Um diese Verschämtheit wenigstens vorübergehend abzulegen und die Bekenntnisscheu zu überwinden, bieten Sekten, Therapiegruppen und Massenmedien Gelegenheiten an, private Gefühle vor anderen Menschen auszubreiten und in einvernehmende Gemeinschaften einzutauchen. Anonymität und Exhibitionsängste werden durch Angebote von öffentlichen Talkshows, Familienserien und religiösen Gemeinschaftserlebnissen kompensiert.

Freiheit als Indifferenz nähert sich jener Gleichgültigkeit, die auch als Fehlen von Profil und Passionen und damit als Schwäche des Individuums ausgelegt werden kann. In der Stadt bin ich Individuum, ohne aufzufallen: Ich bin „single" wie viele andere auch. Der vermeintliche Individualist hat nur wenige Kontakte mit Freunden und Verwandten und ist deshalb anfällig für die Anziehungskraft von Massenaufläufen und Massenveranstaltungen aller Art. Anonyme Massenmenschen füllen die Sportstadien, aber auch jene Plätze, von denen aus seltsame Propheten oder politische Hetzredner ihre verschrobenen Meinungen und hitzigen Affekte zur Schau stellen. Es gibt keinen Scharlatan, der nicht seine Anhängerschar finden könnte. In der Großstadt finden sich Nischen für jede Absurdität. Vom Konformismus und Traditionalismus des Landes unterscheidet sich die Massenpsychologie des Stadtmenschen. Der sog. „Massenmensch" der Großstädte ist bindungsscheu und hypnotisierbar; er lässt sich in den Bann jener ziehen, denen Charisma zugeschrieben wird und die neue Formen der Gemeinschaft verheißen.

Zur Symbolik des Bösen in den Kloaken und Ghettos des Stadtlebens gehört auch die harte Realität der Stadtökonomie. Was unabhängig von Träumen und Utopien des besseren Lebens in der Stadt übrig bleibt und schwer lastet, ist der ökonomische Überlebenskampf. Männer und Frauen werden verhärmt und verbittert, wenn sie sehen, dass sie länger und härter arbeiten müssen als andere und gleichwohl zu wenig verdienen, um damit eine Familie zu ernähren. Große Städte sind auch Zentren der Geldwirtschaft, welche die Ungleichheiten in schwindelerregende Höhen treiben. Seit den Anfängen der Stadtsoziologie bei Georg Simmel werden Kultur und Geist der Großstädte im engen Zusammenhang einer Deutung des Geldes und der Geldwirtschaft behandelt (vgl. Simmel 2006/1903; Löw 2008; Häussermann/ Siebel 2004). Die Blüten und Blasen der Geldwirtschaft scheinen die Menschen auf frivole Weise in Gewinner und Verlierer zu spalten. Hier werden einige Menschen durch Glück und Unverfrorenheit reich, während andere in der Folge einer abenteuerlichen Risikobereitschaft von Anlegern und Spekulanten Wohnung und Arbeit verlieren.

Der Vorläufer der Geldwirtschaft ist der Handel mit Dienstleistungen und Naturalien. Während es auf dem Land noch das Honorar durch Naturalien gibt, gibt es in der Stadt auf dem tiefsten Niveau der Verlierer und sozialen Randfiguren die Armenküche, die von Spenden und freiwilligen Abgaben der Lebensmittelgeschäfte nach Ladenschluss lebt. Sog. „Gassenküchen" (d.h. nicht-staatliche Armenküchen) funktionieren zum Teil auf der Basis von Selbsthilfe, mit der Menschen versuchen, die Kälte und Gleichgültigkeit des Lebens in den Städten zu bekämpfen. Geld hat eine bloße Subsistenzfunktion; es findet keine Finanzspekulation statt. Gassenküchen und Notschlafstellen gehören in die gleiche Kategorie der (durch Spenden, Bettelei und Freiwilligenarbeit) organisierten Selbsthilfe wie die

Arbeitslosenzeitungen. Sie bilden ökonomische Rückzugsgebiete, in denen die Profitorientierung und die Blasen des Finanzkapitals fehlen. Die Anonymität der Armut wird durch Solidarität der Armen untereinander oder der relativ Bessergestellten mit den Armen aufgehoben. Selbsthilfe appelliert an Selbstachtung und Bereitschaft, etwas zum Tauschwert anzubieten, im Kontrast zur Bettelei. Es gibt verschiedene Formen von Bettelei; nicht alle Formen reduzieren sich auf das individuelle Betteln jener, die sich selber mehr oder weniger aufgegeben haben. Organisierte Bettelei oder „integrierte" Bettelei als Spendenaktionen sind von der resignierten und individuellen Bettelei zu unterscheiden. Arme und Ausgestoßene erhalten durch Arbeitslosenzeitungen und ähnliche Kampagnen der Selbsthilfe ein Gesicht und eine Stimme und vernetzen sich untereinander. Sie widersetzen sich der Kälte und Herzlosigkeit der Städte.

Dem Bösen der Städte nähert sich auch die Kritik der Ausweitung von Stadtwüsten, der Zerstörung der Landschaften und der Auswüchse der Bodenspekulation. Diese und andere Faktoren tragen zur „Unwirtlichkeit der Städte" bei, wie der Titel eines bekannten Pamphlets von Alexander Mitscherlich lautete (vgl. Mitscherlich 2008/1965). Das Pamphlet erschien in einem Zeitkontext, in dem Proteste gegen den sog. Wiederaufbau deutscher Städte stattfanden. Es schwankt zwischen utopischen Vorschlägen zur Stadtplanung und resignierten Beschreibungen, die sich auch auf die Geschmacklosigkeiten der Villen der Neureichen erstrecken. Subjektive Standards des Geschmacks, Kritik an der Symbolik von Reichtum und Konsumgesellschaft bilden ebenso den Hintergrund dieser Streitschrift wie die Bezugnahme auf Fakten von Verwüstung und Verarmung. Einen Ansatz zur Hoffnung sieht der Psychoanalytiker in der Vermeidung einer frühen Neurotisierung des Menschen und der Überwindung einer weit verbreiteten Ich-Schwäche der Massenmenschen und Stadtneurotiker (ohne die selbstironischen und intellektuellen Qualitäten des von Woody Allen porträtierten „Stadtneurotikers"). Mitscherlich ist sich bewusst, dass der Begriff der Neurose unzulänglich und bereits überholt ist, um das ganze Spektrum von Zivilisationskrankheiten zu erfassen. „Die ‚Man'-Welt ist ein Riese, die Ich-Welt ein Zwerg. Nur wenige bewegen sich darin wie David oder das tapfere Schneiderlein" (Mitscherlich 2008/1965, 168).

Wie Erich Fromm steht Mitscherlich Freuds Konstruktion eines Todestriebs skeptisch bis ablehnend gegenüber. Mit dieser Haltung zeigen sich auch eine Ablehnung der inneren Faktoren des Bösen an und eine Tendenz zur Reduktion des Bösen auf gesellschaftliche Übel und Missstände. Freuds Konstruktion eines Todestriebs, so problematisch hier die Annahme eines biologischen Triebs sein mag, trägt dagegen der Auffassung Rechnung, dass das Böse primär aus dem Inneren der Menschen stammt und ebenso wie der Wunsch nach Glück zur Natur des Menschen gehört.

Sollten sich auch in Mitscherlichs Projektionen von Schmutz und Unordnung noch Spuren der Apokalyptik finden, welche die stadtkritischen Litaneien des 19. Jahrhunderts ausmachten? Im 19. Jahrhundert wurden die moralistischen Überzeugungen, dass Verbrechen, Sünde und Unmäßigkeit Charaktermängel seien, in die quasi-pathologische Auffassung von Zivilisationskrankheiten transformiert, d.h. die Überzeugung, die genannten „Laster" seien „Krankheiten", verursacht durch unreine Lebensbedingungen. Diese Auffassung war das Vorfeld zu Reformen des spätviktorianischen Englands. Diese Kritik lässt neben der nüchternen Bestandsaufnahme mangelnder sanitärer Bedingungen die archaische Apokalyptik der Unreinheit und Untergangsstimmung in den Städten aufleben (vgl. Seabrook 2007, 64f.).

Städte sind auch durch eine Ballung von politischen Demonstrationen charakterisiert, die ihrerseits mit den Mitteln der symbolischen Politik agitieren: der Demonstration durch Lärm, markige Sprüche und bunte Fahnen, *Street parades* sowie durch die Symbolik der großen Zahl, aber auch durch die spezifische Symbolik der Beharrlichkeit von kleinen und kleinsten Protestgruppen. Kein Samstag vergeht ohne Protestveranstaltungen; oft finden mehrere gleichzeitig statt, gelegentlich auch Gegendemonstrationen. Es gibt Aufstände, die nicht nur in der Metropole stattfinden, sondern sich dezidiert gegen die Metropole richten, „das heißt gegen die bestehende Form der Metropole, ihre Pathologien und Korrumpierungen" (Hardt/Negri 2010, 272). Diese Sichtweise setzt implizit die Mythen der guten (heiligen) und der bösen Stadt voraus. Dass linke Autoren wie Michael Hardt und Antonio Negri in ihrem Buch „Commonwealth" der Metropole unter dem Aspekt der Produktion des Gemeinsamen, aber auch der Intensivierung und Zuspitzung der Konflikte durch die Begegnung von Alterität einen eigenen Exkurs widmen, kann auch als Hinweis darauf gelesen werden, dass die Topoi der „bösen Städte" und der „idealen Städte" nicht nur reaktionäre Mythen, sondern auch symbolische Projektionen sind, auf die sich selbst eine sozialistische Kritik von Kapital und Eigentum bezieht. Ein weiterer Exkurs dieses Buches trägt den Titel „Eine Macht, das Böse zu bekämpfen". Die zentrale These dieser Autoren zum Bösen wird uns noch weiter unten beschäftigen (vgl. III 1).

II 10 Administrative Massentötung

Mit den technischen Möglichkeiten des raschen Tötens auf Distanz (ohne Sichtkontakt mit dem Opfer) verschwinden die sog. instinktiven Tötungshemmungen. Der ängstliche und kontrollierende Blick des anderen entfällt. Eine Schwelle der Tötungshemmung verschwindet auch dort, wo die Namen der Opfer unbekannt bleiben oder durch bloße Nummern ersetzt werden. Die Nummerierung von Menschen führt immer zu einer gewissen

Entmenschlichung. Im Angesicht des anderen Menschen sehen wir das, was ihn von allen unterscheidet; in der Nummer des Häftlings sehen wir seine Entwertung zum Zahnrad im sinnlosen Getriebe der Gefängnisse und Lager. Die Barbarei der Konzentrations- und Vernichtungslager ist nicht außerhalb der modernen Zivilisation zu suchen, sondern ist auch ein Nebenprodukt von Modernisierungsprozessen (vgl. Bauman 2002; Gray 2004).

Gemeint sind vor allem die „Fortschritte" der Technik und Verwaltung, die verbesserte Effizienz – zum Guten oder zum Bösen. Die Optimierung der Verwaltung großer Populationen und serieller Tötungsmethoden führen dazu, dass die Politik der Vernichtung und des Genozids machbar werden: Feindliche oder gefährliche Völker lassen sich ausrotten (vgl. Totten/ Bartrop 2009). Mit ihrem Leben lässt sich auch die Erinnerung an irgendwelche Individuen mit eigenem Gesicht und Namen perfekt auslöschen. Das Grab des unbekannten Soldaten gab es nach manchen Kriegen, doch diese anonymen Friedhöfe wurden seit dem ersten Weltkrieg noch größer. Vernichtungskriege und Vernichtungslager sind eine quantitative Steigerung dieser von Staaten begangenen Verbrechen. Als Pläne, die Geschichte fortan selber und ohne Rücksicht auf „alteuropäische Wertvorstellungen" zu machen, erhalten sie eine neue Qualität. So betrachtet wird allerdings der antimodernistischen Gesinnung oder Rhetorik des Nationalsozialismus nicht Rechnung getragen.

Als totalitär können alle Pläne und Organisationen gelten, welche die Geschichte neu machen wollen und dazu den Preis der Vernichtung des Lebens und Namens von Individuen und Völkern in Kauf nehmen. Ich gebrauche den Begriff ‚Totalitarismus' nicht als historischen Begriff, sondern als Typus von Projekten und Organisationen zur Neugestaltung der Geschichte mit allen Mitteln. Im Dunstkreis dieser Projekte und Organisationen wird es für das Individuum sehr eng. Es wird letztlich nur noch nach seinem Nutzen für das Projekt wahrgenommen und bewertet, das darin besteht, Geschichte zu machen. Das Glück und die Freiheit des Individuums haben dann keinen unabhängigen Wert mehr. Nicht nur die Opfer, auch die meisten Helfer und „Helden" dieses Projekts werden gesichtslose Zahlen bleiben.

Ein Begleitmerkmal dieses typologischen Totalitarismus, der in allen Epochen und Kulturen, in Staaten und Kirchen, Sekten und Klöstern vorkommen kann, ist die Verherrlichung der Tugenden des Gehorsams und die Verteufelung des Ungehorsams. Im Protest gegen die Vereinnahmung durch totalitäre Ideologien und Institutionen, aber auch als Korrektiv gegen Loyalitätszwänge in Unternehmen oder gegen Demokratiedefizite wurde Ungehorsam als Pflicht und Tugend behandelt (vgl. Durand 2004; Fleck 2000; Voss 2005). Diese Betrachtungen diskreditieren die Modelle von Ungehorsam und Regelverletzung als Quelle alles Bösen (vgl. Wolf 2003). Im

Angesicht totalitärer Tendenzen und Strukturen werden moralisch motivierter Ungehorsam und moralisch begründete Regelverletzung plausibel.

Die Vorbereitung einer Massenvernichtung durch Anonymisierung und die Perfektionierung industrieller Tötungsmethoden hat nicht nur die Vernichtungspolitik vor geschichtsphilosophischem Hintergrund ermöglicht, sondern auch die alltägliche Massentötung von Tieren zu ökonomischen Verwertungszwecken, insbesondere für die Fleischproduktion. Allerdings fehlt diesem „alltäglichen Treblinka" in den Tierfabriken, wie ein umstrittener Vergleich lautet, der geschichtsphilosophische Hintergrund der totalitären Systeme. Die Reduktionen von Tieren auf Biomasse lassen sich nicht vermeiden, solange nach den Vorgaben von Nachfrage und Angebot eine Massenversorgung mit Fleisch gewährleistet werden soll. Die totale Ökonomisierung von Tieren zeigt sich besonders drastisch, wo außerordentliche und zusätzliche Massentötungen vorgenommen werden, um Ängsten vor Seuchen und Preisverlusten vorzubeugen. Tiere werden dann nicht einmal mehr als Gebrauchswerte oder Nahrungsmittel genutzt, sondern nur noch als Mittel zur Marktbereinigung.

Was es für sensible und hoch entwickelte Säugetiere bedeutet, in Massen oder zusammengepfercht gehalten und nach wenigen Monaten getötet zu werden, wird als politisches Thema ausgeklammert. Tierschutzgesetze versuchen, einige Nebenwirkungen dieses barbarischen Systems zu bekämpfen. Schlechte Haltung und Massentötung von Tieren gehören zur alltäglichen Barbarei, die in unserer Zivilisation von einer Mehrheit von Menschen meist stillschweigend geduldet wird. Weil wir den Anblick der Barbarei nicht ertragen, werden Tierfabriken und Schlachthäuser dem Blick der Mehrheit entzogen. Auch wird durch sensationelle Enthüllungen in den Massenmedien die Illusion genährt, es handle sich bei Misshandlungen von Tieren um bedauerliche und empörende Ausnahmefälle. Angesichts der Logistik und Bürokratie der Fleischwirtschaft ist eine solche Sichtweise naiv. Hier wird fast nichts dem Zufall überlassen. Auch sog. „Biofleisch" wird im Blick auf eine Nachfrage gezielt produziert. Dahinter steckt eine Bürokratie, mit der die Profitabilität im eigenen Land und im erweiterten EU-Markt geplant und koordiniert wird. Zur technischen Durchführbarkeit einer ökonomisch nützlichen Massenvernichtung von Tieren können die Logistik und Technik von Vernichtungslagern übernommen werden.

Der Vergleich von totalitärer Politik und Massentierhaltung bzw. Massentötung von Tieren ist nur ein Vergleich; die Unterschiede zwischen der Manipulation von Menschen und Tieren liegen auf der Hand. Auch kommen die Massenhaltung und Massentötung von Tieren ohne den Hintergrund einer geschichtsphilosophischen Konstruktion aus und zielen nicht auf deren kollektive Vernichtung, sondern auf deren profitable Reproduktion durch Züchtung. (Darin könnte man allerdings eine Analogie zur Züchtung von Untermenschen sehen). Es geht hier nicht um eine „Rettung" eines Teils der Menschheit durch die Vernichtung und Auslöschung eines anderen Teils, sondern um die Befriedigung banaler Wünsche nach Abwechslung in der Ernährung. Es geht um „Wohlstand" und Profit durch die kategorische Unterordnung von „lebendiger Ware" unter Konsumenten mit „Menschenwürde".

Der provokative Vergleich von totalitären Vernichtungslagern und Massenhaltung und Massentötung von Tieren wird kaum dazu führen, das Unrechtsbewusstsein der Mehrheiten dahingehend zu verändern, dass sie sich zu freiwilligen Vegetariern oder Veganern bekehren. Insofern bleibt der Nutzen solcher polemischer Vergleiche umstritten, vielleicht sogar kontraproduktiv für gemäßigte Versuche, das Leben einiger Tiere zu verbessern oder gar zu verlängern. Die Klagen über vergangene Massaker und die „Politik der Erinnerung" sind mehrheitsfähig; Urteile über zeitgenössische Massaker, an denen noch Zeitgenossen mit Geld, Ehre und ideologischer Verblendung beteiligt sind, bleiben lange umstritten.

Was öffentlich ausgesprochen provoziert und empört, braucht nicht falsch zu sein. Aus der Sicht einer Mitleidsethik von Montaigne bis Schopenhauer gilt Grausamkeit gegen Tiere immer als ein besonders empörendes Unrecht, weil es an empfindungsfähigen, wehrlosen und sprachlosen Wesen begangen wird. Es wird viel Unrecht ohne schlechtes Gewissen begangen. Die Betäubung des schlechten Gewissens wird durch die technische Perfektionierung der Erzeugung von Fleisch und der profitablen Haltungs- und Tötungsmethoden verstärkt.

II 11 Krieg gegen das Böse, der Fanatismus der Tugend und der Endsieg über das Böse

Es gibt keine Kriege ohne menschliche Entscheidungen und Handlungen. Kriege können nicht als bloß physische Übel abgetan werden, die sich wie Erdbeben oder Gewitter ereignen, sondern sie stellen nach der klassischen Einteilung moralische Übel dar. Sie verkörpern das Böse, das in den Bereich der menschlichen Verantwortung fällt. Gleichwohl gibt es in jedem Krieg eine unterschiedliche Verteilung von Schuld und Verantwortung. Der Befehlsgeber ist in höherem Maße schuldig oder verantwortlich als der Befehlsempfänger; dieser kann sich aber nicht für alle Handlungen (wie z. B. die Erschießung von Kriegsgefangenen oder Massaker an Zivilisten) damit entschuldigen, er habe nur einen Befehl ausgeführt. Weil der Befehlsverweigerer sein Leben aufs Spiel setzt, kann der Befehlsempfänger für eine befohlene Untat oder Grausamkeit nicht in gleichem Maße verantwortlich und schuldig sein wie der Befehlsgeber.

Da Kriege auch Verteidigungskriege sein können, in denen man sich gegen ungerechte Angriffe zur Wehr setzt, müssen Kriege moralisch differenziert betrachtet werden. Nicht jeder Krieg ist gleich teuflisch und ungerecht. Es gibt zwei Ebenen, auf denen Kriege beurteilt werden sollten: die Ebene der Gründe für den Eintritt in den Krieg und die Ausrichtung auf ein gutes Ziel (wie die Beendigung eines Konflikts und die Herbeiführung eines dauerhaften Friedens, *ius ad bellum*), und die Ebene der Regeln der Kriegsführung, die unter anderem einige besonders grausame Methoden der Kriegsführung verbieten, welche militärisch nicht notwendig sind und dem übergeordneten Friedensziel entgegenwirken, weil sie Hass und Revanchismus säen (*ius in bello*). Diese Standards des gerechten Kriegs sind nicht deskriptiv zu verstehen; sie besagen nicht, dass es den gerechten Krieg *de facto* gibt, sondern was einen Krieg mehr oder weniger gerecht macht. Und sie suggerieren nicht, dass im Krieg nicht getötet werden darf; das Tötungsverbot wird im Krieg gelockert, sofern es das Recht der Abwehr von feindlichen Kombattanten betrifft.

Die Lehre des gerechten Kriegs ist eine normative Theorie, welche die moralischen Aspekte des Kriegs differenziert betrachtet; sie ist ein Beitrag zur moralischen Urteilsbildung in einem komplexen Bereich. Ihrer Absicht nach will sie vermeiden, dass die Moral im Krieg völlig missachtet oder ausgehöhlt wird. Sie ist ein Versuch zur Differenzierung in chaotischen Zeiten. Sie lässt sich allerdings leicht missbrauchen; meist reklamiert jede Kriegspartei für sich, einen gerechten Krieg zu führen. Es gibt viele Methoden der offensichtlichen Deformation der Theorie des gerechten Krieges zur Kriegsideologie: Die eine betrifft die Abschwächung oder Elimination der Regeln der Kriegsführung, etwa durch die Doktrin der militärischen Notwendigkeit. Das Verbot der absichtlichen, direkten Tötung Unschuldiger wird z. B. mit dem Hinweis aufgeweicht, dass nur ein Massaker an feindlichen Zivilisten oder die Erschießung von Kriegsgefangenen dazu geeignet sei, das Ende eines Krieges zu beschleunigen. Die andere Methode betrifft die Verwendung von Landminen, die ohne Unterscheidung zwischen Zivilisten und Kombattanten explodieren. Das Verbot der absichtlichen Tötung Unschuldiger wird auch durch den Einsatz von Waffen unterwandert, die große „Kollateralschäden" anrichten. Schließlich kann bereits die Drohung oder das „Verhandeln" mit Massenvernichtungswaffen als Verstoß gegen das Verbot der Tötung Unschuldiger betrachtet werden, wenn die Drohung mit einer ernsthaften Bereitschaft zum Einsatz im Ernstfall verbunden ist.

Nicht besser steht es mit der Auffassung vom Heiligen Krieg, in der moralische Grenzen der Kriegsführung völlig wegfallen, weil der Blick auf den Endzweck absoluten Vorrang genießt, und zwar auf einen ultimativen Frieden, der das Ende aller Kriege und aller Feinde bedeutet. Die gefährlichsten und bösartigsten Kriege werden jene sein, welche möglichst direkt und ohne „moralische Hemmungen" zu einem ewigen Frieden führen sollen. Sie setzen „unseren Sieg" mit dem Ziel eines Endes aller Kriege gleich. Was in den Augen der kriegsführenden Partei und ihrer Verteidiger und Ideologen der beste aller Kriege ist, erweist sich für den Rest der Welt als der böseste aller Kriege. In diesem Krieg ist alles erlaubt. Es ist eine ebenso große Ehre, in diesem Krieg getötet zu werden, wie den ewigen Frieden zu realisieren. Diese Art von Krieg setzt voraus, dass man die Souveränität anderer Staaten und das Eigenrecht anderer Kulturen ebenso wenig anerkennt und ernst nimmt wie das Leben und Wohl des Individuums. Solche Kriege heißen auch deshalb Heilige Kriege, weil nach der Auffassung ihrer Anhänger das höchste Ziel alle Mittel heiligt, auch die kalkulierte Tötung unschuldiger Zivilisten, Touristen, Frauen und Kinder. So betrachtet gibt es zwischen der Theorie des gerechten Krieges und der Ideologie des Heiligen Krieges einen großen Unterschied. Die Theorie des gerechten Kriegs postuliert moralische Grenzen der Kriegsführung. Es ist aber nur ein kleiner Schritt vom Missbrauch der Theorie des gerechten Kriegs zur Praxis des Heiligen Kriegs.

Der Heilige Krieg gegen das Böse verfolgt die Intention, das Böse zu vernichten. In der nüchternen Sprache der Strategen ist es das Streben nach dem totalen Sieg, welches die totale Mobilmachung, die Vernichtungsschlacht, die Vernichtung des Feindes und die Offensive notwendig macht (vgl. Heuser 2010, Kapitel III). Der „totale Krieg" gehört in die Klasse des „zweiten Bösen" oder der Methoden, den Teufel mit dem Beelzebub auszutreiben. Der Eifer, das Böse zu überwinden, verstrickt in Hass und Grausamkeit. Böses erzeugt Böses. Wer glaubt, dem höchsten Ziel zu dienen, ist besonders blind für die eigenen schmutzigen Hände. Die „kleine Moral" der alltäglichen moralischen Regeln wird zugunsten einer beschleunigten Herbeiführung der Endzeit suspendiert. Es gibt eine Kontinuität zwischen den Endzeitvisionen des Heiligen Kriegs und der Endsiegfixierung des „totalen Kriegs". Der Heilige Krieg setzt eine apokalyptische Geschichtsphilosophie voraus. Eine letzte Entscheidungsschlacht soll die bisherige Geschichte beenden, die nur eine Geschichte von Kriegen und Konflikten war. Sie soll ein neues Kapitel der Geschichte öffnen, in dem die Menschen endlich die Geschichte machen und sie gut machen. Es wird die Geschichte neuer, vollständig erneuerter Menschen sein, die nur noch einen heiligen Willen haben werden. Eine von Menschen gemachte Apokalypse verwandelt ihre Krieger und deren Nachkommen in die höheren und besseren Menschen einer neuen Geschichte. So lautet das Versprechen der Schlange im Paradies: „Sicut eritis Deus" (Ihr werdet Gott sein. Genesis 3, 5).

Ein Bestandteil solcher Visionen ist die Idee einer Herrschaft der Tugend bzw. einer Elite von Revolutionswächtern, welche den revolutionären Übergang leiten und ordnen. Die Menschen werden nicht nur an ihre Bürgertugenden erinnert, sondern alle Abweichungen vom vollkommenen Menschen werden kritisiert und sanktioniert. Jeder Mensch ist ein potentieller Konterrevolutionär, welcher den Übergang zur Endzeit gefährdet oder verzögert. Es ist nicht unwahrscheinlich, dass die Menschheit dem ersehnten Endziel nur dadurch näher kommt, dass zuvor die Hälfte der alten

Menschen (der trägen Massen) hingerichtet wird. Die Krieger des Heiligen Krieges sehen sich selber als bewaffnete Propheten und rächende Erzengel. Es sind während der Französischen Revolution und im 20. und 21. Jahrhundert weniger die traditionellen Religionen als vielmehr die modernen politischen Religionen, welche ihre Anhänger zum Terrorismus legitimieren. Führende Kirchenvertreter und manche Religionsgemeinschaften haben sich im 20. Jahrhundert zu ihren Komplizen gemacht.

Das Unheilvolle der heiligen Krieger besteht darin, dass sie das gute Gewissen auf ihrer Seite haben. Sie lassen keinen Selbstzweifel und keine Betrachtung von außen zu. Sie dulden keine Kultur der Selbstkritik und Selbstbeschränkung. Sie akzeptieren das Faktum des Pluralismus nicht, sondern versuchen Pluralismus und Alterität zu vernichten. Sie sind fanatisch, weil sie den Eifer in Mord- und Totschlag übersetzen. Sie beantworten Karikaturen mit Mordanschlägen, ohne über die Verhältnismäßigkeit solcher Reaktionen nachzudenken. Sie glauben sich durch ihren Auftrag und aus der Kränkung durch Andersgläubige oder Ungläubige zu allem legitimiert.

Der Fanatismus der Tugend besteht nicht nur in einem Eifer, der alle Mittel billigt, sondern auch in einem Eifer, der durch keine Angebote oder Kompromisse zu bändigen ist. Der tugendhafte Revolutionär betrachtet jedes Angebot (von Verhandlungen, von Geld etc.) als moralische Bestechung. Der Tugendhafte rühmt sich seiner Unbestechlichkeit. Von außen betrachtet ist diese Unbestechlichkeit nichts als eine Sturheit und Unkorrigierbarkeit einer Partei, die sich selber für unparteiisch hält. Der Fanatismus der Tugend reißt viele Bewunderer und Mitläufer mit sich, Menschen, die zwar selber nicht nach der höchsten Tugend streben, die sich aber mit dem Charisma jener identifizieren, welche die revolutionären Tugenden zu verkörpern scheinen. Sie glauben dem Führer, der von sich sagt: „Ich habe keinen Tag gelebt, ohne mich für mein Volk aufzuopfern."

Tugendstolz, d. h. moralische Selbstgefälligkeit ist eine relativ harmlose Eitelkeit, die sich immerhin noch abhängig vom Urteil anderer macht. Tugendfanatismus geht einen Schritt weiter: Er konstruiert das Bild seiner Feinde und kümmert sich nicht darum, welches Bild andere von ihm haben. Er scheint sich gegen das Urteil der anderen zu immunisieren. Über die Reinheit der Tugend und die Erhabenheit der höchsten Ziele wird nicht diskutiert. Revolutionäre Tugendfanatiker glauben nicht nur an sich, sondern auch an ihr Schicksal oder ihre Berufung, früher oder später als „Sieger der Geschichte" zu enden.

Die Aufmerksamkeit unserer Medien und öffentlichen Diskussionen ist auf den politischen Islamismus gerichtet. Allerdings wird das Feindbild des Islamismus und der Krieg gegen moralisch und religiös motivierten Terrorismus zum Vorwand, selber unter dem Banner einer manichäischen Einteilung in gute und böse Mächte einen Krieg zu führen. Manche Verteidiger „westlicher Werte" sind in Bezug auf den inhärenten Fanatismus der US-Außenpolitik und der Kriegsführung der Imperien blind. Großmächte, die sich in einem Krieg gegen Drogen, gegen das Böse und gegen den Terrorismus engagieren, haben sich bereits in das „zweite Böse" verstrickt. Es ist von der Absicht inspiriert, das Böse auszurotten und die Geschichte neu zu machen.

Humane Kriege wären Kriege mit dem begrenzten Ziel, einen gestörten Status quo wiederherzustellen, verletzte Grenzen souveräner Staaten zu sichern oder durch eine vorübergehende humanitäre Intervention ein Land vor dem Schlimmsten zu bewahren, ohne es militärisch zu besetzen. Entschlüsse zu solchen Kriegen dürften nur von der überwältigenden Mehrheit der Völkergemeinschaft gefällt werden. Eine ideale Völkergemeinschaft würde eine relative Gleichheit der Macht der verschiedenen Völker und die Nicht-Existenz von Supermächten voraussetzen. Einseitige kriegerische Aktionen sind scharf zu verurteilen, auch wenn sie sich auf „gute Gründe" berufen.

Eine reale Völkergemeinschaft wird jedoch immer gestört durch einzelne „Bösewichte" (sog. „Schurkenstaaten") und die Vetomacht und Eigenmächtigkeiten von Supermächten oder Koalitionen (wie ein vereinigtes Europa), die das Etikett von „Schurkenstaaten" zur Stigmatisierung ihrer Feinde benutzen. Die Supermächte, die großen Koalitionen und ihre Feinde stören die Idylle eines Völkerbunds. Die Übermächtigen benehmen sich wie Sieger der Geschichte, die über dem Völkerrecht stehen; die Verlierer träumen von nichts anderem als davon, eines Tages selber die Sieger der Geschichte zu sein.

Dritter Teil: Gegenkräfte des Bösen

III 1 Liebe, Vergebung, Versöhnung

Die christliche Antwort auf das Böse ist die Liebe, und zwar die Liebe zu Gott und zu den Menschen. Das Doppelgebot der Liebe geht über den bloßen Altruismus der Neuzeit hinaus, indem es zunächst in der Liebe zu Gott auf die einzige Instanz verweist, die fähig ist, vom Bösen zu erlösen. Auch ein Atheist kann die Funktion dieser religiösen Überzeugung verstehen, sofern er sich die Überzeugung aneignet, dass es nicht die Aufgabe der Menschen sein kann, sich oder andere vom Bösen zu erlösen, das Böse zu eliminieren. Der Atheist kann anstelle einer Erlösung eine Befreiung vom Wunsch nach Erlösung postulieren. Werden Menschen oder die Menschheit als Erlöserkräfte verstanden, so befinden wir uns im Denksystem jener Geschichtsphilosophie, die einige Menschen (Völker, Nationen) als „Verlierer der Geschichte" verdammt, andere als „Sieger der Geschichte" autorisiert. Die an Gott gerichtete Bitte „Erlöse uns von dem Bösen" ist der implizite Verzicht darauf, menschlichen Instanzen eine Erlöserrolle zuzugestehen. Auch die Aussage Gottes: „Die Rache ist mein" impliziert den Verzicht von Menschen, Weltenrichter zu spielen und die Welt von sich aus in Gut und Böse einzuteilen.

Urchristliche Impulse wurden von der Christenheit ins Gegenteil pervertiert. Jede Religion lässt sich politisch zur Sieger- und Reichsideologie umfunktionieren – oder zur Ideologie aufständischer Retter: Der Bezug zur Transzendenz wird umgedeutet in eine Herrschafts- oder Befreiungsideologie. Nach einer älteren Auffassung hat der Bezug zur Transzendenz eine ganz andere Funktion, nämlich jene der Entlastung der Menschen von Fanatismus und geschichtsphilosophischer Anmaßung. Wer zu Gott betet „Erlöse uns von dem Bösen" macht indirekt das Eingeständnis, dass er dies selber nicht vermag und es auch sonst keiner menschlichen Instanz zutraut, weder dem „Volk" noch einem seiner „Führer", weder der Wissenschaft noch der Partei. Die „Erlösung vom Bösen" kann auch nicht darin bestehen, dass ich (oder mein Volk) meine Feinde vernichte, um über die Welt zu herrschen oder das Tausendjährige Reich auf Erden zu errichten (vgl. III 3). Misstrauisch muss ich vor allem gegenüber jenen sein, die glauben, aus religiösen oder anderen Quellen („Heilige Schrift", „Offenbarung", „wissenschaftlicher Sozialismus") ein solches Mandat zu besitzen. Eine „technische Lösung" ist nach biblischer Vorstellung eine *contradictio in adiecto*; Erlösung kann es nur für etwas geben, wovon sich der Mensch nicht selber befreien kann, nämlich vom Bösen, sofern es auch auf seine Grenzen verweist: Ich weiß nicht, wie es bei mir mit dem Bösen begonnen hat und ich habe nicht die Kraft, das Böse vollständig aus meinem Leben oder gar aus der Welt zu verbannen. Deshalb ist Erlösung seit Hiob eschatologisch zu verstehen: als ein von Gott stammendes Heil (vgl. Fontaine 2000, 122).

Die Liebe zu Gott kann vor Fanatismus bewahren; sie hat aber auch zu Fanatismus verleitet, wie Geschichte und Gegenwart beweisen. Sie muss von der Liebe zu den Menschen flankiert werden. Anders gesagt: Die Menschenliebe darf nicht von einer Gottesliebe absorbiert werden. Die Menschenliebe darf nicht heteronom, als abgeleitet vom Gehorsam gegenüber Gottes Wille und Gesetz verstanden werden, sondern sie muss sich als autonome Kraft *sui generis* behaupten. Autonome Menschenliebe macht es mir nicht möglich, im Namen Gottes zu töten, Ungläubige zu bedrohen, zu verstümmeln und zu demütigen. Die praktische Liebe (im Unterschied zur affektiven Bindung an Volk und Führer) manifestiert sich in Ehrfurcht vor allem Leben, in der universellen Tötungshemmung und der Bereitschaft, allen Menschen in der Not zu helfen. Bekannt ist das Gleichnis des barmherzigen Samariters (vgl. Lk. 10, 25–37). Es steht für Erbarmen und tätige Liebe, die durch Vorurteilslosigkeit, Fürsorge und Hingabe charakterisiert ist. Es bedarf zur Erläuterung des Gebotes der Liebe dieser Erzählung, die auf ergreifende Weise den tiefen Kontrast zu dem schildert, was sonst den Lauf der Welt ausmacht: „die Sünde der Unterlassung, die Sünde, unseren Blick abzuwenden und nicht zu sehen, was direkt vor unserer Nase geschieht" (Burnside 2009, 278).

Die Essenz der christlichen Überlieferung besteht im Doppelgebot der Liebe (vgl. Mt. 22, 37 ff.). Es ist die Zusammenfassung einer Moral, die für alle Epochen empfehlenswert ist und in der sich die Liebe zu Gott und zu den Menschen gegenseitig ergänzt und korrigiert. Sie besteht nicht in der Selbstermächtigung von Menschen, andere gewaltsam zu bekehren oder durch Terror das Weltgericht zu beschleunigen.

Eine sozialistische Auffassung des Verhältnisses der Liebe zum Bösen lautet: „Das Böse ist die korrumpierte Form der Liebe [...] Das Böse ist die korrumpierte Form des Gemeinsamen" (Hardt/Negri 2010, 208). Diese These erinnert entfernt an die Liebesrhetorik der Frühsozialisten, aber sie wird durch einen wichtigen Zusatz eingeschränkt: Liebe, die sich als Macht gegen das Böse durchsetzen will, verstrickt sich selber in Kampf und Gewalt. Das Böse kann nicht als Krankheit betrachtet werden, sondern nur als eine vom Guten abgeleitete Macht. Die Autoren vertreten nun die verblüffende Auffassung, „dass zur Liebe immer der Einsatz von Gewalt gehört" (Hardt/Negri 2010, 212). Als deskriptive Hypothese könnte diese Auffassung als teilweise wahr oder falsch bestätigt werden. So verstanden hätte sie eine aufklärerische Botschaft, die davor warnt, die politische und revolutionäre Umsetzung der Liebe als gewaltlose Macht zu idealisieren.

Als normative These wäre diese Auffassung jedoch katastrophal, nämlich als Bestätigung einer guten, weil sozialistischen Gewalt, die alle Kriterien der Legitimität in sich trägt, alle Ideale einer besseren Gemeinschaft, der Gleichheit und einer besseren Freiheit gleichzeitig anvisiert, die Gewalt mit dem guten Gewissen, welche die Zweifel an der Berechtigung der Gewalt als „falsche Skrupel" zurückweist. Ein Sozialismus mit funktionierendem Gewissen würde sich durch die Beschreibung einer Liebe als eines „bewaffneten Engels" deutlich unterscheiden. Was an revolutionären Konzeptionen auffällt, ist ein (bedrohliches) Schweigen darüber, was mit den Gegnern der Revolution geschehen soll.

Kehren wir nochmals zurück zur christlichen Auffassung der Liebe. Die Liebe zu den Menschen kennt keine Grenze von Freund und Feind. Deshalb wird die Feindesliebe gefordert (vgl. Mt. 5, 43). An ihr bewährt sich die Liebe, denn sie ist schwieriger und dornenreicher als die Liebe zu unseren Freunden. Die Feindesliebe setzt voraus, dass das Freund-Feind-Schema aufgesprengt wird. Die Vergebung geht noch weiter als die Begrenzung der Rache durch eine angemessene Vergeltung – sie durchbricht den Kreis der Vergeltung und stellt Vergebung und Versöhnung in Aussicht. Versöhnung ist religiös gedeutet eine Rückkehr in die Herkunft. Bekannt ist das Gleichnis Jesu von der Heimkehr des verlorenen Sohnes (Luk. 15, 11–32).

Als Individuum kann ich nur wenigen Menschen verzeihen – jenen, die mir geschadet haben, die mich gekränkt haben, die ich bisher als Feinde erlebt oder denen ich gegrollt habe. Theatralisch muten stellvertretende Bitten um Verzeihung im Namen von Ländern oder Institutionen an – wenn sich z.B. Politiker für die Verbrechen ihrer Vorgänger oder Vorfahren oder führende Kleriker für ihre fehlbaren Priester und Mitglieder entschuldigen. So unvernünftig ein stellvertretendes Bitten um Verzeihung sein mag (außer in der symbolischen Politik), so unvernünftig wäre es, eine Pflicht zu verzeihen anzunehmen. Man kann von keinem Menschen fordern oder gar erzwingen, dass er seinen Ärger oder Groll eliminiert. Man kann jedoch fordern, dass er von Privatjustiz Abstand nimmt. Verzeihen als Selbstüberwindung und Selbsttherapie muss freiwillig erfolgen (vgl. Jankélévitch 1993/1967). Es ist aber nicht so schwierig, wenn es glücklich mit einem Vergessen konvergiert. Einige Kränkungen, die mir widerfahren sind, darf ich vergessen.

Eine zweite Erleichterung des freiwilligen Vergebens liegt darin, dass ich unter dem Übelnehmen und der lang anhaltenden Feindseligkeit und Rachsüchtigkeit selber leide – wenn ich vergebe, geht es mir selber besser. Verzeihen kann auch als eine Form der Selbsttherapie verstanden werden, eine Genesung von der Last unangenehmer Gefühle. Das Ende eines langen Grolls oder einer langen Feindschaft ist wie die Befreiung von einem schmerzhaften Krampf. Es gibt egoistische Motive zu verzeihen. Ich will vergessen und verzeihen, um wieder ein unverkrampftes Leben zu führen und auf andere Weise als in den absorbierenden Projekten der Rache und der Feindschaft Lebenssinn zu finden. Wer sich von Hass und Rachsucht befreit, entledigt sich einer „idée fixe".

Eine dritte Erleichterung des Vergebens entsteht, wenn ein Täter bereut. Manchem Opfer würde es bereits genügen, dass der Täter sein Unrecht zugibt. Dieses Opfer sucht also weniger Selbsttherapie sondern vielmehr so etwas wie den Dialog. Die Reue des Täters erleichtert es dem Opfer, auf die Genugtuung von Rache oder Vergeltung zu verzichten. Wer bereut, hofft darauf, dass man ihm verzeiht und von Rache und Vergeltung Abstand nimmt. Denn Reue allein genügt nicht, um Schuld zu tilgen. Es bedarf dazu einer dialogischen Beziehung zu jenen, die man gekränkt oder geschädigt hat (vgl. III 3).

Wenn alles nichts hilft, weder Vergessen noch der Wille zur Erleichterung des eigenen Lebens noch das Entgegenkommen der Reue, wird die Aufgabe der Vergebung zur Herkulesarbeit. Vergeben ohne Vergessen und nur aus altruistischer Regung für die Täter ist eine Tugend für Heilige. Allerdings gibt es eine vierte Erleichterung, in der uns Empathie, Imagination und Nachdenken weiterhelfen, nämlich das Verstehen durch den imaginären Wechsel von Perspektiven. Ich kann mir vorstellen, selber auf der Seite des Täters zu stehen und damit rechnen zu müssen, lebenslänglich dem Groll meiner Opfer und ihrer Angehörigen ausgesetzt zu sein. Dies ist eine Situation der Machtlosigkeit. Ich wäre froh, wenn ich den Groll, den ich auf mich gezogen habe, durch tätige Reue besänftigen könnte. Vielleicht kann ich sogar verstehen, warum ein Täter zur Reue unfähig ist.

Wenn die Kränkung zu tief und die Schuld zu groß ist, dann liegt es nicht mehr an Menschen zu verzeihen. Da niemand alle Perspektiven einnehmen und verstehen kann, bleibt die Vergebung und die Allversöhnung das Metier der Transzendenz. Auch wer an keine göttliche Instanz glaubt, wird wahrscheinlich zugeben müssen, dass die Aufgabe, alles zu verstehen und alles zu verzeihen, die Menschen überfordert.

Das Verzeihen wurde im Recht als ein Recht auf Begnadigung durch den Monarchen oder Landesfürsten verstanden. Das Recht der Begnadigung steht im Konflikt mit der Forderung, dass Gerechtigkeit geschehen müsse und die Annullierung einer verdienten Strafe ungerecht sei. Begnadigung ist nicht nur eine Abweichung von der Gleichbehandlung, sondern eine unverdiente Privilegierung und deshalb ein Dorn im Auge jener, die an eine Pflicht zur gerechten Vergeltung glauben.

Liebe und Verzeihen können nicht als die einzigen Quellen des Guten betrachtet werden. Aus ihnen lässt sich das spezifische Ideal von Strafgerechtigkeit und angemessener Vergeltung nicht ableiten. Weltgericht und Versöhnung lassen sich nicht gleichzeitig ausüben, sondern nur hintereinander. Sogar Gott muss eine Doppelrolle zugesprochen werden als Weltenrichter und Retter bzw. als dem zornigem Vater und dem verständnisvollen

Menschensohn und Anwalt der Menschen, der sagt: „Vater, vergib ihnen, denn sie wissen nicht, was sie tun" (Luk. 23, 34).

Liebe kann kein Allheilmittel gegen das Böse sein, sofern Vergeltung und Strafe auch als wirksame oder zumindest legitime Mittel gelten. Strafe und Vergeltung sprechen vor allem gegen eine voreilige Versöhnung, die den Kampf gegen das Böse abkürzen und die gerechte Strafe aussetzen will. Begnadigen kann eine dazu autorisierte Instanz, aber verzeihen können streng genommen nur die Opfer von Verbrechen und ihre Freunde und Angehörigen oder jene, die sich zu Opferorganisationen zusammenschließen. Sie können sich darauf einigen und auch deklarieren, dass es ihnen nicht um Rache oder Groll gegen Täter geht, sondern um eine möglichst hilfreiche Begleitung von Opfern und um den Schutz aller Opfer, auch der potentiellen Opfer. Wenn allerdings Opferorganisationen den besten oder einzigen Schutz vor Tätern in deren lebenslänglicher Verwahrung sehen, dann besteht der Verdacht, dass sie – wegen ihrer guten Absichten! – einseitig und einäugig urteilen. Opferorganisationen sind opferfokussiert; es ist unwahrscheinlich, dass sie viel Verständnis für die Bedürfnisse und Rechte der Täter entwickeln.

Verzeihen ist möglich, indem ich einen inneren Groll ablege und davon absehe, jemanden, der mir Unrecht oder Leid zugefügt hat, weiter zu verfolgen bzw. Genugtuung in der Vergeltung zu suchen. Ich kann eine Strafanzeige zurückziehen, weil mir der Täter leid tut und ich keine Angst vor ihm haben muss. Bei Offizialdelikten kann ich den Täter im Strafvollzug besuchen und mitteilen, dass ich ihm nicht mehr grolle, obwohl er meinen Bruder ermordet hat. Ob mein Verzeihen echt und nachhaltig sein wird und wie der Täter darauf reagieren wird, ist schwer vorauszusagen. Verzeihen ist ein Experiment mit meinen eigenen Gefühlen und – wenn sich das Opfer oder seine Angehörigen auf einen Dialog mit dem Täter einlassen – mit den Wirkungen, die sie auf Täter haben könnten. Ich kann dem Täter die Last seiner Schuld nicht abnehmen, aber ich kann ihm vielleicht mitteilen, dass sich der scheinbar ewige Kreis von Schuld und Vergeltung durchbrechen lässt. Die Botschaft des Verzeihens besteht darin, dass dieser Kreislauf nicht naturnotwendig ist.

Das Böse lässt sich nicht immer durch Verzeihen bekämpfen, falls Verzeihen als Schwäche oder Bestätigung ausgelegt wird, sofern Verzeihen das Gegenteil von Abschreckung ist und falls eine vorzeitige Begnadigung oder Entlassung eine akute Gefährdung der Bevölkerung bedeutet.

Wer seinen Feinden verzeiht, schafft die Gelegenheit für einen Neuanfang und für die Überwindung uralter Fehden oder eingefleischter Vorurteile. Verzeihen ist eine Kraft, die von den Feinden und misstrauischen Beobachtern leider meist als Schwäche oder Strategie verkannt wird. Einige Gründe für das Verzeihen scheinen nicht altruistischer, sondern egoistischer Natur zu sein: Verzeihen und Vergessen lösen den schmerzhaften Krampf des eigenen Grolls.

Ein solches selbsttherapeutisches Verzeihen ist vielleicht kein echtes Verzeihen, wenn man dieses als einen altruistischen, dem anderen zugewandten Akt versteht. Muss man Verzeihen so verstehen (Vgl. Dürr 2009)? Gibt es einen wesentlichen Unterschied zwischen der aufrichtigen Mitteilung: „Ich habe dir verziehen" und der Botschaft: „Ich grolle dir nicht mehr"? Oft ist der reale Kontakt gar nicht möglich, wenn z. B. ein Täter dement oder tot ist. Ich kann versuchen, mich von einem Groll zu befreien gegen einen Menschen, der nicht mehr lebt. Ob man das noch verzeihen nennen will, ist unwichtig.

III 2 Maß und Mäßigung

Das Böse ist nicht nur das moralisch Falsche oder Unschöne, sondern es ist das, was über bloße Regelverletzungen oder kleine Vergehen hinausgeht: Das Exzessive in der Absicht von Übeln und die Verursachung exzessiver Übel. Entsprechend ist die Mäßigung die erste und wichtigste Abhilfe gegen das Böse. Das Böse wäre so zu dosieren, dass es nicht mehr als Gift, sondern als Energie und Heilmittel wirken kann. Das Böse als maßlose Energie kann sich vor allem im ästhetischen Kontext entfalten – z. B. eine böse Fantasie oder eine Affinität zu den Bösen und Verdammten dieser Erde, gebändigt durch das Talent der ästhetischen Darstellung der „Blumen des Bösen" (vgl. Marten 2009). Weil die Kunst letztlich wieder „harmlos" ist, finden in ihr die Exzesse und Extreme ihren Platz. Auf der Bühne kann ich böse sein und böse scheinen, ohne das Gesetz zu übertreten. Kunst verhält sich der Mittelmäßigkeit gegenüber feindselig, weil sie sich die Magie des Extrems im Kontext der ohnmächtigen Illusionen leisten kann.

Zum realen Zusammenleben gehören dagegen Mäßigung und Selbstbegrenzung der Ansprüche und Ausbrüche von Emotionen. Die Moderation des zivilen Lebens verlangt Verzicht auf Gewalt, möglichst auch auf verbale Gewalt, permanente Drohungen und perfide Vergeltungsaktionen. Gewalt und Erpressung als Mittel zur Durchsetzung von Zielen oder als Ausdrucksform der Überlegenheit sollen nicht zur Regel, sondern zur strafbaren Ausnahme werden.

Es gibt eine Maßlosigkeit der Menschheit als Kollektiv in der Überbevölkerung, Übersiedlung und Ausbreitung der eigenen Spezies. Sie wird noch unterstützt durch Befürworter einer Pflicht zur Prokreation. „Seid fruchtbar und vermehret euch" (Gen. 1, 22). Die Maßlosigkeit manifestiert sich in der Verdrängung anderer Arten, der Ausrottung von großen Raubtieren, der Verdrängung kleiner Völker und Kulturen. Die Menschheit wird zur dominierenden Biomasse, welche die Biosphäre überlastet, verschmutzt und – zusammen mit ihren wenigen bevorzugten Haus- und Nutztieren

– zur speziesmonotonen Wüste der Städte umwandelt, in der uns an allen Ecken und Enden der Welt nichts als Artgenossen begegnen. Die Maßlosigkeit der Vermehrung und Ausbreitung begünstigt auch Konflikte und Katastrophen, die zur raschen Auslöschung von Hunderttausenden von Leben führen.

Überbevölkerung ist keine Erfindung kranker oder ängstlicher Gemüter, sondern sie ist ein Indiz dafür, dass sich eine biologische Spezies ohne ebenbürtige oder überlegene fremdartige Rivalen oder andere Hindernisse der Umwelt maßlos ausbreitet und für sich selber immer mehr zum primären Feind und Bedränger wird. Die Spezies *homo sapiens* ist eine solche „Alphaspezies", die zur Maßlosigkeit prädestiniert ist. Der Mensch wird durch seine Allgegenwart auf dem Planeten zum gefährlichsten Rivalen und „Fressfeind" des Menschen.

Wir haben als Spezies kein Maß, weil wir keinen absoluten Standard haben, sondern nur überlieferte Standards des richtigen und angemessenen Handelns, die wir von Zeit zu Zeit revidieren und verteidigen müssen. Selbst wenn wir in unzerstörbare Tafeln geritzte Gebote Gottes hätten, müssten wir sie immer wieder neu interpretieren und situationsgerecht anwenden. Ein Gesetz gegen Überbevölkerung und Ausrottung fremder Völker und Spezies war in der Sinai-Gesetzgebung ebenso wenig explizit vorgegeben wie ein Gesetz zum Schutz der Privatsphäre. Das Risiko der Verfehlungen und Maßlosigkeiten bleibt uns auch dann nicht erspart, wenn wir glauben, die wichtigsten Vorschriften und Ideale der Moral zu kennen. Maßlosigkeit begegnet nicht nur im individuellen Leben, sondern sie ist den Menschen als Kollektiv und Spezies eigen.

Auf der symbolischen Ebene ist von Hybris die Rede. Die symbolische Maßlosigkeit zeigt sich darin, dass die Menschheit als Gott betrachtet wird. Der „culte de l'humanité", die Selbstanbetung und Vergöttlichung der Menschheit als Akteur der Geschichte und Geschicke setzt einen symbolischen Mord Gottes voraus (vgl. Voegelin 1999). Die Menschen wollen sein wie Gott, sie wollen an Gottes Stelle treten und die Grenzen der Individuen, den Tod, den Schlaf und andere Unvollkommenheiten abschaffen. Die Tendenzen, durch neue Techniken die Grenzen des Alters, der Ermüdung und anderer Begrenzungen hinauszuschieben und die Menschen zu vollkommenen Wesen zu machen, spiegelt vielleicht diese Hybris als Maßlosigkeit und Vermessenheit. Die Menschen möchten sich nicht nur beliebig vermehren und – durch Nachkommen oder Schaffung virtueller Welten – ausbreiten, sondern auch verewigen oder in ein ewiges Gedächtnis (wessen Gedächtnis?) einprägen.

Maßlosigkeit zeigt sich bereits in der Angst vor dem Absturz in Mittelmäßigkeit, die Angst, nicht mehr aufzufallen und nicht mehr beachtet zu werden. Für manche beginnt der „soziale Tod" damit, dass sie nicht die Aufmerksamkeit der Medien erregen und kein „hohes Profil" haben.

III 2 Maß und Mäßigung

Ein maßloses Verlangen nach Aufmerksamkeit entspricht dem infantilen Wunsch, der Mittelpunkt der Welt zu sein.

Die Maßlosigkeit ist nicht nur Quelle des Bösen, sondern auch Quelle von Lebensenergie und Begeisterung. Ich möchte der Mittelpunkt der Welt sein und bringe es (wie die meisten anderen) nur dazu, die Hauptfigur meiner eigenen Biographie zu sein. Die angestrebte Bedeutsamkeit für alle Welt schrumpft zur unauffälligen und rasch vergessenen Egomanie zusammen. Zwischen diesen Extremen von Heldentum und Bedeutungslosigkeit geben sich Menschen Mühe, strengen sich an und bringen es zur Selbstüberwindung und zu kulturellen Leistungen, die indirekt wieder anderen zugutekommen. Eine infantile Selbstüberschätzung und ein Rest von Narzissmus halten mich am Leben, wirken wie die Unruhe der Uhr, die Bewegung schafft und mich mit ihren Projekten und Wahnvorstellungen bis in den Tod begleiten. Sogar nach dem Tod möchten einige die Karriere der wichtigsten Persönlichkeit fortsetzen, sei es auch nur als „bevorzugte Lieblinge Gottes" oder als posthum wirkende Autorinnen und Architekten.

Die Maßlosigkeit des Egoismus ist eine Gegenkraft gegen die Übermacht der anderen und die Kraft des Vergessens, ein inneres Feuer, das uns vom Gefühl der Bedeutungslosigkeit und der Namenlosigkeit im Universum bewahrt. Die maßlose Illusion, das Zentrum des Universums zu sein, ist eine lebenswichtige Illusion, die wir auch dann nicht ablegen mögen, wenn wir sie als Illusion durchschaut haben. Die ästhetische Rechtfertigung des Lebens besteht in dieser manischen Hoffnung, Held oder Poet der Welt zu sein. Sie macht das Leben schöner und erträglicher. Die Romantik bekennt sich zu diesem positiven Kern der Maßlosigkeit.

Allerdings gehört nicht nur die Romantik, sondern auch die Ernüchterung und partielle Desillusionierung zu einem geistig wachsamen und sinnvollen Leben. Die Anerkennung eines inneren Kerns von Maßlosigkeit und Illusion als Reservoir der Kreativität und Quelle von Lebenssinn schließt nicht aus, manchen Maßlosigkeiten kritisch zu begegnen. Der Maßlosigkeit der Überbevölkerung und der irreversiblen Zerstörung der Vielfalt von Spezies und von Refugien einer unberührten Natur lassen sich kaum gute oder schöne Seiten abgewinnen. Sie lassen sich auch durch die endlose Vermehrung von virtuellen Welten nicht kompensieren. Die vollständig abgeholzte und zubetonierte Natur kann nicht als künstliches Paradies gefeiert werden. In der Maßlosigkeit der Reproduktion versteckt sich Thanatos, ein Trieb zur Selbstzerstörung. Nebenwirkungen der Übermacht der eigenen Spezies sind chronische Hungersnöte und Knappheiten aller Art sowie die Zerstörung der Umwelt.

Maß und Maßhalten wären vielleicht gute Rezepte zur Vermeidung oder Verzögerung von Katastrophen, doch die Menschen sind weder als Individuen noch als Spezies auf Maß und Mäßigung angelegt. Sie sind nicht im gleichen Sinne auf arteigenes Verhalten festgelegt wie die Mitglieder anderer Spezies.

„Gibt es auf Erden ein Maß? Es gibt keines" (Hölderlin 1992, Band 1, 908). So lautet eine bekannte Zeile, die dem Dichter Friedrich Hölderlin zugeschrieben wird. Damit könnte gemeint sein, dass es kein „objektives Maß" gibt, unabhängig von menschlichen Wünschen und Meinungen. Die legitime Frage lautet jedoch: Selbst wenn es das nicht gäbe – könnten wir uns dann nicht Kraft bekannter und bewährter Konventionen dazu entschließen, Maß zu nehmen und Maß zu halten, im Geiste der (meist nachträglichen) einstimmigen Missbilligung von Massakern und Völkermorden als klaren Beispielen des Bösen? (Vgl. May 2010). Gewöhnlich wird die Fähigkeit zur Mäßigung der Vernunft, genauer der Urteilskraft zugeschrieben. Wenn wir uns diese Kraft des Unterscheidens, Urteilens und Verurteilens des Bösen nicht mehr zutrauen und auf ein objektives Maß warten, haben wir die argumentativen Ressourcen verspielt, die uns davor bewahren, lediglich die Meinungen der Mehrheit nachzuplappern oder uns gar zu Fanatikern des Gehorsams und der Unterwerfung zu entwickeln. Das Maß ist uns nicht nur überliefert und gegeben, sondern es ist auch Aufgabe (vgl. Bollnow 2009, 170–187).

Ist es angesichts der langen Geschichte der Maßlosigkeiten im Umgang mit der Natur, mit Völkern und Tieren zu spät für einen Neuanfang? Ich lasse mich von der Ankündigung von Katastrophen, die wahrscheinlich nicht mehr zu Lebzeiten eintreffen, nicht wirksam erschüttern oder bekehren. Appelle an freiwilliges Maßhalten bewirken wenig. Der Einzelne ist nicht durch und durch böse, aber er hat mit der erlebten und noch zu erwartenden Lust und mit seinen Illusionen, Held und Mittelpunkt des Universums zu sein, bereits eine hinreichende „Sinnprämie" eingesteckt. Ich muss meinen Lebenssinn nicht notwendig und nicht ausschließlich in großen Projekten zur „Rettung der Menschheit" oder „Rettung der Biosphäre" suchen. In solchen Slogans offenbart sich die Maßlosigkeit der Selbstüberschätzung. Das Böse verlässt mich und meine Welt nicht; es gedeiht im Schatten meiner Gleichgültigkeit gegenüber den meisten Vorgängen, die ich nicht sehen kann, weil mein Blickwinkel und mein emotionales Vermögen zur Anteilnahme beschränkt sind. Ich führe ein Leben zwischen Mittelmäßigkeit und Maßlosigkeit.

Maß und Mäßigkeit gehören nicht nur in die Moral und die Rezepturen zur Bekämpfung des Bösen, sondern in die Klugheit und Lebensdiät, in die Kunst der Verwandlung von Giften in lebenserhaltende und lebensfördernde Wirkstoffe. Wer die Exzesse meidet, lebt länger, eventuell auch langweiliger. Die Suche nach dem großen Kick kann geregelt und humanisiert werden. Einige Menschen brauchen Extremsportarten. Sie können so organisiert werden, dass gewisse Risiken eingeschränkt werden. Es wäre eine verwerfliche Fixierung, wenn Menschen den großen Kick nur darin finden könnten, blutige Gladiatoren- oder Tierkämpfe anzuschauen.

Manches, was wir Maß nennen, ist eine Anpassung an unsere kontingente Größe im Kosmos – der Kosmos oder das Universum erscheinen dagegen unermesslich, maßlos und ohne „echte Mitte". Im Vergleich zur Größe von Insekten oder Mikroorganismen mögen wir uns selber als gigantisch und unsere Lebenswelt als kolossal erleben. Trotz heroischer Fortschritte der Technik bleiben wir in diese relativen und zufälligen Größenordnung des Größeren und Kleineren eingespannt und benutzen zu deren Benennung immer noch die alten griechischen Ausdrücke. Wir leben zwischen Chaos und Kosmos, zwischen Begrenztem und Unbegrenztem.

Im Blick auf den Ameisenhaufen verleihen wir menschlichen Bestrebungen größere Bedeutung als jenem chaotischen Gewimmel; dem tiefer eindringenden Blick in den gestirnten Himmel erscheinen Schicksal und Streben der Menschen unwichtig und absurd. Auch das Böse und Schreckliche, das Menschen zu verantworten haben, erscheint als Episode und verschwindende Spur. Wichtig bleiben wir vielleicht nur für uns, soweit unser kollektives Gedächtnis reicht. Lebewesen ohne Geschichte – Tiere und Völker ohne Geschichtsschreibung – wären nach dieser Betrachtungsweise vom Bereich des Relevanten und Signifikanten für uns völlig ausgeschlossen.

Der großartige Ausblick auf das Seiende im Ganzen und die Errichtung von physischen und geistigen Monumenten adeln die Menschen, doch liegt in der Megalomania auch eine Neigung, die „Kleinen" und „Schwachen" von der Betrachtung auszuschließen und das kleine Ich zu einer „Weltseele" aufzublähen. Die Unsicherheit in Bezug auf das Maß ist auch eine Unsicherheit in Bezug auf den Sinn für Proportionen, wenn es darum geht, Unwichtiges gegen Wichtiges, Starkes gegen Schwaches und Mehrheiten gegen Minderheiten abzuwägen. Das sog. „metaphysische Böse" wurde als Bestandteil und Ausdruck dieser spezifischen Endlichkeit und Fehlbarkeit gedeutet.

III 3 Die inneren Abwehrkräfte: Scham, Schuld, Gewissen, Reue, Hoffnung

Das Böse liebt es, sich zu verstecken. Es schämt sich vor dem Blick der anderen. Der Blick der anderen hält uns vom Bösen ab. Eine Schamkultur funktioniert dort, wo wir das Urteil der anderen ernst nehmen und ihm permanent ausgesetzt sind. Wenn die Dichte der sozialen Kontrolle abnimmt, funktioniert die äußere Scham nicht mehr lückenlos als Korrektiv gegen das Böse. Was bleibt, ist vielleicht die verinnerlichte Scham – ich kann durch einen Betrug, eine Gemeinheit, aber auch durch ein abscheuliches Verbrechen das Gesicht vor mir selber verlieren. Ich möchte mich selber nicht mehr sehen und in keinen Spiegel mehr schauen. An die Stelle eines lückenhaften Systems der sozialen Kontrolle tritt die Selbstverachtung. Sie trifft mich auch dort, wo mich sonst niemand sieht.

Scham ist zunächst und zumeist außengeleitet und durch andere veranlasst: Ich fühle mich beobachtet, ertappt, entblößt. Der Ursprung in der Körperscham mag wichtig sein, doch nicht alle Scham ist Körperscham im engeren Sinne. Ich kann mich meines Stotterns schämen – als einer körperlichen oder als einer geistigen Behinderung. Ich schäme mich meiner schlechten Englischkenntnisse oder der Tatsache, unvorbereitet vor einem erwartungsvollen Publikum zu stehen. Wer sich schämt, fühlt sich exponiert und im Zentrum der Aufmerksamkeit anderer. Alle Blicke sind auf mich gerichtet, alle tuscheln über mich. Es ist mir peinlich, wie andere meine Frau beobachten und hinter ihrem Rücken kritisieren.

Scham kann auch als rituelle Beschämung benutzt werden, um potentielle Täter aufzuhalten oder um Täter von der Wiederholungstat abzuhalten. In traditionellen Schamkulturen wie dem alten Japan haben sich die Beschämung und der Gesichtsverlust gegen Vergewaltigungen und das Risiko der Rückfälligkeit als präventiv wirksam erwiesen. Der Preis dafür ist die individuelle Freiheit, die von der sozialen Kontrolle gleichsam verschluckt wird. Andere Länder wie die USA versuchen solche Methoden einzuführen: Porträts von Vergewaltigern werden öffentlich gemacht, „shaming" und „bashing" werden empfohlen und praktiziert. Die Beschämung wird als Mittel zur Verhütung von Wiederholungstaten, aber auch zur Abschreckung aller potentieller Vergewaltiger verwendet. Die Beschämung ist eine Methode, welche ähnliche Wirkungen wie eine intensive Überwachung erzielen soll. Sie macht den Verlust sozialer Kontrolle rückgängig und wird zum Teil als Angriff auf die Rechte der Bürger empfunden. Sie mobilisiert eine Mehrheit der Konformisten gegen eine Minderheit von Non-Konformisten.

Wer sich nur aus Scham von einer Handlung abhalten lässt, kann auch versuchen, die Scham zu überwinden, „schamlos" zu werden und dem Gefühl der Beschämung durch andere durch Provokation zuvorzukommen. Die sekundäre Schamlosigkeit schützt allerdings nicht gegen die Praktiken der Beschämung, weil diese unser Bild in den Augen Dritter herabsetzen und damit zu Reputationsverlusten und anderen Benachteiligungen führen; ich werde nicht nur als „seltsam", sondern als „provocateur" stigmatisiert. Beschämung bleibt wirksam, auch wenn sie den Beschämten nicht dazu bringt, Scham zu empfinden.

Schamkulturen sind nicht leicht zu kontrollieren; sie produzieren – ähnlich wie Schuldkulturen – auch viel unnötige und dysfunktionale Scham. Ich schäme mich vielleicht auch deshalb, weil ich keine Arbeit finde oder weil ich keine sexuellen Erfahrungen habe – oder weil ich sexuelle Erfahrungen habe, deren ich mich schäme. Ich kann mich viele Jahre lang dafür schämen, ein (zu) kleiner Mann oder eine (zu) große Frau zu sein. Solche

III 3 Die inneren Abwehrkräfte: Scham, Schuld, Gewissen, Reue, Hoffnung

Scham ist kein Schutzschild gegen das Böse, sondern lediglich ein „Pfahl im Fleisch". Scham ist keine präzise und keine kontrollierbare Sanktion; die Stigmatisierung bleibt haften, auch wenn sie niemandem einen Vorteil bringt.

Hermann Schmitz nennt die Scham die „unglückliche Schwester des Zorns"; während der Zorn reinigend wirkt, wenn er sich frei (aber in den Grenzen des Schicklichen) entladen kann, vereitelt sich die Scham diesen direkten Ausweg der Katharsis durch Ausbruch; sie neigt entweder zur Selbstzerstörung oder zur Flucht, sei es durch Verdrängen oder durch Selbstdistanzierung (vgl. Schmitz 2010, 197f.). Sie ist ein gedrücktes Gefühl, das sich in der gedrückten Haltung des gefühlten Leibes manifestiert.

Schuld ist der Scham verwandt, nämlich unter dem Aspekt, dass ich von anderen für schuldig gehalten werde. Schuld unterscheidet sich von außengeleiteter Scham oder Schande dadurch, dass ich nicht nur Angst davor haben kann, von anderen für schuldig gehalten zu werden, sondern wirklich schuldig zu werden. (Aber nicht alle Scham ist außengeleitet.) Wer selber schuldig wird, hat mindestens vier Schwierigkeiten:

1. Schuld tut weh, sie ist eine Form von Unlust, die ich nicht leicht loswerde und die ich auch dann fühle, wenn andere nichts davon wissen und mich für unschuldig halten.

2. Ich kann versuchen, Schuld zu verdrängen, dann quält mich die Tatsache, dass ich mich trotzdem weiter erinnere oder dass mich ein innerer Zeuge an meine Untat erinnert. Verdrängen ist nicht definitiv und nicht erfolgreich – es gibt eine Rückkehr des Verdrängten, sei es auch nur in Albträumen.

3. Ich kann Schuld bereuen, doch die Reue kann die Schuld nicht tilgen. Je mehr ich bereue, umso mehr gestehe ich ein, dass die Schuld nicht rückgängig zu machen ist. Das unterscheidet sie von Schulden, die sich tilgen lassen.

4. Ich kann die Schuld gestehen, doch damit setze ich mich dem Urteil und der Verurteilung anderer aus. Oder ich belaste andere durch ein Beichtgeheimnis. Ist es nicht leichter, die Verschlossenheit zu ertragen?

Dieser aufreibende Charakter der Schuld und der Widerspruch zwischen Verschlossenheit und Bekenntnisdrang werden auch so interpretiert, dass sie uns mit der Freiheit zum Guten und Bösen und mit der Angst vor solchen Entscheidungen konfrontieren. Christliche Lehren gehen so weit, dass sie die Schuld als Sünde interpretieren – kein Mensch kann Sünden vergeben. Das Bewusstsein der Sünde (als Ferne zu Gott) zeigt an, dass ich meine Schuld zunächst selber schultern muss (ohne sie zu leugnen und auf andere abzuschieben) und dass nur Gott die definitive Vergebung und Versöhnung anbieten kann. Es gibt nach der Auffassung von Schuld als Sünde keine Selbsterlösung (vgl. III 1).

Schuld ist individuell; ich kann nicht fremde Schuld übernehmen, sowenig ich an der Stelle einer anderen Person sterben kann. Die Vorstellung eines „Sündenbocks" bleibt symbolisch und mythisch, ja magisch; Sünde wird mit der Metapher einer Last gedeutet, die man fallen lassen oder weitergeben kann. Die Metaphorik der Schuldenlast ist nicht auf der Höhe einer Auffassung von Schuld, die sich weder übertragen noch vertreten lässt – eher vergleichbar dem eigenen Körpergewicht als einem schweren Stein, den man tragen kann oder auch nicht. Es ist zwar nicht unmöglich, dass ich mich aufgrund des Unrechts, das andere begangen haben, schuldig fühle, aber diese Schuldgefühle sind nicht Schuldgefühle aufgrund meiner eigenen Schuld oder meines eigenen Verschuldens. Es sind irrationale Gefühle.

Scham dagegen kann stellvertretend sein. Adoleszente finden ihre Eltern „peinlich" und schämen sich, wenn diese sie von der Schule oder vom Sportplatz abholen. Sie schämen sich dafür, mit einer „so schlecht gekleideten Mutter" gesehen zu werden. Ich kann mich für das schlechte Spiel meines Teams schämen, sogar für die Nazivergangenheit meines Landes. Ich schäme mich dann anstelle anderer, die sich schämen sollten. Stellvertretende Scham kann anzeigen, dass mir das Böse, das andere getan haben, nicht gleichgültig ist und dass ich daran affektiv teilnehme, dass es mich auch nachträglich noch erröten lässt, zu seinem solchen Volk zu gehören, das sich ohne nennenswerten Widerstand zum Zivilisationsbruch verleiten ließ. Allerdings ist auch eine solche Kollektiv-Scham eine problematische Zumutung. Sie kann sich wie echte Reue nur freiwillig einstellen, nicht unter dem Druck der Erwartungen oder Drohungen anderer. Mit der Scham können wir uns zum Bösen jener verhalten, mit denen wir uns trotz ihrer Untaten und ihres Charakters als unseren Vorfahren oder Mitbürgern identifizieren. Die Anerkennung dieser Option setzt jedoch nicht die Annahme einer Pflicht zur Kollektivscham voraus!

Schuldgefühle gehören zu den emotionalen Einstellungen, mit denen ich mir selber Verantwortung und negative Verdienste zuschreibe. Sie unterscheiden sich z. B. vom Gefühl der Unschuld oder vom Gefühl des Stolzes auf eigene Leistungen und Vorzüge infolge eigener Anstrengungen. Schämen kann ich mich eines Makels, den ich vielleicht nicht vermeiden konnte; Schuldgefühle sollte ich nur dann haben, wenn ich glaube, ich hätte die Schuld vermeiden können. Habe ich das Böse gewählt, so verdiene ich meine Schuldgefühle. Sie sind angemessen, wie z. B. das Gefühl der Dankbarkeit gegenüber einem ehrlichen und herzlichen Wohltäter. Schuldgefühle begleiten und bestätigen Schuld, die ich auf mich geladen habe. Sie machen dieses Gewicht gleichsam zu meinem Körpergewicht.

Auch Schuldgefühle können als Sanktionen betrachtet werden und unterliegen als solche einer funktionalen Betrachtungsweise. Schuldgefühle als „innere Sanktionen" ergänzen die äußeren Sanktionen und schließen zumindest teilweise jene Lücken, welche die äußeren Sanktionen offen lassen.

Man könnte auch sagen, dass sie meine Strafwürdigkeit markieren, auch dann, wenn mich niemand straft. Innere Sanktionen funktionieren nach dem Modell eines perfekten inneren Richters, dem keine Straftaten entgehen. Innere Sanktionen würden auch einen Menschen treffen, der unsichtbar wäre. Sie würden den unsichtbaren Mann davon abhalten, Frauen zu vergewaltigen oder andere Verbrechen zu begehen, für die er nie belangt werden könnte. Inwiefern das Gewissen in Verbindung mit echter Reue präventiv wirksam werden kann, wurde bereits erörtert (vgl. II 1).

Nicht alle Verbrechen werden registriert und geahndet. Schuldgefühle sollen den äußeren Richter durch einen inneren Ankläger und Folterknecht ergänzen. Dass das schlechte Gewissen nicht optimal präventiv, sondern eher retroaktiv wirkt, wurde bereits kommentiert (vgl. II 1). Im Anschluss an Feuerbachs Beobachtungen, wonach das Gewissen wie eine verspätete Reue funktioniert, wurde gesagt, dass ein schlechtes Gewissen, das wie ein extrem starker Stromstoß wirken und Menschen von allem Bösen abhalten würde, die Freiheit des Menschen stark beschneiden würde.

Man wünscht den Verbrechern, die nie verurteilt und ins Gefängnis geworfen werden, eine innere Hölle. Die Lust am Anblick der verdienten Leiden von Übeltätern wurde bereits von Aristoteles gebilligt (vgl. Aristoteles 1980, 113). Nietzsche hat die im Triumph der Guten über die Bösen versteckte Grausamkeit zur Sprache gebracht (vgl. Nietzsche 1980, Band 5, 283ff. Genealogie der Moral III, 15). Die Wünsche der Guten und Gerechten, die Bösen leiden zu machen und (mindestens in der Imagination) leiden zu sehen, ist ein wichtiger Verstärker der Schuldkultur. Ohne diese Wünsche nach Rache und Bestrafung würde es vermutlich keine Schuldkultur geben. Die Vorstellung eines Mafiabosses, der ein fröhliches Leben führt, ist ebenso unerträglich wie die Vorstellung von Gefängnissen, die *de facto* Luxushotels sind. Ich möchte, dass es dem triumphierenden oder nicht überführten Übeltäter schlecht geht, dass er sich schlecht fühlt. Die Qualen der Schuldgefühle sind die subtilen Foltern, für die sich kein Folterknecht verantwortlich fühlen muss und die wir auch nach der aufklärerischen Kritik der Folter noch wünschen, wenn wir uns über böse Taten und Menschen empören. Dass es den Wunsch gibt, andere Menschen leiden zu machen und leiden zu sehen, und dass es eine zusätzliche Delikatesse ist, zuzusehen, wie sich Menschen mit einem schlechten Gewissen wie Würmer krümmen und winden, geben wir nicht gerne zu. Ich kann diesen Wunsch haben und mich schämen, ihn offen auszusprechen. Es ist ein morbider Wunsch.

Wenn mich mein Hund „mit Schuldgefühlen" anschaut, muss ich lachen und er tut mir leid. Mein Hund muss sich täglich darauf konzentrieren, mir zu gehorchen und den Willen seines Meisters zu verstehen. Wenn ihm das nicht gelingt oder er sich vor „Strafen" fürchtet, hat er Angst. Er schleicht sich davon, wenn er eine Wurst gestohlen hat. Ich beneide ihn gleichzeitig darum, dass er seine „Sünden" sofort vergisst und zwar so etwas wie Furcht oder Unterwürfigkeit, aber vermutlich keine Schuld kennt. Die wenigsten Menschen einer Schuldkultur kommen so einfach davon wie der Hund mit der gestohlenen Wurst. Die Verwicklung in Schuld und das Leiden an Schuld ist Stoff für eine Tragödie. Der Glaube an Sünde ohne den Glauben an Gott führt in die Welt absurder Leiden, von der Autoren wie Camus und Cioran sprechen. Das Fortdauern des schlechten Gewissens wird zum größten Übel, das dem Menschen wie der Geier dem gefangenen Prometheus eine stets nachwachsende Leber wegfrisst.

Die Affekte und Interaktionen von Menschen sind vieldeutig und komplex. Ich kann Schuldgefühle für etwas empfinden, was ich nicht vermeiden konnte, z. B. für den Tod eines Kindes, das ich mit dem Auto überfahren habe. In einem sehr weiten Sinne hätte ich es doch vermeiden können, nämlich wenn ich nicht das Auto genommen hätte, oder wenn ich eine Stunde früher gefahren wäre, oder wenn ich sehr langsam gefahren wäre etc. etc. Ich kann mir unzählige Szenarien vorstellen, in denen ich nicht der Verursacher des Todes dieses Kindes gewesen wäre. Die Gewissensprüfung wird zur absurden Selbstquälerei. Für die Eltern des Kindes werde ich immer der „Mörder ihres Kindes" bleiben, auch wenn sie es nicht sagen und sich mit Anschuldigungen und Angriffen zurückhalten. Schuldgefühle wegen der Folgen unglücklicher Missgeschicke lassen sich ebenso schwer tilgen wie Schuldgefühle aufgrund einer falschen Erziehung oder einer abstrusen Ideologie. Sie können wiederholte Aufklärungsprozesse überleben. Selbst wenn ich mich von meiner Erziehung distanziere und meine abstruse Ideologie ablege, habe ich immer noch die alten Schuldgefühle. Ich erkenne sie als „neurotische" Schuldgefühle, doch sie lassen mich nicht los. Ich bin sicher, dass es keinen realen kausalen Zusammenhang zwischen homosexuellen Handlungen und Erdbeben gibt. Die neurotischen Schuldgefühle bleiben zurück. Ich fühle mich unrein und schuldig, obwohl ich nicht daran glaube, dass ich diese Gefühle haben sollte. Irrationale Schuldgefühle stellen sich bei Erkrankungen ein, die als Rechnungen für vergangene Sünden empfunden werden. Früher hatte man ein schlechtes Gewissen, weil man nicht zur Messe gegangen ist; heute, weil man nicht ins Fitnessstudio gegangen ist.

Schuldgefühle als innere Sanktionen bedeuten für mich Unlust und eine Form des Leidens. Die Risiken der Schuldkultur bestehen darin, dass Schuldgefühle unverhältnismäßig sind, dass sie mich zu sehr für geringfügige Vergehen oder zu wenig für schwere Verbrechen leiden lassen. Die „Feineinstellung" der inneren Leiden von Schuldgefühlen lässt sich nur schwer kontrollieren. Schuldgefühle aufgrund von Bagatellen können wie Keulenschläge ausfallen.

Eine Welt ohne Schuldgefühle wäre vielleicht eine bessere Welt. Der Mensch trägt in sich seinen schlimmsten Feind, die Schuldgefühle, „remords", die nichts als Reminiszenzen der Kindheit sind. Sie sind unnütz, weil wirkungslos, und sie quälen vor allem jene, die sie gar nicht nötig hätten, eine schlechte Medizin und ein grausames Gift (vgl. La Mettrie 2004/1784, 306–309). Dies gilt aus der Sicht eines Hedonismus, der sich vor allem an der Summe von Lust oder am Übergewicht von Lust über Unlust in der Welt orientiert und die Frage der verdienten Leiden außer Acht lässt. Ein Hedonist und Pessimist wird sagen: Es gibt schon zu viele Leiden in der Welt – es braucht nicht auch noch die Leiden der Schuldgefühle. So lautet die Diagnose des „Arztes der Kultur". Er wittert im Ruf nach der Zufügung von verdienten Leiden, d. h. im Geist der Strafe als Vergeltung, eine verborgene Lust an der Grausamkeit.

Schuldgefühle könnten – so erwidert der Kritiker des puren Hedonismus – *idealiter* etwas zu einer besseren Distribution von Freuden und Leiden beitragen. Idealerweise würden nur jene an Schuldgefühlen leiden, welche diese auch verdienen. Verdiente Leiden würden etwas zur „gerechten inneren Bestrafung" der Bösen beitragen.

Realiter scheint dieser Kalkül der verdienten Schuldgefühle nicht aufzugehen, weil die entsprechende „Feineinstellung" nicht funktioniert; manche Menschen leiden in einer Schuldkultur an exzessiven oder neurotischen Schuldgefühlen. Einige besonders hartgesottene Bösewichte verstehen es, sich gegen die Nadelstiche eines schlechten Gewissens zu immunisieren.

Scham, Schuld und Reue sind, verstanden als Strategien und innere Sanktionen im Umgang mit dem Bösen, zweischneidige Schwerter. Ich sehe nicht, wie man sie loswird, aber ich bin auch nicht sicher, ob und wie sie dazu beitragen könnten, das Böse zurückzuhalten oder zu dezimieren. Schuld und Scham sind nicht nur Hemmungen des Bösen, sondern selber wieder Kristallisationspunkte des Bösen. Scham in einer traditionellen japanischen Schamkultur könnte dazu beitragen, Verbrechen oder Rückfälligkeit zu verhüten; es könnte aber auch dazu führen, dass Verbrechen sorgfältiger geplant und verheimlicht würden; damit würde die Dunkelziffer unentdeckter Verbrechen vergrößert und die Kriminalstatistik unzuverlässig oder irreführend.

Wie Scham, Schuld und Gewissen ist auch Reue eine emotionale Einstellung. Sie ist eine Form von Trauer und deshalb eher drückend als erhebend. Isoliert betrachtet ist Reue ein negatives Gefühl (wie Unlust) und überdies eine zwecklose Einstellung: Unrecht ist geschehen und lässt sich nicht ungeschehen machen. Die Irreversibilität der Vergangenheit macht Reue zu einer irrationalen Regung. Sie flieht zurück ins Paradies, in den Stand der Unschuld. Deshalb könnte man sagen: „Nicht bereuen! Besser machen!"

Diese Vorbehalte sind jedoch nicht überzeugend, weil sie Reue nur als punktuelle Episode betrachten, wie eine sporadische Anwandlung von Nostalgie. Im dynamischen Ganzen von Unrecht, Schuld, Unrechtsbewusstsein, Reue und Umkehr bzw. Besserung kann Reue ein integraler und sinnvoller Bestandteil sein. Echte Reue unterscheidet sich von kalter

Rechthaberei und dem Beharren und Vergrößern von Schuld. Sie ist der Ertrag einer ernsthaften und selbstkritischen Arbeit an mir selber. Wer Böses nicht bereuen kann, auf dem lastet die zusätzliche Schuld der Uneinsichtigkeit oder des mangelnden Unrechtsbewusstseins. Im Zusammenhang mit den anderen moralischen Einstellungen betrachtet gleicht Reue eher einem Prozess der Besinnung als einer unbestimmten Stimmung von Traurigkeit. Reue setzt eine Identifikation mit einem früheren Selbst voraus. Ich kann sagen: „Ja, das war ich, der (oder die) so furchtbare Dinge tat oder zuließ". Reue setzt aber auch eine Distanzierung voraus: „Ich möchte nicht mehr so sein, wie ich früher war. Möge mein Leben nicht eine Reprise meiner Vergangenheit sein! Möge das Böse, das mich früher bestimmte, aus meinem Personenkern verstoßen sein!" Reue kann eine ganz wichtige moralische Bedeutung haben, sofern sie es erleichtert, nicht im Bösen weiterzufahren, sondern innezuhalten. Sie ist auch mehr als nur Zorn gegen mich selber, weil sie im Unterschied zu Zorn, Rache und ähnlichen Emotionen eine geistige Sammlung verlangt. Reue ist eine moralische Regenerationskraft; sie „tötet den Lebensnerv der Schuld, dadurch sie fortwirkt. [Sie ist] Entmächtigung der Fortwirksamkeit der Schuld" (Scheler 1954/1920, 36, 47; vgl. Esser 1963; Wallroth 2003).

Moralische Reue sollte allerdings nicht mit einer religiösen Bekehrung, Wiedergeburt und Erneuerung des Menschen (aus eigener Kraft oder durch Zwang) gleichgesetzt werden. Reue ist als solche auch noch keine Buße und schon gar keine Absolution von der Schuld. Es ist fraglich, ob man Reue als so zentral und „heilsrelevant" betrachten muss, wie es manche christlich inspirierte Autoren tun. Wir können auch Dummheiten bereuen oder sogar die verpasste Gelegenheit zu einem Verbrechen. Kain kann bereuen, dass er Abel erschlagen hat, aber Hamlet kann auch bereuen, dass er gezögert und seinen Onkel und Stiefvater Claudius nicht ermordet hat. Reue muss nicht notwendigerweise eine moralische Bedeutung haben (vgl. Hartmann 2009/1922, 184–195).

Reue enthält auch die Hoffnung auf Vergebung. Dies wird vielleicht besonders deutlich in der tätigen Reue, die als Beweis gemeint ist, dass Reue nicht nur eine sentimentale Laune oder gar vorgetäuscht ist. Tätige Reue verbindet innere Arbeit mit äußerer Wiedergutmachung, und sie ist Bestandteil einer Mitteilung. Sie hat eine dialogische Funktion. „Siehe, ich bereue; kannst Du mir verzeihen?" Das Böse ist Schuld, die man nicht entschuldigen kann, und ich selber kann mir meine Schuld nicht erlassen. Reue behält diese Intention auf Verzeihen und Vergebung vielleicht auch dann, wenn das Opfer meines Unrechts nicht verzeiht oder gar nicht mehr in der Lage ist zu verzeihen. Reue ist aber auch sinnvoll, wenn niemand verzeiht. Sie überwindet die Verhärtung des Herzens und verleiht Einsicht. Sie leitet einen moralischen Fortschritt ein.

Gegen Niedergeschlagenheit und Selbstzweifel bezüglich der Chancen zu einem moralischen Fortschritt gibt es die Hoffnung, die ohne Drohungen und Schuldgefühle ein Fenster zum Guten öffnet. Die Hoffnung besagt, dass es nicht zwingend ist, dass ich mit dem Bösen fortfahre, dass ich es wiederholen werde oder dass ich immer tiefer in den „Sumpf des Bösen" gerate. Das Böse muss nicht als „Sucht" betrachtet werden, von der ich für den Rest des Lebens nicht wegkomme, sondern eher als üble Gewohnheit, die sich zu sehr in meinen Personenkern eingefressen hat, die ich daraus ausstoßen möchte. Auch wenn ich das Böse nicht vernichten kann, so kann ich es wenigstens an den Rand meiner Person drängen. Mit der Reue verliert das Böse seine fortwirkende Gewalt; ich kann mich vom Wiederholungszwang lösen und werde vielleicht eines Tages ganz vom Bösen befreit werden. Ich werde es nicht mehr nötig haben, das Böse zu planen und zu tun, wenn es nicht mehr im Zentrum meines Personenkerns steht. Die Hoffnung bezieht sich auf eine offene Zukunft, im Unterschied zu einer geschlossenen Zukunft, in der es nur Reprisen der Vergangenheit gibt. Selbst bei schweren Alkoholikern gibt es „wunderbare Heilungen", zu denen sie etwas beitragen können (vgl. Fingarette 1988).

Hoffnung ist auch dort im Spiel, wo ich eine andere Person nicht auf ihre kriminelle Vergangenheit und Karriere festlege und ihr eine offene Zukunft zumute. Mit dieser Hoffnung kann ich eine „gestrauchelte" Person so betrachten und behandeln, als hätte sie sich bereits aufgerappelt und von ihrem „Sturz" teilweise erholt. Ich betrachte sie nicht als ein Wesen, das unter dem Bann und Wiederholungszwang des Bösen steht und nichts als die Todesstrafe oder ewige Verdammnis verdient, sondern als Person, die ein „zweites Leben" und einen „zweiten Frühling" vor sich hat. Auf diese Weise verleihe ich moralischen Kredit für die Zukunft. Ich stelle einen Ex-Häftling an, akzeptiere ihn als Mieter, vielleicht sogar als Freund. Damit befreie ich mich von meinen morbiden Wünschen, einen Bösen lebenslänglich leiden zu machen oder leiden zu sehen.

III 4 Tadel

Zu den äußeren Abwehrmitteln des Bösen gehören Tadel (Kritik), Strafe und die Verbesserung der Lebensbedingungen. Diese Korrektive werden wir in diesem und den nächsten beiden Kapiteln unter die Lupe nehmen.

Tadel ist die Strategie, Schuldgefühle zu verursachen. Ich möchte, dass die getadelte Person ihr Unrecht einsieht und sich dafür auch „schlecht fühlt". Oder ich möchte zumindest, dass sie ihr Verhalten ändert. Das geht manchmal auch ohne Schuldgefühle. Wer kritisiert, will korrigieren, aber vielleicht auch mehr.

Es gibt eine verbreitete Abneigung dagegen, kritisiert zu werden. Kritik wird als destabilisierend und verletzend empfunden; sie kann zu einem Einbruch des Selbstwertgefühls führen, aber auch zu Reaktionen des Zorns. Wenn eine oder mehrere Personen permanent kritisieren und sich wie eine Meute gegen eine Person richten, dann wird das als „Mobbing" empfunden, als gezielte Kränkung und als Versuch, einer Person den Aufenthalt im Haus oder am Arbeitsplatz zu verleiden, sie zu vertreiben (vgl. Pollmann 2010, 173–181). Die Kritik wird vor allem auf der Beziehungsebene geführt und empfunden, die Sachebene ist eher ein Vorwand, um eine Person in ihrem Sein und Selbstwertgefühl zu treffen. Mobbing wird häufig nicht als absichtliche Hetzjagd veranstaltet, sondern als fast unbewusster Bestandteil einer scheinbar rein sachlichen Kritik. Sie zielt aber nicht so sehr darauf, was eine Person getan hat oder tut, sondern es geht darum, einer Person Fähigkeiten oder Charakter abzusprechen, sie in ihrem Sein und Sosein anzuschwärzen.

Wie wir aus der empirischen Psychologie der Paarbeziehungen wissen, ist Kritik und Tadel in Paarbeziehungen häufig Ausdruck von Projektionen. (Mündlicher Hinweis von Meinrad Perez, Fribourg.) Projizierende Kritik wirft einem anderen das vor, was unbewusst oder latent als eigener Mangel erfahren wird. Ich meine den anderen zu kritisieren, aber ich nörgle *de facto* an meinem eigenen idealisierten Selbst herum. Kritik ist oft sehr subjektiv und entbehrt eines objektiven Standards. Auch in der Kritik in anderen gesellschaftlichen Zusammenhängen finden sich subjektive Elemente, die sich an keinen objektiven Standard binden lassen. Hinter der Kritik kann sich z. B. der Ärger darüber verbergen, dass ich mir die Normenverletzungen und die daraus resultierenden Vorteile nicht gönne und sie deshalb den anderen missgönne. Hinter der Kritik steckt oft eine unterdrückte Faszination, wie z. B. die Faszination für Gewalt, Vergewaltigung und Kinderpornographie. Kritik und sittliche Empörung sagen oft mehr über die Kritisierenden (deren Charakter und Charakterschwächen) als über die Kritisierten aus.

Kritik gilt häufig als Einmischung. Ich glaube, jemand sei gar nicht befugt, mich zu kritisieren und zu korrigieren. Es gibt Lehrertypen, die alles kommentieren und bewerten müssen, Zensuren austeilen und ihre Umwelt in gute und schlechte Schüler einteilen. Es gibt Kontrolltypen, die unerwünschte Aufsicht ausüben und das, was sie als Fehlverhalten empfinden, notieren und an höhere Instanzen weitergeben. Sind wir nicht von einem Strahlenmeer von permanent rauschender Kritik umgeben, die wir nie oder nur indirekt zu hören bekommen? Möchten wir sie wirklich hören? Kritik und Klatsch in Bereichen, in denen wir Hoffnungen und Ängste haben, wie z. B. die Angst, einen Lebenspartner oder einen Arbeitsplatz zu verlieren, wachsen sich zu Intrigen und Verschwörungen aus, die mich wie ein Albtraum verfolgen. Vieles bleibt unfassbar und verborgen, so dass ich nicht mehr sicher bin, ob ich Opfer einer Verfolgung oder meiner Paranoia bin. Kritik, die radikale Selbstzweifel schürt und das Selbstwertgefühl untergräbt, ist ein großes Übel, und jene, die sich daran beteiligen, verstricken sich in teuflische Machenschaften. Es gäbe noch einige andere Einwände gegen Kritik, z. B. dass sie Menschen eher trotzig als einsichtig macht und auch sonst oft nicht das erreicht, was sie möchte, nämlich eine nachhaltige und (in den Augen der Kritiker positive) Verhaltensänderung.

Um dieser „Kritik aller Kritik" zu entgehen, könnte man entgegenhalten, dass soeben ein Beispiel sachlicher Kritik versucht wurde, dass die generelle Abweisung aller Kritik selber eine Art von Kritik sein könnte, die lehrreich, nützlich und vielleicht auch angemessen ist, wenn sie sorgfältig auf bloß destruktive Kritik eingeschränkt wird, die auf das Sein und Sosein von Personen zielt und nicht von besonders fähigen und dazu autorisierten Personen ausgeübt wird. Ich beginne mit einem einfachen Beispiel, nämlich mit der Bitte um Kritik. Ich gebe einem Freund oder einer Kollegin einen Entwurf dieses Buchs und bitte sie um Kritik. Damit autorisiere ich die Person zur Kritik, ich mache sie sozusagen zu meiner Kritikerin. Ich traue mir überdies zu, die Kritik selber zu prüfen und zu überlegen, ob sie meinen Text trifft und ob sie mir gute Anhaltspunkte bietet, den Text zu verbessern. Die Kritik sollte im Idealfall Sachkritik sein, die sich nicht oder nicht direkt gegen mich als Autor oder gar als Charakter richtet, sondern primär gegen den Text. Das setzt voraus, dass ich meinen Text selber vorübergehend als fremden Text zu sehen lerne, mich davon distanziere, meine narzisstischen Empfindlichkeiten zurückstelle und versuche, aus der „Niederlage" einer Kritik zu profitieren oder eine „Niederlage" in einen neuen Sieg zu verwandeln, den Text zu revidieren und mich von selbstverliebten, aber leserfeindlichen Formulierungen und Ausdrücken zu trennen, das Argument stärker hervorzuheben usw.

„Mein" Kritiker handelt in meinem Auftrag, nicht als von Dritten engagierter oder benutzter Denunziant. Diese Art von verlangter und kompetenter Kritik kann von der „Kritik aller Kritik" (der generellen Zurückweisung aller Kritik) ausgenommen werden. Ich autorisiere eine Person, auch unangenehme Dinge zu sagen, die meine Eitelkeit kränken könnten. Auch eine solche Kritik kann Animositäten und Streitereien herbeiführen. Doch es ist „Kritik auf Bestellung". Hier gilt die Maxime: „volenti non fit iniuria" (Dem Zustimmenden widerfährt kein Unrecht).

Moralische Kritik und die Kritik des Bösen sind gewöhnlich nicht reine Sachkritik. Moralischer Tadel ist in der Regel unerwünscht und wird als lästig oder kränkend empfunden. Doch sie ist ein Bestandteil und eine Akzentuierung der Abgrenzung von Gut und Schlecht, Gut und Böse. Während Gut und Schlecht häufig als Resultat einer Klassifikation akzeptiert werden, steckt hinter der Klassifikation von guten und schlechten Sängerinnen oder guten und schlechten Rasenmähern ein Standard der Bewertung. Besonders scharf und in die Persönlichkeit des Kritisierten eindringend ist die Aussortierung von Menschen als böse. Gleichwohl ist Kritik im Sinn dieser Trennung von Weizen und Spreu unvermeidbar, sofern wir an moralischen Standards festhalten und insbesondere zwischen richtig und falsch, gut und böse unterscheiden. Als erste Orientierung bewährt sich ein Katalog von prima-facie-Pflichten (vgl. Ross 2002/1930). Dazu gehören Pflichten aufgrund von Versprechen, Pflichten zum Schadenersatz, Pflichten der Dankbarkeit, der gerechten Verteilung, der tätigen Liebe, der Selbstvervollkommnung sowie Pflichten, andere nicht in ihren Interessen und Rechten zu schädigen. Das Böse involviert meist schwere Verstöße gegen diese zuletzt genannte Pflicht, das Verbot der Schädigung anderer.

Als böse werden Handlungen, Personen und Institutionen aussortiert und mit der Verantwortung von Individuen in Beziehung gebracht. Die Klassifikation und Aussortierung ist eine unvermeidbare Folge der vorausgesetzten Standards und Unterscheidungen. Nur wenn wir bereit wären, diese Standards selber aufzugeben und blasiert zu fragen: „Was ist böse? Wer ist böse?", als könnte es auf diese Fragen keine Antwort geben, als könnten wir uns zu keinen Urteilen durchringen, würde es Sinn machen, gegen alle Kritik zu polemisieren und in der „Kritik aller Kritik" weiterzufahren.

Die „Kritik aller Kritik" ist eine Form von Skeptizismus im Sinne eines generellen, aber lokalen Zweifels, hier eines Zweifels an Sinn und Wert aller Kritik (inklusive allen Urteilens und allen Tadelns). Der lokale Skeptizismus zweifelt nicht an „allem", sondern er beschränkt sich auf einen Bereich, aber in diesem speziellen Bereich ist er radikal und alles durchdringend, mit der Gefahr der Selbstanwendung. Wer alles Urteilen verurteilt, begibt sich in eine ähnlich fatale Situation wie jemand, der ernsthaft behauptet, alle Aussagen seien falsch. Die Selbstanwendung findet dann statt, wenn der Kritiker der Kritik selber zum Kritiker geworden ist, also genau das tut, was er vermeiden, verhindern oder sogar verbieten möchte.

Die „Kritik aller Kritik" setzt, wie alle Formen eines Skeptizismus, selber Standards oder Einstellungen voraus, nämlich moralische Entrüstung gegen die Verletzung von Gefühlen, der Privatsphäre und die Belästigung und Kränkung von Personen. Hinter der „Kritik aller Kritik" versteckt sich eine massive psychologische und moralische Kritik, eine scharfe und stark wertende Abgrenzung von der Mentalität und Praxis der Kritik mittels der Suggestion, Nörgeln, Kritisieren und Urteilen über andere seien eine Vorstufe von Mobbing oder Ehrverletzung. Sie übt selber Kritik und kann sich der Kritik nicht enthalten.

Wer alle Kritik ablehnt, zieht sich wie eine Schnecke in ihr Haus zurück, im Herzen den Groll gegen alle erfahrenen Kränkungen und mit der Angst vor künftigen Kränkungen. Die Skepsis verwickelt sich in einen Selbstwiderspruch, der nur durch eine differenzierte Kritik, die destruktive von konstruktiver Kritik unterscheidet, vermieden werden kann.

Konstruktive Kritik im Bereich der Moral könnte darin bestehen, dem Kritisierten auch eine Chance zur Korrektur oder Besserung oder wenigstens Verzeihung oder Versöhnung anzubieten. Eine destruktive Kritik ist dagegen das Äquivalent zur Verhängung der ewigen Verdammnis. Gibt es Menschen, zu denen wir uns kritisierend so verhalten, als hätten sie ewige Höllenstrafen verdient?

In einer pluralistischen Gesellschaft sind wir ständig mit einer latenten oder offenen Kritik an unserem Sein und Anderssein konfrontiert. Strafende Blicke und missbilligendes Kopfschütteln begegnen uns häufiger als in einem kleinen Verein von Gleichgesinnten. Gegen diese Atmosphäre der gegenseitigen Empfindlichkeiten und Nörgeleien gibt es nur ein Heilmittel: eine gewisse Differenz-Verträglichkeit. Der Ausdruck wird unter anderem vom Schweizer Philosophen Hans Saner verwendet (vgl. Saner 2002). Nicht Gleichmacherei und Nivellierung der Unterschiede, sondern eine Bereitschaft zur Reibung am anderen wird uns abgefordert. Ich muss akzeptieren, was ich nicht ganz verstehen oder „verdauen" kann. Ich muss mich bis zu einem gewissen Grad ans Ungewöhnliche gewöhnen. Ich kann mich gegen das Faktum des Pluralismus nicht verbarrikadieren und nicht auflehnen. Der Traum einer homogenen Gemeinschaft ist ausgeträumt. Ich werde mich zwar oft über andere und ihre Andersheit ärgern, aber ich habe kein Recht, diesen Ärger in öffentliche Kritik oder gar Verdammungsurteile umzusetzen. Denn inzwischen sind nicht nur die anderen für mich eine Zumutung, sondern ich bin selbst zur Zumutung für die anderen geworden. Es gelingt mir gelegentlich ein verfremdender Blick auf meinesgleichen – ich lächle über den Schweizer, der sich über den tanzenden und singenden Afrikaner im Bahnabteil ärgert.

Differenz-Verträglichkeit ist ein anspruchsvolles, aber auch interessantes Programm gegen destruktive Kritik, die letztlich immer gegen eine tiefere Alterität und kulturelle Differenz zielt. Das Böse versammelt sich und zieht sich im Vernichtungskampf gegen Andersheit und was als das schlechthin Andere empfunden oder imaginiert wird zusammen. Dies beginnt bereits im Kleinen mit den Versuchen, Charaktere zu verändern, „neue Menschen" zu schaffen und „Laster" zu eliminieren. Weil solche Versuche meistens kläglich scheitern, können sie in Versuche, Menschen zu vertreiben und zu vernichten, umschlagen.

Eine wichtige Voraussetzung zur Bändigung destruktiver Kritik ist die Fähigkeit zur Selbstkritik. Ertrage ich es, mich gelegentlich im Scheinwerferlicht meiner Kritiker und Feinde zu sehen? Kann ich mich vorübergehend in jene hineinversetzen, die mich nicht loben, nicht bewundern und an meinem Wesen Anstoß nehmen?

Es gibt zahlreiche Möglichkeiten, „Kritik zu überleben": Man kann sich völlig dagegen immunisieren, oder man kann Kritik genau anhören und diese selber nochmals kritisch prüfen. Die Fähigkeit zur Selbstkritik wird in einer liberalen Gesellschaft, in der keine Meinungen unterdrückt werden dürfen (außer Verleumdungen und bösartigen Angriffen gegen die Person und die Privatsphäre), eher gefördert als in Kulturen und Institutionen, die keine Kritik tolerieren und sich zu ihren eigenen Voraussetzungen nie prüfend, sondern immer nur apologetisch verhalten. Selbstkritik sollte jedoch nicht in Selbstzensur umschlagen; in Form von Selbstzensur werden viele Meinungen erstickt, bevor sie das Licht der Welt erblicken und von anderen geprüft werden könnten.

Kritik als Mittel und Medium der Selbstprüfung ist ein kostbares Gut. Sie setzt voraus, dass wir uns in konstruktiver Kritik üben, die darin besteht, den Kritisierten Wege zur Einsicht oder Besserung aufzuzeigen. Menschen, die nie gelernt haben, Kritik von einer wüsten Beschimpfung zu unterscheiden, haben ihrerseits eine wichtige Lektion der liberalen Kultur verpasst.

Was für moralische Kritik gilt, gilt auch für soziale Kritik: Sie setzt Talent und Übung voraus, und zwar auch deshalb, um sie von der Regression zur Tirade des Schimpfens zu bewahren. Sie gedeiht dort, wo die Freiheit der Meinungen und der Kritik nicht eingeschränkt oder unterdrückt wird und wo ein gegenseitiges Lernen durch Kritik geübt und gefördert wird. Moralische Kritik sollte nicht nur stur sein und auf einer einzigen Perspektive beharren, sondern auch flexibel genug, um die blinden Flecke in der eigenen Kritik zu ahnen, den sprichwörtlichen Balken im eigenen Auge.

„Was siehst du aber den Splitter in deines Bruders Auge und nimmst nicht wahr den Balken in deinem Auge? Oder wie kannst du sagen zu deinem Bruder: Halt, ich will dir den Splitter aus deinem Auge ziehen?, und siehe, ein Balken ist in deinem Auge. Du Heuchler, zieh zuerst den Balken aus deinem Auge; danach sieh zu, wie du den Splitter aus deines Bruders Auge ziehst" (Matt. 7, 3 f; Luk. 6, 41 f.).

Naive und untalentierte Kritik, Nörgelei und Tadelsucht finden stets die kleinen und großen Makel der anderen und verwechseln Kritik mit Schelten, Drohen und dem Fällen von Todesurteilen. *In extremis* steigern sie sich zu Hassreden und verbaler Gewalt.

Polemik und Schimpfen sind auch Ausdruck von Ohnmacht gegenüber dem, was uns manipuliert und bedroht. Die konstruktive Kritik ist eine schwache Waffe. Ohnmächtige Polemik ebenfalls. Die Auseinandersetzung mit dem Bösen (sei es von Individuen oder Kollektiven) zwingt zu stärkeren Waffen, schlimmstenfalls zur Gegengewalt.

III 5 Strafe

Keine Gesellschaft und kein Staat kommen ohne Strafen aus. Dies ist eine Beobachtung, die nicht nahelegen soll, dass Strafen unverzichtbar oder legitim sind. Gelegentlich wird die Strafe als eine Fortsetzung des moralischen

Tadels mit anderen Mitteln betrachtet. Sie wird als verdiente, gerechte und reinigende Sanktion verstanden, die dazu geeignet ist, freiwillige Reue und Sühne zu erzeugen. Diese Auffassung sollte dazu dienen, Strafen nicht nur als Mittel zur Abschreckung zu verstehen, sondern primär als moralisch begründete Antworten, die den Täter als freien Täter respektieren (vgl. Duff 1986; 2001; von Hirsch 1993). Diese Theorie ist intellektuell sehr ansprechend – „schön in der Theorie", aber untauglich für die Praxis.

Staatliche Strafen als moralischen Tadel mit anderen Mitteln zu betrachten, hat eine Reihe von Nachteilen. Moralischer Tadel erzeugt einen „moralischen Schock" und damit sogenannte Sanktionskosten, z. B. Gefühle von Wertlosigkeit, Schuld, Versagen und Trotz. Tadel erzeugt Unlust und sollte aus diesem Grund oft unterlassen werden, auch wenn er eventuell angemessen wäre. Mancher Tadel bleibt stiller Tadel und sollte es auch bleiben. Die tatsächlichen Wirkungen von Tadel sind kontingent: Der eine Getadelte wird lachen, der andere weinen, der dritte wird sich heimlich Rache schwören und der vierte wird den letzten Glauben an sich selber verlieren. Insofern erweist sich die Intention des angemessenen Tadels, die sich in der Reue und dem Unrechtsbewusstsein der Täterin erfüllt, als „Zufallstreffer". Kontingent sind auch die Auswirkungen auf Dritte: Angehörige werden unter der Stigmatisierung der Täterin leiden; es findet eine unkontrollierbare „Streuwirkung" der Ächtung auf Freunde und Angehörige statt. Die Kollateralschäden einer Praxis des moralisch diffamierenden und tadelnden Strafens sind beträchtlich und schwer zu begrenzen. Die Rechtfertigung der Strafe in einer noblen Absicht (einem Angebot zur Sühne) scheitert an den zahlreichen Nebenwirkungen der Strafe. Die Kombination von öffentlichem Tadel und Strafe reizt zu mehr Klugheit, nicht zu moralischer Einsicht. Besonders dem öffentlichen Tadel und dem damit verbundenen Reputationsverlust möchte ein kluger Mensch möglichst entgehen. Er wird ein weniger riskantes Verbrechen einem riskanteren vorziehen. Öffentlicher moralischer Tadel ist im Effekt nicht von öffentlicher Brandmarkung zu unterscheiden, die Menschen zu mehr Vorsicht und Heimlichkeit anregt.

Die Auffassung, dass mit der Strafe ein moralischer Tadel verknüpft ist, führt zu folgendem Dilemma. Einerseits muss dieser Tadel alle Phasen der Verurteilung und des Strafvollzugs durchdringen. Der moralische Vorwurf im Urteil des Richters muss sich im Vollzug der Strafe fortsetzen und darf sich nicht als administrative und bürokratisch vollzogene, d. h. moralisch neutrale Behandlung und Sicherung im Alltag des Strafvollzugs abspielen, sonst wird die Absicht des Tadels verfälscht und verflüchtigt. Andererseits ist der vor dem Tribunal ausgesprochene Tadel episodisch und rasch vergessen. Der mit dem Urteilsspruch verabreichte Tadel scheint zeitlich begrenzt zu sein, und zwar auf die Dauer der feierlichen und theatralischen Szene der Verkündigung des richterlichen Urteilsspruchs. Gefängnisdirektorinnen und Strafvollzugsbeamte können und wollen den vom Gesetz und vom

Richter ausgesprochenen Tadel nicht (und schon gar nicht täglich) wiederholen und fortsetzen. Mit anderen Worten: Einerseits müsste das ganze System des gesetzlichen Strafens in allen Etappen seiner Realisierung konsequenterweise von der Absicht und Praxis des Tadels „vergiftet" sein; andererseits ist das nicht praktikabel und mit dem administrativen Selbstverständnis des Strafvollzugspersonals nicht vereinbar. Ein Gefängnisdirektor wird sagen: „Ich bin nicht Richter und urteile nicht – ich kontrolliere den Vollzug des Gesetzes."

Schuldvorwurf und Tadel sind nur unter idealisierten und vereinfachten Bedingungen fair bzw. verdient. Idealistische Straftheorien präsentieren schöne Modelle, die man besser nicht anwendet. Die Begründung der Strafgerechtigkeit in der Absicht der Wiederherstellung eines fairen Gleichgewichts unterliegt unter anderem folgendem Einwand: Nur in einer nahezu egalitären Gesellschaft wäre so etwas wie eine faire Strafe möglich. Strafe könnte (wenn überhaupt) nur dann eine faire Wiederherstellung einer Ausgangslage vor der Straftat sein, wenn diese Ausgangslage selber fair gewesen wäre, das heisst wenn die Täterin nicht vor der Straftat gegenüber anderen Bürgerinnen benachteiligt gewesen wäre. Da wir nicht in einer nahezu egalitären Gesellschaft leben, bleibt diese Begründung ein abstraktes Modell, dessen Anwendung mehr und neue Übel schafft und als Institution, die unter dem Vorwand gerechter Vergeltung absichtlich Leiden und Nachteile zufügt, dem Verbrechen das „zweite Böse" hinzufügt. Zudem ist es eine grundsätzliche Überschätzung des Strafrechts als eines politisch wirksamen Instruments der gesellschaftlichen Umverteilung.

Die Anwendung von Tadel ist ihrer Tendenz nach unfair, wenn sie Menschen trifft, die aufgrund ihrer Position im sozialen Arrangement viel weniger und schlechtere Optionen haben als andere. So wird dann in manchen (nicht in allen) Fällen der Tadel von Angehörigen der privilegierten Bildungselite als Mitteilung an jene, die unter den Bedingungen von Unfreiheit, Druck und Mangel handeln, feierlich verkündet. Das ist Klassenjustiz. Es ist „Kommunikation von oben nach unten". Die Ungerechtigkeit des strafenden Schuldvorwurfs wächst, wenn sie in Relation zu all jenen durch Reichtum, Ansehen und Verbindungen Begünstigten gesehen wird, die mit ihren Straftaten ungeschoren davonkommen.

Anhänger einer Klassengesellschaft oder auch einer Bildungselite (als einer „Geistesaristokratie") werden diesen Einwand nicht plausibel finden. Es fragt sich jedoch, wie plausibel sie ihr Modell einer Bildungselite machen können und ob die „Geistesaristokratie" mit dem Strafrecht ein geeignetes Instrument für ihren Auftrag gefunden hat. Es soll hier nicht bestritten werden, dass der Gesetzgeber manchmal eine erzieherische Absicht verfolgen mag, doch scheint sich diese eher in Tendenzen zur Strafmilderung (gegen die im Volk so beliebte Todesstrafe oder Langzeitverwahrung) als in der in Institutionen kristallisierten moralischen Missbilligung von Straftätern auszudrücken. Die Strafe als Tadel tendiert zur Überkriminalisierung.

Wer diese Einwände akzeptiert, steht der Amalgamierung von staatlichen Strafen mit der Mitteilung von Tadel skeptisch gegenüber. Staatliche Strafe kann auch anders verstanden werden, nämlich als *ultima ratio* (und vielleicht sogar Verlegenheitslösung), die unter anderem dann eine Existenzberechtigung hat, wenn Strafandrohung wirkungslos bleibt. Staatliches Strafen wäre so betrachtet nicht eine Fortsetzung des Tadels, sondern ein Not- und Hilfsmittel, wenn andere Anreize wirkungslos bleiben, nach der Maxime: „Wer nicht hören will, muss fühlen". Wäre es nicht ehrlicher, diese Strafbegründung als Schutzmaßnahme für die Mehrheit zu deklarieren, weil wir im Grunde nicht wissen, was wir mit „bösen" und „gefährlichen" Menschen anfangen sollen – außer dass wir sie unschädlich machen müssen? „Strafe aus Verlegenheit" ist keine Aufforderung zur Kapitulation der Fantasie und des Expertenwissens, das innerhalb dieser „unvernünftigen" Rahmenbedingungen experimentiert und versucht, ein wenig mehr Vernunft und Gerechtigkeit in die Strafrechtspraxis und den Strafvollzug einzubringen.

Ob und welche Strafen Menschen moralisch betrachtet verdienen, ließe sich in letzter Instanz nur aus der Sicht eines „ideal observer" beurteilen, der (in Bezug auf Moral und moralisch relevante Fakten) alles weiß. Das Aussprechen von verdientem Tadel wäre nur einer Instanz vorbehalten, welche die Herzen der Menschen kennt und die Rolle von böser Absicht und von „moralischem Zufall" präzis bestimmen kann. Skepsis gegenüber der Anwendung des Begriffs der Verdienste ist angebracht.

Tadel ist eine umstrittene moralische Praxis – einige Philosophen und Psychologen raten sogar zu ihrer Abschaffung (vgl. Guyau 2008/1885; Thalmann 2008). Ob diese abolitionistische Haltung gegenüber dem Tadel gut begründet und auch realistisch ist, möge hier dahingestellt bleiben. Der Glaube an konstruktive Kritik und an den Unterschied zwischen einem unreifen und einem reifen Umgang mit moralischer Kritik sollte nicht voreilig einer extremen Skepsis geopfert werden. Gegenstand der Untersuchung in diesem Abschnitt war die systematische Amalgamierung von Strafrecht und tadelndem Schuldvorwurf. Das Strafrecht sollte vom Element des Tadels eher gereinigt und als moralisch neutrale Maßnahme verstanden werden, die dazu da ist, größeren Schaden von Dritten fernzuhalten („to prevent harm to others") und gefährliche Akteure auf eine für diese nicht unnötig grausame und demütigende, aber für andere möglichst wirksame Weise vorübergehend unschädlich zu machen („punishment as incapacitating", auch bekannt als „self-defense solution", vgl. Boonin 2008, 192–207). Eine Verwandlung des Schuldstrafrechts in ein für die Menschenrechte der Verurteilten sensibles Maßnahmenrecht wäre die generelle Linie einer Alternative zur Theorie, die staatliches Strafen als Tadel mit anderen Mitteln versteht.

Als Mittel zur Eindämmung oder wenigstens Lähmung der Eskalation des Bösen gilt die Balance zwischen Vertrauen und Kontrolle in einer Gesellschaft. Eine friedliche Gesellschaft ist weder eine vorwiegende Kontroll- und Sanktionsgesellschaft noch der realisierte Traum einer reinen Harmonie des Vertrauens. Zu den wichtigsten vertrauensbildenden Maßnahmen gehören das Angebot und die Wiederholung von Kooperation. Vertrauen schafft auch der moralische Kredit, mit dem wir Menschen behandeln, als hätten sie sich bereits als gut erwiesen oder zum Besseren entwickelt. Ein Mittel gegen Misstrauen und Bedrohung ist das generelle Verbot des Tragens (und Besitzens?) von Waffen sowie die Förderung des Talents, Konflikte ohne Schreien und Drohen verbal beizulegen. Weitere Mittel sind die Kunst zu verhandeln, zu vermitteln und zu verzeihen. Strafe oder andere Formen von (legitimer?) Gewalt kommen nur dann in Frage, wenn diese Mittel ausgeschöpft wurden und zu keinem Erfolg führten.

Am äußersten Ende dieser Überlegungen zur Begrenzung von Gewalt stehen die klassischen Friedensutopien von Rousseau, Bentham und Kant (vgl. Aksu 2008). Sie sollen hier nicht referiert und kommentiert werden. Als regulative Ideale sind Friedensutopien richtig und wichtig. Sie motivieren zu einem Abbau von Gewalt. Als direkte Ziele oder Manifeste politischer Praxis degenerieren sie rasch zu Ideologien des Heiligen Kriegs. Zu Recht fürchten sich viele vor Staatsführern und Imperien, die sich zur kriegerischen Herbeiführung eines ewigen Friedens berufen fühlen (vgl. II 11).

III 6 Die Schaffung verbesserter Lebensbedingungen, der Traum des Sozialismus

Der Traum einer klassenlosen Gesellschaft ist nicht ausgeträumt. Er bleibt in der Sprache von Ernst Bloch „ein Traum nach vorwärts", der um die Vision einer Gesellschaft ohne steile Hierarchien, ohne extreme Ungleichheiten, ohne Konkurrenz, Privateigentum, Klassenkämpfe und ohne Ausgestoßene erweitert und ergänzt werden sollte (vgl. Cohen 2009; Hardt/Negri 2010). Diese Vision fasst vieles von dem zusammen, was wir als das Verschwinden der äußeren Faktoren des Bösen bezeichnet haben. Es gibt zahlreiche Hindernisse auf dem Weg zur Beseitigung dieser äußeren Faktoren: Anreize zum Betrug und zum Neid und Gelegenheiten, im privaten Krieg der Konkurrenz selber schuldig und böse zu werden. Die größte Schwierigkeit beim Übergang zum Sozialismus ist die Wahl zwischen Reform und Revolution und die Frage nach der Legitimität von Gewalt und Illegalität in der Revolution.

Muss die menschliche Natur zur Umsetzung und Etablierung des Sozialismus radikal verändert werden? Hierarchien und Klassen entsprechen teilweise der menschlichen Natur. Sie gewähren Orientierungs- und Organisationsprinzipien zur Verteilung von Verantwortung. Sie sind selber Aus-

III 6 Die Schaffung verbesserter Lebensbedingungen, der Traum des Sozialismus

druck und Bestätigung der Rolle der Arbeitsteilung. Vielleicht liegt uns die Unterscheidung in Rangdifferenzen sogar im Blut oder in den Genen. Dominieren kann schön sein, aber auch das Ausruhen und selige Schlummern in der Unterwerfung. Es ist schwierig, von der Lust am Dominieren und der süßen Unterwerfung ohne bittere oder ironische Untertöne zu reden.

Es gibt aber auch prinzipielle Bedenken gegen die schöne und erhabene Vision einer besseren sozialistischen Welt. Sie ist nicht nur als Handlungsziel, sondern auch als regulatorisches Ideal problematisch, weil sie möglicherweise in sich inkohärent ist. Sie verherrlicht nicht-entfremdete Arbeit und Glück, Gleichheit und Freiheit. Doch lassen sich diese Ziele zu einem kohärenten Ganzen zusammenfügen? Ein grundsätzlicher Einwand lautet: Die Visionen einer besseren oder besten Gesellschaft ohne die äußeren Faktoren des Bösen unterschätzen den „Kampf der Werte". Die sozialistische Utopie unterstellt nämlich die Kommensurabilität und Harmonie der letzten Werte.

Die elegante Formel: „Jeder nach seinen Fähigkeiten, jedem nach seinen Bedürfnissen" (Marx/ Engels 1988, Band II, 25 = Kritik des Gothaer Programmentwurfs) verweist darauf, dass Fähigkeiten auch und wesentlich ein Mittel zur Exzellenz sind, die darin besteht, andere zu übertreffen, sich zu unterscheiden und auszuzeichnen. Das Bedürfnisprinzip dagegen wird, besonders in der Kombination einer Aussicht auf die Vermehrung und Erweiterung von Interessen mit verheißenem Überfluss am Ende der Geschichte, zu einem unsicheren, ja bedrohlichen Faktor, einem Magnet für Parasiten und Genießer, die gerne andere für sich arbeiten lassen. Auffassungen von Gerechtigkeit sind heterogen. Ist es überhaupt möglich, sie auf eine homogene Auffassung oder einen gemeinsamen Nenner zurückzuführen?

Im Blick auf die Probleme der Umweltveränderung und die Verknappung und Verteuerung fossiler Brennstoffe wäre ein frugaler Sozialismus mit dem Ziel äußerster Bescheidenheit der Bedürfnisse und der Anpassung an die Grenzen des Wachstums angemessener als der Sozialismus als Krönung der Industrialisierung und Produktionssteigerung. Eine solche sozialistische Variante verweigert sich dem Enthusiasmus für Wachstum und Überfluss und betrachtet diese als schlechtes Erbe des Kapitalismus (vgl. Bitot 2009). Doch wer ist für diesen Sozialismus mit Askese (den Babouvisme, nach der Lehre von Babeuf) zu begeistern? Wird in dieser Variante eines frugalen Kommunismus die große Vision einer insgesamt besseren sozialistischen Gesellschaft nicht zu stark beschnitten, nämlich um die Dimension des Überflusses an Gütern oder an Glücksumständen, zugunsten einer düsteren, fast barbarischen Rückkehr zur Natur? Vielleicht hat ein Sozialismus ohne Illusionen nur Chancen, von experimentierenden Randgruppen ernst genommen und umgesetzt zu werden.

Der wichtigste Einwand gegen den Kommunismus (und den Atheismus) könnte jedoch lauten, dass sie das Böse, und zwar seine Wirklichkeit und seinen Symbolismus, unterschätzen. Zwei Aspekte führen zu dieser Verharmlosung. Zum einen gilt: Alles Böse kommt aus dem Egoismus; der Egoismus ist determiniert durch den Kapitalismus, also hat das Böse nur oder hauptsächlich äußere Bedeutung. Geleugnet wird das Böse als innere Macht, die aus dem Herzen der Menschen stammt, unabhängig davon, unter welchen Bedingungen sie leben. Diese Sichtweise würdigt die äußeren Faktoren, aber sie leugnet die inneren Faktoren des Bösen.

Zum anderen wird in der materialistischen Weltanschauung, wie sie Friedrich Engels propagierte, der Mensch nicht konsequent genug als „animal symbolicum" gewürdigt. Selbst in der praktischen Welt „lebt er nicht in einer Welt harter Tatsachen und verfolgt nicht unmittelbar seine Bedürfnisse oder Wünsche" (Cassirer 1996/1944, 50). Der Mensch muss sich nicht mit der materiellen Umwelt, sondern auch und vor allem mit seinen eigenen Projektionen und Imaginationen beschäftigen. Das Thema des Bösen ist besonders charakteristisch für diese Durchdringung des Realen und Imaginären und für die Fusion von Ängsten und realen, statistisch erfassbaren Risiken und Gefahren. Es ist deshalb leichter gesagt als beherzigt, dass wir „irrationale" Ängste wegstecken und nur reale Gefahren beachten sollten.

Die Verheißung von Glück und Freiheit für alle kann nicht darüber hinwegtäuschen, dass es innere Faktoren des Bösen gibt, die sich nicht aus den äußeren Gelegenheiten oder Anreizen allein erklären lassen. Äußere Faktoren des Bösen sind zwar Verstärker – daran besteht kein Zweifel. Doch selbst in einer sog. „nicht-antagonistischen" Gesellschaft und nach einer sozialistischen Umerziehung wird es mit großer Wahrscheinlichkeit immer noch Verbrechen geben, die aus den inneren Abgründen des Individuums stammen und aus Langeweile, Enttäuschung, Verbitterung, Neid, perverser Grausamkeit, aber auch aus Trotz und Protest begangen werden. Macht- und Rangstreitigkeiten würden ebenso wenig verschwinden wie gewisse Rivalitäten, Antipathien und Affekte wie Zorn und Hass. Das Gewinnstreben wäre zwar offiziell eliminiert, doch würde es nicht anderen Formen der Gier oder des Strebens nach Prestige Platz machen? Im besten Fall würden in einer klassenlosen Gesellschaft die Häufigkeit von Verbrechen und ihre Brutalität geringer. Vielleicht hielten sich diese relativen Verbesserungen und die Verbrechen, die zur Erreichung und Erhaltung der klassenlosen Gesellschaft eingesetzt würden, die Waage.

Eine andere Frage lautet: Würde es in der Gesellschaft ohne Klassenkämpfe und all ihre Folgeprobleme auch noch genug individuelle Freiheit geben? Oder würden wir in einer totalen Präventionsgesellschaft leben, in der mit der Verhütung böser Taten auch viele andere Entscheidungen und Optionen unterdrückt würden? Die theologische Tradition hat eine eindeutige Antwort gegeben: Selbst Gott kann den Menschen nicht gleichzeitig die Freiheit geben und ihren Missbrauch unterdrücken. Das Böse ist die Kehrseite jener Freiheit, die als Freiheit zum Guten und zum Bösen verstanden wird. Und es bleibt (als metaphysisches Böses) auch ein Markenzeichen der menschlichen Endlichkeit und Fehlbarkeit.

Ein Vertreter des Kommunismus könnte erwidern, dieselbe theologische Tradition habe behauptet, der gute Mensch sei freier als der böse. Gibt es nicht eine bessere und edlere Freiheit, nämlich die Freiheit zum Guten, die im Kommunismus zum Zuge kommt? Ist es bloß eine moralische Propagandalüge, die besagt, das Gute mache frei und das Böse unfrei? Oder könnte es der tiefere Witz sein, dass Menschen im Kommunismus weniger Anreize zur Konkurrenz und zum Besitzstreben und mehr Anreize haben, das Gute zu tun und dadurch auch freier von den Zwängen und Nebenwirkungen von Konkurrenz und Besitzstreben zu werden? Braucht der Kommunismus zusätzlich die problematische Vision eines „neuen Menschen im Sozialismus"? Oder gibt es alternative Modelle einer besseren Gesellschaft, welche diese Hoffnungen eher erfüllen als der Kommunismus? Gibt es „gute" oder zumindest akzeptablere Varianten des Kapitalismus? Lassen sich die Exzesse des Finanzkapitalismus unter politische Kontrolle bringen?

Diese Fragen sind legitim und sollten nicht als Versuche zur Verwässerung des Sozialismus abgetan werden. Problematisch ist nicht die Diskussion mehrerer Alternativen, sondern die Verengung von Alternativen zum manichäischen Entweder-Oder. Zum Erlahmen der sozialen Kritik führen die Auffassungen, alles unterliege Sachzwängen, die Gesellschaft sei unsteuerbar, zu komplex, unübersichtlich und entweder „naturwüchsig" oder von zahlreichen Handlungen auf eine undurchsichtige Weise überdeterminiert (vgl. Unger 2007). Mit diesen Vorurteilen geht dann auch die Unterschätzung von „kleinen" oder lokalen Veränderungen einher, obwohl systemisch betrachtet die kleinste Veränderung viel bewirken kann. Lähmend wirkt sich auch die Auffassung aus, es gebe nur zwei Optionen: Kommunismus oder Kapitalismus. Dieser manichäischen Sichtweise, welche die Wahl der Kritik und der Veränderung festlegt, entgehen die verschiedenen Optionen des Kapitalismus – vereinfachend gesagt die guten und die bösen Formen des Kapitalismus (vgl. Dulline/ Herr/ Kellermann 2009; Gorz 2009). Der Kapitalismus muss nicht auf brutale Konkurrenz und rabiaten Klassenkampf festgelegt werden. Es gibt im Kapitalismus keine Dichotomie zwischen Ausbeutern und Ausgebeuteten, sondern ein großes Spektrum von Nutznießern, relativen Verlierern und Gewinnern. Die Verteufelung des Kapitalismus ist ebenso unhaltbar wie der Fatalismus, mit dem Kapitalismus und Globalisierung hingenommen werden.

Der Kommunismus hat seit seinen Anfängen einen Krieg gegen den Egoismus geführt. Ich glaube, dass er diesen Krieg verloren hat und der Egoismus in gewissen Grenzen einer Rehabilitierung bedarf.

III 7 Der konstruktive Egoismus und weitere Korrektive gegen das Böse

Der Egoismus ist uns insofern fast angeboren, als wir lebenslänglich eine einzige Zentralperspektive beibehalten. Jeder Mensch bleibt der erste und wichtigste Autor, Erzähler und Empfänger. Beginnen wir mit dem Empfänger: Ich bin ein Zentrum von Freuden und Leiden. Die Zentrierung bestätigt, dass ich zunächst und zumeist um mein Dasein besorgt bin. Was mir an Freuden und Leiden widerfährt, bleibt für mich von größter Wichtigkeit. Meine Knieverletzung, die mich am Gehen hindert und chronische Leiden verursacht, bleibt meine eigene Sorge, die ich zwar mit anderen teilen kann. Doch ich weiß gleichzeitig, dass meine Knieverletzung für keine andere Person so wichtig ist und sie niemand so „hautnah" erlebt wie ich. Ich weiß, dass ich einige Dinge selber tun und erleben muss, zuletzt auch meine Agonie. Als Zentrum der Welt erlebe ich mich – zugleich weiß ich, dass ich das nicht in einem objektiven Sinne bin und dass andere sich – mit gleichem Recht und Unrecht – als Zentrum der Welt erleben. Ein kleines Kind, das laut schreit, kann dieses Erlebnis noch ungehemmt und ungebrochen ausleben. Es nimmt keine Rücksicht auf die Leute im überfüllten Bus, die sich nicht sonderlich für den Weltschmerz eines Säuglings interessieren, obwohl einige auch Mitleid empfinden. Doch die allgemeine Atmosphäre ist eher eine gleichgültige Gereiztheit gegenüber dem „grundlos" schreienden Säugling. Der Säugling wird lange brauchen um zu lernen, dass die Menschen nicht alle Mütter sind und dass andere von ihren eigenen Sorgen absorbiert sind.

Niemand möchte bei diesem Säuglingsegoismus stehen bleiben; so entwickeln wir uns zu Wesen, die sich auch von außen und in den Augen anderer betrachten können und entsprechend ihre Kundgaben von Freud und Leid anpassen. Ich weiß, dass meine Tränen und Klagen andere belästigen können, und ich halte mich entsprechend zurück. Das „innere Kind" bleibt gleichwohl erhalten und fordert von Zeit zu Zeit seinen Tribut.

Der residuale Egoismus der Menschen kann sich in verschiedene Richtungen entwickeln: Er kann kalkulierend und kämpferisch werden und wird sich vor allem in der Konkurrenz und im Streben nach Macht, Geld und Prestige austoben wollen. Diese Entwicklung ist problematisch und bedarf der Regelung. Moral und Recht haben unter anderem die Funktion, die Entwicklung dieses Egoismus zu korrigieren und zu mäßigen.

Die Moral ist aber nicht nur eine Form der Abrichtung von Menschen, die gut mit anderen Menschen zusammenleben können, sondern sie hat eine zweite Funktion, nämlich die Erhaltung und Bestätigung der Selbstachtung. Selber achten kann ich mich nur dann, wenn ich glaube, selber Rechte zu haben, die mir andere nicht schenken. Das Individuum braucht die Rücksichten und Zurückhaltung der anderen nicht als Gnadenerweise oder besondere Gunstbezeugungen zu betrachten. Weder der Staat noch die anderen können mir meine Rechte geben, sondern ich muss sie bereits zuvor haben und diese gegenüber dem Rest der Welt einfordern, so wie ich meinen eigenen Körper habe. Mein Körper ist weder ein Geschenk noch eine Leihgabe von anderen Menschen. Ich verdanke meinen Leib weder meinen Eltern noch irgendwelchen anderen irdischen Instanzen, sondern ich verhalte mich zu ihm wie ein Eigentümer im elementaren Sinne. Mein Eigentum besteht nicht darum, weil andere es anerkennen; sondern die anderen sollen es anerkennen, weil es mein Eigentum ist. Mein Eigentum und Anspruch auf Respekt „entstehen" nicht aus einem Prozess des Verhandelns oder der gegenseitigen Anerkennung, sondern sie entstehen und bestehen aus – meinem Egoismus.

Diese Auffassung vertritt z. B. Max Stirner. Gäbe es keinen Egoismus, so gäbe es kaum etwas, was jeder Einzelne mit Stolz und Selbstachtung als eigen oder „Eigenheit" betrachten könnte. Vielleicht irrt sich Stirner, wenn er diesen Egoismus zur Säule allen Denkens und Fühlens machen will, aber der Egoismus bleibt – neben Zuneigung und Mitgefühl, die Stirner nebenbei erwähnt (vgl. Stirner 2009/1844, 52, 293 f.) – Säule einer Moral, in der wir uns nicht nur als das Geschenk oder „die Geisel für alle anderen" (Lévinas 1972, 82) betrachten müssen. Stirner plädiert für Liebe und Zuneigung ohne Aufopferung oder Kapitulation vor den Begehrlichkeiten anderer. Ich möchte diesen Egoismus rehabilitieren, der gleichsam den harten Kern der Selbstachtung bildet und nicht davon abhängig ist, was andere von mir halten. Es ist ein konstruktiver Egoismus, welcher der Stärkung der Selbstachtung dient, nicht ein destruktiver Egoismus, der sich definiert durch die Domination und Schädigung anderer.

Der gesunde Egoismus ist nicht nur eine Grundlage von Selbstachtung und des Rechts auf Selbstverteidigung und das Grundrecht, auf meinen Interessen und Rechten zu insistieren, sondern auch ein Antidot gegen Obsessionen, d. h. die „selbstlose" Hingabe an Ideale, die ich ohne Rücksicht auf meine eigenen Wünsche und Gefühle verfolge. Der Egoismus kann sich gegen die Neigungen zum Fanatismus und zur ausschließlichen Verfolgung eines einzigen Ziels oder Werts mit allen Mitteln als heilsam erweisen. Max Stirner hat diese Funktion des Egoismus gegen jede Form von „spleen" oder „Sparren" unterstrichen (vgl. Stirner 2009/1844).

Das Plädoyer für einen gesunden Egoismus wird immer auf Widerstand und Widerspruch stoßen. Das hat vor allem drei Gründe: (1) Das öffentliche Leben der Menschen ist geprägt von Höflichkeit und Heuchelei. Im Medium der Heuchelei sind die Menschen zwar Egoisten, aber sie bestreiten es. Sieht man von politischer Rhetorik ab, kann der Egoismus als Gegengift zu repressiven Rollenzuschreibungen und totalitärer Abwertung betrachtet werden. Der Egoist ist niemandes „Diener", niemandes „Untertan" und niemandes „Eigentum". Egoismus wird nicht als „bornierter Egoismus" verstanden, sondern als Quelle von „self-empowerment". (2) Der zweite

Grund liegt im Sprachgebrauch: Das Wort ‚Egoismus' ist mehrdeutig und wird oft nur als Schimpfwort verwendet. (3) Der dritte Grund besteht darin, dass man glaubt, die Menschen seien „von Natur aus" Egoisten. Der Einwand lautet: „Es gibt schon genug natürlichen Egoismus in der Welt. Man braucht ihn nicht noch zu predigen".

Der natürliche Egoismus scheint jedoch nicht zu genügen. Es braucht einen bewussten Egoismus, um der Instrumentalisierung durch andere zu widerstehen. Ich glaube, dass die Moral und der Kampf gegen das Böse nicht darin bestehen, dass wir uns selber einschränken und andere zur Tugend und Askese ermahnen. In der Selbstaufgabe (z. B. im schweren Alkoholismus) liegt ein Übel, das mich zur Beute und zum Spott anderer macht. Es gibt ein vitales Streben nach einem erfüllten Leben, und dieses eröffnet den weiteren Sinnhorizont, in den auch die Moral eingebettet werden sollte – jedenfalls eine Moral, die für die Menschen da ist. Die „altruistische" und „asketische" Sichtweise der Moral dagegen unterschlägt die bereits erwähnte zweite Funktion der Moral, sich selber zu achten und – was vielleicht noch wichtiger ist und die Forderungen der Moral übersteigt – nicht am Sinn des Leben und Leidens zu verzweifeln. Warum sollte jemand, der das eigene Leben hasst, andere Menschen schonen und achten? Selbstaffirmation verleiht auch die Kraft, den Versuchungen der Depression und des Nihilismus zu widerstehen (vgl. Reginster 2006; Thomass 2010).

Der konstruktive Egoismus ist keine Klugheitslehre. Es geht weder um Klugheit und Effizienz, die es auch in der Ausführung von Schandtaten gibt, noch um Lebenskunst im Sinne des fröhlichen Genießers, sondern um die Aufgabe, Sinn und Wert meines Lebens zu erkennen oder zu gestalten, so dass ich nicht jede Orientierung und jeden Maßstab im Umgang mit dem Leben verliere.

Eine heilsame Verneinung des Lebens, wie sie Schopenhauer lehrt, bezieht sich auf die Verneinung der blinden Lebensgier; die verderbliche Verneinung des Lebens, die Nietzsche kritisiert, findet dort statt, wo Menschen und Tiere nur noch als Mittel und Ressourcen betrachtet werden. Das Böse gedeiht in einer Kultur der Gewalt. Es triumphiert in den Vernichtungslagern und in den Schlachthäusern. Empfindungsfähige Wesen, die bloß als Biomasse in den Kalkül gezogen und der kapitalistischen Verwertung unterworfen werden, gelten außerhalb dieses Verwertungssystems nur noch als unnütze Esser und Ballast. Dass sie sich selber als Zentrum der Welt betrachten und leiden, wird nur noch mit Hohn und Gleichgültigkeit quittiert.

Das einfache Rezept: „Liebe dich selber, und die Welt wird vom Bösen genesen!" genügt jedoch nicht. Beim Plädoyer für einen konstruktiven Egoismus handelt es sich lediglich um ein Korrektiv, das sich kaum in einem Katalog von Ratschlägen zusammenfassen lässt. Der Weg des konstruktiven Egoismus ist nicht der einzig richtige Weg für alle Menschen, die nach einem sinnvollen und erfüllten Leben streben. Unabhängig vom Egoismus gibt es andere Korrektive, die im Folgenden erwähnt werden.

Ein zweites Korrektiv ist die Kultivierung der Hoffnung auf eine bessere Welt, in der die äußeren Ursachen und Anreize zum Bösen vermindert werden. Dieses Korrektiv richtet sich gegen die Verzweiflung angesichts der Macht des Bösen. Es ist die Hoffnung, mit der z. B. Eltern ihre Kinder begleiten und mit der wir uns generationenübergreifenden Projekten widmen. Ich habe die Hoffnung auch als „Fenster zum Guten" bezeichnet und sie von einem Fortschrittsdenken unterschieden, das suggeriert, die Menschen seien fähig, sich selber und alle anderen vom Bösen zu „erlösen" (vgl. III 3).

Ein drittes Korrektiv besteht in der radikalen Desillusionierung gegenüber der Absicht, einen „neuen Menschen" zu schaffen und die inneren Faktoren des Bösen auszurotten. Die biblische Erinnerung, dass die Menschen in ihren Herzen Böses sinnen und von Jugend an nach dem Bösen trachten (vgl. Genesis 8, 21), bleibt bedenkenswert und lässt sich auch unabhängig von der Theologie aufrechterhalten. Das Böse ist aber nicht nur eine tragische Fatalität. Die Menschen sind weder von Gott noch von der Evolution auf ein Programm „moralisch gut" oder „moralisch böse" festgelegt. Auf der Ebene der Individuen gibt es kaum so etwas wie einen linearen moralischen Fortschritt. Vorgesehen (wenn man überhaupt von Vorsehung sprechen will) ist eher so etwas wie Vielfalt und Divergenz der Charaktere.

Ein viertes Korrektiv richtet sich gegen die Desorientierung durch die Macht des Bösen; es besagt: Moralische Unterscheidungen zwischen Gut und Böse bleiben auch dann gültig, wenn sie auf keiner Offenbarung und keinem objektiven oder absoluten Maßstab basieren. Sie bleiben gültig kraft menschlicher Sympathien, kraft wichtiger menschlicher Konventionen und kraft des moralischen Urteilsvermögens. Diese Faktoren erlauben es, das Böse in Geschichte und Gegenwart zu identifizieren und Hauptverantwortliche zu benennen. Das trifft auch dann zu, wenn sog. System- oder Sachzwänge und die verlockenden Angebote neuer Technologien als äußere Faktoren des Bösen mitwirken.

Ein fünftes Korrektiv bezieht sich ebenfalls auf die genannte Unterscheidung von Gut und Böse; diese darf nicht im Sinne eines politischen Manichäismus missbraucht werden, der die Nationen in gute Staaten und „Schurkenstaaten", „Gläubige und Ungläubige" etc. aufteilt. Als die größten „Schurken" könnten sich jene erweisen, die sich als Weltrichter und Weltpolizisten betätigen. Dieses Korrektiv richtet sich gegen das „zweite Böse", das im Namen der Vernichtung oder der Bestrafung des Bösen begangen wird.

Ein sechstes Korrektiv richtet sich ebenfalls gegen das „zweite Böse"; gemeint ist die Kultur von Kritik und Selbstkritik im Kampf gegen das Böse. Sie steht im Gegensatz zur Kultur des Gehorsams und der Unterwerfung unter vermeintlich „heilige Ziele", „heilige Bücher" und charismatische Führer. Allen Individuen und Gruppen wird zugemutet, sich und ihre heiligsten Überzeugung auch aus einer gewissen Distanz zu betrachten und sich vorzustellen, wie ich auf „Ungläubige" wirke und wie es wäre, einer anderen Religion oder Nation zuzugehören. Die relative Selbstdistanz erlaubt z. B. einen flexibleren Umgang mit Verletzungen durch Blasphemie und andere Kränkungen der eigenen und fremden Ehre (vgl. Wils 2007). Dies ist keine arrogante Zumutung, sondern die sanfte Zumutung zur Relativierung – und zwar nicht der eigenen „Wahrheiten", sondern der eigenen Borniertheit und Arroganz.

Zur Selbstkritik im Kampf gegen das Böse gehört auch die Bevorzugung gewaltloser Formen des Widerstands gegen staatliche Willkür- und Gewaltherrschaft. Revolutionäre Gewalt kann die Keime zu künftiger Gewaltherrschaft enthalten. Widerstand gegen politische Übermächte wie eine Militärjunta ist auf dem Schlachtfeld unterlegen und als lange dauernder Guerillakrieg mit einem hohen Blutzoll verbunden. Der gewaltlose Kampf gegen Diktaturen kennt nicht nur zweihundert Strategien, sondern er ist auch weniger blutig, konzentriert sich auf die Schwachstellen der Diktatur und erzeugt die Nebenwirkung des wachsenden Muts und der Tapferkeit im Umgang mit der Angst vor der Regierung. „Der Verlust oder die Kontrolle der Angst ist ein Schlüsselelement, wenn es darum geht, die Macht der Diktatoren über die breite Bevölkerung zu zerschlagen" (Sharp 2008, 48). Allgemeiner gesagt wird im Kontext des gewaltlosen politischen Widerstands die Tugend der Tapferkeit und des Muts evoziert (vgl. Scarre 2010), nämlich im Kampf gegen das reale politische Böse, welcher zugleich ein Kampf gegen die Angst vor dem imaginären Bösen ist.

Ein siebtes Korrektiv bleibt die humanistische Bildung, auch wenn diese allein und in Verbindung mit einer Ideologie des Fortschritts und nationalistischen Vorurteilen nichts taugt. Zur humanistischen Bildung gehören die Studien der sog. „humanities" und die Naturwissenschaften, aber auch eine Bildung in einem tieferen Sinne. Gemeint ist Herzensbildung, nicht Bildungsdünkel. Es wird heute viel an die verschiedenen Aspekte der Intelligenz erinnert, insbesondere an emotionale und soziale Intelligenz.

Was über solche und andere Korrektive hinausgeht, setzt sich einer Kritik des Utopismus aus. Zweischneidige oder gar völlig verwerfliche Methoden bleiben die „Veränderung der menschlichen Natur", unerwünschte und manipulative Eingriffe in den Chemismus des Körpers, Todesstrafe, „Tyrannei der Tugend", „Kriege gegen das Böse", „ethnische Säuberungen", „Entscheidungsschlachten für einen ewigen Frieden" oder eine terroristische Befreiung der Tiere.

Ein Hauptrezept gegen das Böse, das nicht selber Böses schafft, kenne ich nicht. Philosophie und Wissenschaft, Religion und Politik genügen nicht, um die Menschen „vom Bösen zu erlösen", sofern das Böse (wie auch das Gute) Teil der menschlichen Natur und Geschichte ist. Aggressiver Moralismus hat keinen Erkenntniswert. Das Böse verbirgt sich auch in den guten Absichten, wie etwa am Beispiel des Paternalismus gezeigt wurde (vgl. II 8). Manchmal sind es die guten Leute, die schlimme Dinge tun. Manche tun Böses, ohne jemals daran gedacht zu haben, böse zu sein oder Böses zu tun (vgl. Hollis 2007; Hannah Arendt, zitiert nach Neiman 2009, 340). Sie sind nicht immer als blutrünstige Fanatiker zu erkennen. Verdächtig sind die großen Attitüden und Versprechen, die Schöpfung zu erhalten und die Menschen ein für alle Mal „clean" zu machen.

Selbst wenn sich die „guten Eliten" der Welt auf wirksame Maßnahmen gegen die größten Übel (wie Unterernährung, Kriege und Umweltzerstörung) einigten, würden diese Eliten auch darüber nachdenken müssen, wie man mit widerspenstigen (weil „egoistischen") Individuen, Gruppen, Konzernen oder Nationen umgeht. Je entschlossener und tatkräftiger diese „guten Eliten" sind, umso mehr „böse Feinde" werden sie besiegen müssen. Je schneller dieser Krieg gegen das Böse vorankommen soll, desto tiefer werden sich seine Protagonisten in das Böse verstricken. Auch die humanistische Missionierung für eine „empathische Situation" würde bei der Übersetzung von Lippenbekenntnisse in politisches Handeln vielleicht mehr Menschen „bestrafen" und „unschädlich" machen müssen als die totalitären Systeme des 20. Jahrhunderts. Es ist vorsichtiger, die Erweiterung des Mitgefühls auf alle (empfindungsfähigen) Lebewesen nur als ein Korrektiv unter anderen zu empfehlen, nicht als prophetisches Rettungsangebot. Die Erinnerung an das Böse ist auch ein Beitrag zur Skepsis gegenüber den neuen falschen Propheten des 21. Jahrhunderts.

Literatur

Adorno, Theodor W. (1970): *Jargon der Eigentlichkeit*, Frankfurt a. M.: Suhrkamp.
Aksu, Esref (2008) (ed.): *Early Notions of Global Governance. Selected Eighteenth-Century Poposals for ‚Perpetual Peace', with Rousseau, Bentham and Kant unabridged*, Cardiff: University of Wales Press.
Anders, Günther (2007) : *La haine à l'état d'antiquité*, Paris: Payot - Bibliothèque Rivages.
Anderson-Gold, Sharon/Muchnik, Pablo (2010) (ed.): *Kant's Anatomy of Evil*, Cambridge: Cambridge University Press.
Appadurai, Arjun (2009): *Die Geographie des Zorns*, Frankfurt a. M.: Suhrkamp
Arendt, Hannah (2003): *Responsibility and Judgment*. Edited and with an introduction by Jerome Kohn, New York: Schocken.
Aristoteles (1980): *Rhetorik*, München: Wilhelm Fink Verlag.
Augustinus (1953): *Die Lüge und Gegen die Lüge (de mendacio; contra mendacium)*, Würzburg: Augustinus-Verlag.
Bakunin, Michail (1968/1842): Die Reaktion in Deutschland. In: *Deutsche Jahrbücher für Wissenschaft und Kunst* 5, 985 ff. Ein Fragment von einem Franzosen [erschienen unter dem Pseudonym Jules Elysard). Wieder abgedruckt in Bakunin: *Philosophie der Tat*, Köln: Hegner-Bücherei.
Bauman, Zygmunt (2002): *Dialektik der Ordnung. Die Moderne und der Holocaust*, Hamburg: Europäische Verlagsanstalt.
Beck, Aaron T. (1999): *Prisoners of Hate*, New York: Harper Collins Publishers, (fr. *Prisonniers de la haine*, Paris 2002: Masson SA).
Benhabib, Seyla (2000): Arendt's *Eichmann in Jerusalem*, in: *The Cambridge Companion to Hannah Arendt*. Ed. by Dana Villa, Cambridge: Cambridge University Press, 65–85.
Bergson, Henri (1997/1907): *L'évolution créatrice*, Paris: Presses Universitaires de France, 7. Auflage.
Billias, Nancy (2008) (ed.): *Territories of Evil*, Amsterdam, New York: Rodopi.
Bitot, Claude (2009): *Was für eine andere Welt ist möglich? Zurück zum kommunistischen Projekt*, Weggis: Verlag ketabba [franz. Originalausgabe: *Le communisme n'a pas encore commencé*, Les amis de Spartacus 1995].
Blanchot, Maurice (1963): *La Raison de Sade*, Paris: Les Éditions de Minuit.
Blumenberg, Hans (2006): *Beschreibung des Menschen*, Frankfurt a. M.: Suhrkamp.
Bollnow, Otto Friedrich (1962): *Einfache Sittlichkeit. Kleine philosophische Aufsätze*, Göttingen: Vandenhoeck & Ruprecht, 2. Auflage [erste Auflage 1957]. S. 114–118: Der Hass.
Bollnow, Otto Friedrich (2009): *Schriften Band III Einfache Sittlichkeit. Maß und Vermessenheit des Menschen*, Würzburg: Königshausen & Neumann.
Boonin, David (2008): *The Problem of Punishment*, Cambridge: Cambridge University Press.
Boquel, Anne/ Kern, Etienne (2009): *Une histoire des haines d'écrivains*, Paris: Éditions Flammarion.
Brahami, F. (2007): Cruauté, in: *Dictionnaire de Michel de Montaigne*, publié sous la direction de Philippe Desan. Nouvelle édition revue, corrigée et augmentée, Paris: Honoré Championj, 272 ff.
Braun, Hans-Jürg (1994) (Hrsg.): *Solidarität oder Egoismus. Studien zu einer Ethik bei und nach Ludwig Feuerbach*, Berlin: Akademie-Verlag [enthält eine Edition des Textes von Feuerbach *Zur Moralphilosophie*].
Brown, Richard/ Decker, Kevin S. (2009) (eds.): *Terminator and Philosophy* (The Blackwell Philosophy and Pop Culture Series) Hoboken, New Jersey: John Wiley & Sons, Inc.
Buber, Martin (1986): *Bilder von Gut und Böse*, Heidelberg: Lambert Schneider, 4. Auflage.

Bufacchi, Vittorio (2009) (ed.): *Violence. A Philosophical Anthology*, Houndsmills, Basingstoke, Hampshire: palgrave Macmillan.
Burnside, John (2009): *Glister*. Roman, München: Knaus.
Butler, Judith (2006): *Hass spricht. Zur Politik des Performativen*, Frankfurt a. M.: Suhrkamp.
Butler, Judith (2007): *Kritik der ethischen Gewalt. Erweiterte Ausgabe*, Frankfurt a. M.: Suhrkamp.
Butler, Judith (2009): *Krieg und Affekt*, Zürich, Berlin: diaphanes.
Card, Claudia (2002): *The Atrocity Paradigm. A Theory of Evil*, Oxford: Oxford University Press.
Card, Claudia (2010): *Confronting Evil*, Cambridge: Cambridge University Press.
Cassirer, Ernst (1996/1944): *Versuch über den Menschen. Einführung in eine Philosophie der Kultur*, Hamburg: Meiner.
Coester, Marc (2008): *Hate Crimes. Das Konzept der Hate Crimes aus den USA unter besonderer Berücksichtigung des Rechtsextremismus in Deutschland*, Frankfurt a. M. u. a.: Peter Lang.
Cohen, G. A. (2007): *Why not Socialism?* Princeton, Oxford: Princeton University Press.
Cole, Phillip (2006): *The Myth of Evil*, Edinburgh: Edinburgh University Press.
Conrad, Joseph (2008): *Das Duell. Sechs Erzählungen*, Zürich: Diogenes.
Dekens, Olivier (2008): *Philosophie de l'actualité*, Paris: ellipses.
Dewey, John (1998/1929): *Die Suche nach Gewissheit*, Frankfurt a. M.: Suhrkamp [*The Quest for Certainty*, 1929].
Dietz, Mary G. (2000): Arendt and the Holocaust, in: *The Cambridge Companion to Hannah Arendt*. Ed. by Dana Villa, Cambridge: Cambridge University Press, 86–109.
Duff, R. A. (1986): *Trials and Punishments* (Cambridge Studies in Philosophy), Cambridge: Cambridge University Press.
Duff, R. A. (2001): *Punishment, Communication, and Community*, Oxford: Oxford University Press.
Dullien, Sebastian/Herr, Hansjörg, Kellermann, Christian (2009) (Hrsg.): *Der gute Kapitalismus ... und was sich dafür nach der Krise ändern müsste*. Mit einem Vorwort von Gesine Schwan, Bielefeld: transcript Verlag.
Durand, Guy (2004): *Pour une éthique de la dissidence. Liberté de conscience, objection de conscience et désobéissance civile*, Montréal: Liber.
Dürr, Thomas (2010): *Hannah Arendts Begriff des Verzeihens*, München, Freiburg: Alber.
Elster, Jon (2007): *Explaining Social Behavior*, Cambridge: Cambridge University Press.
Erhard, Johann Benjamin (1795): Apologie des Teufels, in: *Philosophisches Journal*, hrsg. von F. I. Niethammer, II. 4. 1. Wieder abgedruckt in Eberhard: *Über das Recht des Volkes zu einer Revolution*, hrsg. von Hellmut G. Hansis, München: Hanser 1970, 109–134.
Erman, Michel (2009): *La cruauté. Essai sur la passion du mal* (la condition humaine), Paris: Presses Universitaires de France.
Ernst, Heiko (2006): *Wie uns der Teufel reitet. Von der Aktualität der 7 Todsünden*, Berlin: Ullstein.
Esser, Albert (1963): *Das Phänomen Reue. Versuch einer Erhellung ihres Selbstverständnisses*, Köln, Olten: Hegner.
Fingarette, Herbert (1988): *Heavy Drinking. The Myth of Alcoholism as a Disease*, Berkeley, Los Angeles: University of California Press.
Fize, Michel (2006): *Mais qu'est-ce qui passe par la tête des méchants?* Montréal, Québec: Les Éditions de l'Homme, une division du groupe Sogides (Marabout).
Fleck, Fiona (2005): Ethics and disobedience, in: *Thinking Ethics. How Ethical Values and Standards are changing*. Edited by Beth Krasna, London: Profile Books Ltd, 84–112.
Fontaine, Philippe (2000): *La question du mal*, Paris: ellipses.
Fromm, Erich (1974): *Anatomie der menschlichen Destruktivität*, Stuttgart: Deutsche Verlags-Anstalt [englische Originalausgabe 1973].
Goethe, J. W. von (1998): *Faust*. Erster und zweiter Teil, München: dtv.

Gilman, Sander L. (1993): *Jüdischer Selbsthass. Antisemitismus und die verborgene Sprache der Juden*, Frankfurt a. M.: Jüdischer Verlag.
Girard, René (1988/1982): *Der Sündenbock*, Zürich/Düsseldorf: Benziger (OA „*Le Bouc émissaire*", Paris 1982: Bernard Grasset).
Glucksmann, André (2004): *Le discours de la haine*, Paris: Plon.
Glucksmann, André (2005): *Hass*, München: Carl Hanser Verlag,
Gorki, Maxim (1954): Proletarischer Hass. In: M. G.: *Für Frieden und Demokratie*, Berlin-Ost: Dietz Verlag.
Gorz, André (2009): *Auswege aus dem Kapitalismus. Beiträge zur politischen Ökonomie*, Zürich: Rotpunktverlag.
Gray, John (2004): *Die Geburt der al-Qaidas aus dem Geist der Moderne*, München: Verlag Antje Kunstmann.
Gray, John (2010): *Von Menschen und anderen Tieren. Abschied vom Humanismus*, Stuttgart: Klett-Cotta [die englische Originalausgabe erschien 2002 unter dem Titel *Straw Dogs*].
Grøn, Arne (1993): *Angst bei Søren Kierkegaard. Eine Einführung in sein Denken*, Stuttgart: Klett Cotta.
Gross, Michael L. (2009) : *Moral Dilemmas of Modern War. Torture, Assassination, and Blackmail in an Age of Asymmetric Conflict*, Cambridge: Cambridge University Press.
Guery, François (2002): *Haine et destruction*, Paris: Ellipses Edition Marketing SA.
Gutschow, Niels (2001): *Ordnungswahn. Architekten planen im „eingedeutschten Osten" 1939–1945*, (Bauwelt Fundamente 115), Gütersloh, Berlin: Bertelsmann Fachzeitschriften/ Basel, Boston, Berlin: Birkhäuser – Verlag für Architektur.
Haas, Alois M. (2007): Das Syndrom des Bösen in der mittelalterlichen Mystik, in: *Mystik als Aussage, Erfahrungs-, Denk- und Redeformen christlicher Mystik*, Frankfurt a. M., Leipzig: Verlag der Weltreligionen, Insel Verlag, 322–354.
Haas, Eberhard Th. (2009): *Das Rätsel des Sündenbocks. Zur Entschlüsselung einer grundlegenden kulturellen Figur*, Giessen: Psychozial-Verlag.
Habbard, Anne-Christine/ Message, Jacques (2009) (éds): *Søren Kierkegaard. Pensée et problèmes de l'éthique*. Villeneuve d'Ascq: Septentrion Presses Universitaires.
Hardt, Michael/ Negri, Antonio (2010): *Commonwealth. Das Ende des Eigentums* Frankfurt/ New York: Campus Verlag (OA englisch 2009)
Hartmann, Eduard von (2009/1922): *Phänomenologie des sittlichen Bewusstseins*. Vierte Auflage, hrsg. von Jean-Claude Wolf (nach der dritten Auflage von 1922; die Erstauflage erschien 1879), Göttingen: V&R unipress.
Häussermann, Hartmut/ Siebel, Walter (2004) (Hrsg.): *Stadtsoziologie. Eine Einführung*, Frankfurt a. M./ New York: Campus Verlag.
Hegel, G. W. F. (1970): *Werke* in zwanzig Bänden, Frankfurt a. M.: Suhrkamp.
Herzen, Alexander (1989/1850): *Briefe aus dem Westen*. Aus dem Russischen von Friedrich Kapp und Alfred Kurella. Mit einem Essay von Isaiah Berlin, Nördlingen: Greno.
Herzog, Reinhold (1889): *Rücktritt vom Versuch und tätige Reue: Kriminalistische Abhandlung*, Würzburg: Stuber.
Heuser, Beatrice (2010): *Den Kriege denken. Die Entwicklung der Strategie seit der Antike*, Paderborn usw.: Ferdinand Schöningh.
Hinkelammert, Franz J. (2009): *Luzifer und die Bestie. Eine fundamentale Kritik jeder Opferideologie*, Luzern: Edition Exodus.
Hirsch, Andrew von (1993): *Censure and Sanctions*. Oxford: Oxford University Press.
Hölderlin, Friedrich (1992): *Sämtliche Werke und Briefe*, drei Bände, München, Wien: Carl Hanser Verlag.
Hollis, James (2007): *Why Good People Do Bad Things. Understanding Our Darker Selves*, London: Gotham Books.
Honderich, Ted (2003): *Nach dem Terror. Ein Traktat*, Neu-Isenburg: Melzer.
Hose, Martin/ Levin , Christoph (2009) (Hrsg): *Metropolen des Geistes*, Frankfurt a.M, Leipzig: Insel Verlag.

Housel, Rebecca/Wisnewski, Jeremy J. (2009) (eds.): *Twilight and Philosophy*, New Jersey: John Wiley & Sons, Inc.
Høystadt, Ole Martin (2006): *Kulturgeschichte des Herzens. Von der Antike bis zur Gegenwart*, Köln: Böhlau Verlag.
Jankélévitch, Vladimir (1993/1967): *Le Pardon*, Paris: Aubier-Montaigne.
Jaspers, Karl (1973/1932): *Philosophie II Existenzerhellung*. Vierte Auflage 1973, Berlin, Heidelberg, New York: Springer Verlag.
Kalderon, Marc Eli (2005) (ed.): *Fictionalism in Metaphysics*, Oxford: Clarendon Press.
Kant, Immanuel (1990/1797): *Metaphysische Anfangsgründe der Tugendlehre*, Hamburg: Meiner.
Kant, Immanuel (2006): *Kritik der Urteilskraft* (EA$ 1790), Hamburg: Meiner.
Kekes, John (1990): *Facing Evil*, Princeton, New Jersey: Princeton University Press.
Kekes, John (2005): *The Roots of Evil*, Ithaca, London: Cornell University Press.
Kern, Maria T. (2009): *Langweilen Sie sich? Eine kurzweilige Psychologie der Langeweile*, München, Basel: Ernst Reinhardt Verlag.
Kierkegaard, Søren (1992/1844): *Der Begriff Angst*, Stuttgart: Reclam.
Kierkegaard, Søren (2003): *Die Schriften über sich selbst*, Simmerath: Grevenberg.
Kleinig, John (1996): *The Ethics of Policing*, Cambridge: Cambridge University Press.
Koelbel, Gerhard (1959): *Über die Einsamkeit. Vom Ursprung, Gestaltwandel und Sinn des Einsamkeitserlebnisses*, München: Ernst Reinhardt Verlag.
Kolakowski, Leszek (1968): *Gespräche mit dem Teufel. Acht Diskurse über das Böse*, München: Serie Piper.
Kolnai, Aurel (2007) : *Ekel, Hochmut, Hass. Zur Phänomenologie feindlicher Gefühle*. Mit einem Nachwort von Axel Honneth, Frankfurt a. M.: Suhrkamp. [enthält : Versuch über den Hass 1935].
Kompisch, Kathrin (2008): *Täterinnen. Frauen im Nationalsozialismus*, Köln, Weimar, Wien: Böhlau.
Kruhhöffer, Bettina (2002): *Reflexionen über „das Böse". Sprachliche Differenzierungen in Auseinandersetzung mit der Theologie Wolfhart Pannenbergs* (Studien zur systematischen Theologie und Ethik), Münster, Hamburg, London: Lit Verlag.
La Mettrie, Julien Offray de (2004/1748): *Anti-Sénèque ou Discours sur le Bonheur*, in: La Mettrie: *Oeuvres philosophiques*, Vendôme: coda.
Lakoff, George/ Wehling, Elisabeth (2009): *Auf leisen Sohlen ins Gehirn. Politische Sprache und ihre heimliche Macht*, 2. Auflage, Heidelberg: Carl Auer.
Lask, André (2004): *Le vide et la haine. Éléments pour une histoire archaïque de la négativité*, Collcetion Libelles, Paris: Presses Universitaires de France.
Le Cour Grandmaison, Olivier (2002): *Haine(s) Philosophie et politique*, Paris: Presses Universitaires de France.
Leibniz, G. W. (1996/1710): *Versuch in der Theodizee, über die Güte Gottes, die Freiheit des Menschen und den Ursprung des Übels*, Hamburg: Meiner.
Lessing, Theodor (2004/1930): *Der jüdische Selbsthass*, Berlin: Jüdischer Verlag, Neudruck Berlin: Matthes & Seitz.
Lévinas, Emmanuel (1972): *Humanisme de l'autre homme*, Paris: Le Livre de Poche, dtsch. *Humanismus des anderen Menschen*, Hamburg 2005: Meiner.
Lohlker, Rüdiger (2009): *Dschihadismus. Materialien*, Wien: UTB, facultas.wuv.
Löw, Martina (2008): *Soziologie der Städte*, Frankfurt a. M.: Suhrkamp.
Löwith, Karl (1936): *Jacob Burckhardt. Der Mensch inmitten der Geschichte*, Luzern: Via Nova Verlag.
Marten, Rainer (2009): *Maßlosigkeit. Zur Notwendigkeit des Unnötigen*, München, Freiburg: Alber.
Marx, Karl/ Engel, Friedrich (1988): *Ausgewählte Schriften*, Zwei Bände, Berlin/Ost: Dietz Verlag.
Matussek, Paul/ Matussek, Peter/ Marbach, Jan (2000): (Hrsg.): *Hitler. Karriere eines Wahns*, München: Herbig.

May, Larry (2010): *Genocide. A Normative Account*, Cambridge: Cambridge University Press.
Meisels, Tamar (2008): *The Trouble with Terror. Liberty, Security, and the Response to Terrorism*, Cambridge: Cambridge University Press.
Midgley, Mary (1984/2001): *Wickedness. A philosophical essay*, London, New York: Routledge.
Mill, John Stuart (1987/1879): *On Socialism*. With an Introduction by Lewis S. Feuer (Great Books in Philosophy), Buffalo, New York: Prometheus Books.
Millet, Louis (2001): *Le mystère du mal*, Paris: Sicre Éditions.
Mitscherlich, Alexander (2008/1965): *Die Unwirtlichkeit unserer Städte*, Frankfurt a.M.: Suhrkamp.
Mitscherlich, Margarete (1972): *Müssen wir hassen? Über den Konflikt zwischen innerer und äusserer Realität*, München: Piper.
Moeller, Hans-Georg (2009): *The Moral Fool. A Case for Amorality*, New York: Columbia University Press.
Moïsi, Dominique (2009): *Kampf der Emotionen. Wie Kulturen der Angst, Demütigung und Hoffnung die Weltpolitik bestimmen*, München: DVA.
Montaigne (2009): *Les Essais*, Malsherbes: Quarto Gallimard.
Morin, Edgar (2009): *Culture et barbarie européennes*, Montrouge cedex (France): bayard.
Moritz, Karl Philipp (1794): *Anton Reiser. Ein psychologischer Roman*, Berlin: Wilhelm Vieweg.
Müller, Thomas (2006): *Bestie Mensch. Tarnung, Lüge, Strategie*, Reinbek bei Hamburg: rororo.
Negri, Antonio (2010): Banlieue et ville: Un regard philosophique, in: Negri: *Inventer le commun des hommes*, Montrouge cedex: bayard, 145–179.
Neiman, Susan (2004): *Das Böse denken. Eine andere Geschichte der Philosophie*, Frankfurt a.M.: Suhrkamp [*Evil in modern thought. An alternative history of philosophy*, Princeton, Oxford2002: Princeton University Press].
Neiman, Susan (2009): *Moral Clarity. A Guide for Grown-Up Idealists*, London: The Bodley Head.
Neumaier, Otto (2008): *Moralische Verantwortung. Beiträge zur Analyse eines ethischen Begriffs*, Paderborn, Wien, München, Zürich: Ferdinand Schöningh
Nietzsche, Fr. W. (1980): *Sämtliche Werke. Kritische Studienausgabe*, 15 Bände, München, Berlin, New York: Walter de Gruyter.
Nietzsche, Fr. W. (2004): *Von Wille und Macht*. Hrsg. von Stephan Günzel, Frankfurt a.M.: Insel Verlag.
Orelli, K. von (1912): *Die philosophischen Auffassungen des Mitleids. Eine historisch-kritische Studie*, Bonn: A. Marcus & E. Webers Verlag.
Pabst Battin, Margaret (1982): *Ethical Issues in Suicide* (Prentice Hall Series in the Philosophy of Medicine) Englewood Cliffs. New Jersey: Prentice-Hall, Inc.
Parfit, Derek (1984): *Reasons and Persons*, Oxford: Clarendon Press.
Pascal, Blaise (2000/1669): *Pensées*. Paris: Les Classiques de Poches.
Patterson, Charles (2004): *„Für die Tiere ist jeden Tag Treblinka". Über die Ursprünge des industrialisierten Tötens*, Frankfurt a.M.: Zweitausendundeins.
Payk, Theo R. (2008): *Das Böse in uns. Über die Ursachen von Mord, Terror und Gewalt*, Düsseldorf: Patmos.
Pieper, Hans-Joachim (2003) (Hrsg.): *„Hat er aber gemordet, so muss er sterben". Klassiker der Philosophie zur Todesstrafe*, Bonn: DenkMal Verlag.
Pollmann, Arnd (2010): *Unmoral. Ein philosophisches Handbuch. Von Ausbeutung bis Zwang*, München: C.H. Beck.
Pous, Jacques (2009): *La tentation totalitaire. Essai sur les totalitarismes de la transcendance*, Paris: L'Harmattan.
Proudhon, Pierre-Joseph (2009/1840): *Qu'est-ce qu'est la propriété?* Paris: Flammarion.
Raatsch, Richard (2009): *The Apologetics of Evil. The Case of Iago*, Princeton, New Jersey: Princeton University Press.

Reemtsma, Jan Philipp (2009): *Vertrauen und Gewalt. Versuch über eine besondere Konstellation der Moderne*, Hamburg: Pantheon.
Reginster, Bernard (2006): *The Affirmation of Life. Nietzsche on overcoming Nihilism*, Cambridge, Mass., London: Harvard University Press.
Ricoeur, Paul (2009/1950/1960): *Philosophie de la volonté. 1. Le Volontaire et l'Involontaire; 2. Finitude et Culpabilité*, Paris: Éditions Points [dtsch. Band 2: *Symbolik des Bösen*].
Rifkin, Jeremy (2010): *Die empathische Zivilisation. Wege zu einem globalen Bewusstsein*, Frankfurt a. M.: Campus.
Ross, William David (2002/1930): *The Right and the Good*, ed. by Philip Stratton-Lake, Oxford: Clarendon Press.
Rousseau, J.-J. (2006/1782): *Les Rêveries du Promeneur Solitaire*, Paris: Flammarion.
Safranski, Rüdiger (1997): *Das Böse oder Das Drama der Freiheit*, München: Hanser, 8. Auflage Juli 2008 als Fischer-Taschenbuch.
Saltel, Philippe (2001): *Les philosophes et la haine*, Paris: Ellipses Edition Marketing SA.
Saner, Hans (2002): *Nicht-optimale Strategien. Essays zur Politik*, Basel: Lenos Verlag.
Sarthou-Lajus, Nathalie (2002): *La culpabilité*. Paris: Cursus, Armand Colin.
Scheler, Max (1954/1920): Reue und Wiedergeburt, in: Scheler: *Vom Ewigen im Menschen. Gesammelte Werke* Band 5, Bern: Francke Verlag, 29–59.
Schischkin, A. F. (1964): *Grundlagen der marxistischen Ethik*, Berlin-Ost: Dietz Verlag.
Schmidt-Lauber, Brigitta (2010) (Hrsg.): *Mittelstadt. Urbanes Leben jenseits der Metropole*, Frankfurt, New York: Campus.
Schmitz, Hermann (2010): *Jenseits des Naturalismus*, München, Freiburg: Alber.
Seabrook, Jeremy (2007): *Cities* (Small Guides to Big Issues), London, Ann Arbor: Pluto Press, Palgrave Macmillan.
Seneca (2008): *De ira/ Der Zorn*, in: Seneca: *Schriften zur Ethik*, lateinisch-deutsch. Hrsg. und übersetzt von Gerhard Fink, Sammlung Tusculum, Düsseldorf: Patmos, Artemis & Winkler.
Shakespeare, W. (2006): *Othello*. Zweisprachige Ausgabe. Deutsch von Frank Günther, München: dtv.
Shklar, Judith (1984): *Ordinary Vices*, Cambridge (Mass.),London: The Belknap Press of Harvard University Press.
Simmel, Georg (2006/1903): *Die Großstädte und das Leben*. In: *Die Großstadt. Vorträge und Aufsätze zur Städteausstellung. Jahrbuch der Gehe-Stiftung zu Dresden*, hrsg. von Th. Petermann, Band IX, Dresden 1903, 185–206. Separater Neudruck Frankfurt a. M. 2006: Suhrkamp.
Snow, Nancy E. (2010): *Virtue as social intelligence. An empirical grounded theory*, New York, London: Routledge.
Sofsky, Wolfgang (2009): *Das Buch der Laster*, München: C. H. Beck.
Spaemann, Robert (1977): Nebenwirkungen als moralisches Problem, in: Spaemann.: *Zur Kritik der politischen Utopie. Zehn Kapitel politischer Philosophie*, Stuttgart: Klett-Cotta, 167–182.
Stébé, Jean-Marc/ Marchal, Hervé (2009): *Mythologies des cités-ghettos*, Paris: le cavalier bleu.
Sternberg, Robert J./ Sternberg, Karin (2008): *The Nature of Hate*, Cambridge: Cambridge University Press.
Stirner, Max (2009/1844): *Der Einzige und sein Eigentum*. Ausführlich kommentierte Studienausgabe, Freiburg, München: Alber.
Sumner, L. W. (2004): *The Hateful and the Obscene*, Toronto: University of Toronto Press.
Szondi, L. (1969): *Kain. Gestalten des Bösen*, Bern, Stuttgart, Wien: Huber.
Sünner, Rüdiger (2009): *Schwarze Sonne. Die Macht der Mythen und ihr Missbrauch im Nationalsozialismus und rechter Esoterik*, Wien: Drachen Verlag.
Tabenski, Pedro Alexis (2009) (ed.): *The Positive Function of Evil*, New York: Palgrave, Macmillan.
Taylor, Gabriele (2006): *Deadly Vices*, Oxford: Clarendon Press.
Thomass, Balthasar (2010): *S'affirmer avec Nietzsche*, Paris: Eyrolles.

Totten, Samuel/ Bartrop, Paul R. (2009) (eds.): *The Genocide Studies Reader*, New York, London: Routledge.
Traven, B. (1982): *Das Totenschiff*, Frankfurt a. M.: Diogenes, Büchergilde Gutenberg.
Unger, Robert Mangabeira (2007): *Wider den Sachzwang. Für eine linke Politik*. Deutsche Erstausgabe, Berlin: Wagenbach.
Vaihinger, Hans (1920): *Philosophie des Als-Ob*, Leipzig: Meiner, 5. und 6. Auflage.
Voegelin, Eric (1999): *Der Gottesmord*, München: Wilhelm Fink.
Voltaire (1960/1765) *Dictionnaire philosophique*, Genève: Guilde Ernest Renan.
Voss, Jutta (2005): *Kann denn Gehorsam Sünde sein? Nachdenkliches über die „ganz normalen" faschistoiden Strukturen in Kirche und Gesellschaft*, Stuttgart: Kreuz Verlag.
Wacquant, Loïc (2004): *Punir les Pauvres. Le nouveau gouvernement de l'insécurité sociale*, Paris: Éditions Dupuytren (dtsch.: *Bestrafung der Armen. Zur neoliberalen Regierung der sozialen Unsicherheit*. Aus dem Französischen von Hella Beister, Verlag Barbara Budrich, Opladen & Farmington Hills, MI 2009).
Wallroth, Martin (2003): Der Wert der Reue. Schelers Analyse der Reue im Lichte neuerer angelsächsischer Beiträge, in: Christian Bermes/ Wolfhart Henckmann/ Heinz Leonardy (Hrsg.): *Vernunft und Gefühl. Schelers Phänomenologie des emotionalen Lebens*, Würzburg: Königshausen & Neumann, 51–62.
Weil, Simone (2009/1957). *Anmerkung zur generellen Abschaffung der politischen Parteien*, Zürich, Berlin: diaphanes (*Note sur la suppression générale des partis politiques*, Paris: Éditions Gallimard, Paris 1957).
Weinstein, James (1999): *Hate Speech, Pornography, and the Radical Attack on Free Speech Doctrine*, Boulder (CO): Westview Press.
White, Morton (2005): *From a Philosophical Point of View. Selected Studies*, Princeton: Princeton University Press [Nummer 35 und 36 sind dem Verhältnis von Intellektuellen und Literaten zur Stadtkultur gewidmet].
White, Morton and Lucia (1977): *The Intellectual Versus The City. From Thomas Jefferson to Frank Lloyd Wright*, zweite Auflage, Oxford, London, New York: Oxford University Press [Erste Auflage 1962].
Wilfing, Josef (2010): *Abgründe. Wenn aus Menschen Mörder werden*, München: Heyne.
Wils, Jean-Pierre (2007): *Gotteslästerung*. Verlag der Weltreligionen. Frankfurt a. M., Leipzig: Insel Verlag.
Wolf, Jean-Claude (1988): Kant und Schopenhauer über die Lüge, in: *Zeitschrift für Didaktik der Philosophie (Thema: Schopenhauer)* 10. Jahrgang, Heft 2, 69–80 [72 f. Das Argument des Sprachmissbrauchs; 74 ff. Das Argument der inneren Lüge].
Wolf, Jean-Claude (1993): Neoretributivismus in der Straftheorie, in: Wolf: *Utilitarismus, Pragmatismus und kollektive Verantwortung*, Freiburg in der Schweiz, Freiburg in Br.: Herder, 181–199.
Wolf, Jean-Claude (1993): Stellvertretende Verantwortung und der moralische Begriff der Scham, in: Wolf: *Utilitarismus, Pragmatismus und kollektive Verantwortung*, Freiburg in der Schweiz, Freiburg in Br.: Herder, 175–180.
Wolf, Jean-Claude (1994): Das Scheitern von Theodizee-Versuchen, in: *Kriterion*, 4. Jg. Nr. 7, 16–21.
Wolf, Jean-Claude (2002): *Das Böse als ethische Kategorie*, Wien: Passagen Verlag [mit Bibliographie S. 233–241].
Wolf, Jean-Claude (2003): Modelle des Bösen, in: *Das Metier der Moralphilosophie*, hrsg. von Peter Mosberger, Freiburg in der Schweiz: Academic Press, 143–149.
Wuketits, Franz M. (1999): *Warum uns das Böse fasziniert*, Stuttgart, Leipzig: Hirzel.
Wuketits, Franz M. (2008): *Lob der Feigheit*, Stuttgart: Hirzel.
Ziegler, Jean (2008): *La haine de l'occident*, Paris : Editions Albin Michel.

Personenregister

A
Abel 119, 150
Aristoteles 73, 147
Augustin 19
Augustinus 94

B
Babeuf 161
Balzac 27, 31, 32
Bentham 32, 160
Bloch 160
Bronson 104
Bush 81

C
Caligula 115
Camus 115, 148
Cioran 148
Conrad 37

D
de Sade 43
Desdemona 60, 99
Döblin 122
Don Quixote 90

E
Engel 162

F
Faust 68
Feuerbach 89, 147
Freud 13, 125
Fromm 125

G
Goethe 68
Grün 36

H
Hamlet 150
Hardt 126, 135
Hegel 61, 83
Hess 36
Heym 122
Hiob 135
Hölderlin 142

J
Jago 98, 99
Jaspers 8
Jesus 19, 21, 89
Julia 66

K
Kain 119, 150
Kant 70, 78, 87, 88, 94, 160
Kierkegaard 2, 24, 25, 26
Kölbel 122
Kolnai 63

L
La Mettrie 10, 11, 149
Leibniz 2, 116

M
Marx 35, 36
Mephisto 68
Mitscherlich 125, 126
Montaigne 129

N
Negri 126, 135
Nietzsche 24, 73, 147

O
Othello 59, 60, 98, 99

P
Petrus 88, 89, 90
Platon 76, 84
Prometheus 148
Proudhon 36

R
Rilke 123
Romeo 66
Rousseau 123, 160

S
Saner 155
Schmitz 145
Schopenhauer 129, 166
Schweyk 118
Shakespeare 59, 60, 98, 99
Simmel 124

Speer 46
Stirner 165

T
Traven 111

V
Verdi 99
Verhaeren 122
Voltaire 73

W
Weil 51
White 119

Sachregister

A
Absichten 6
Ageism 62
Aggression 15, 31, 42, 48, 53, 113
Anarchismus 38, 116
aniimal symbolicum 162
Apokalyptik 126
apokalyptisch 131
Äqudistanz 77, 78
Arzt der Kultur 149
Asket 62
Auch Du! 95
äußere Faktoren des Bösen 32, 160, 161, 162
äußere und innere Faktoren 32

B
bewaffnete Propheten 132
Blutrache 106
Bosheit 14, 17, 30

C
culte de l'humanité 140

D
Definition 4, 5, 6
destruktive Kritik 153, 154, 155
Determinismus 11
Differenz-Verträglichkeit 114, 155
Diktatur 89, 168

E
Egoismus 12, 141, 163
Ehre 107
Ehrfurcht vor allem Leben 135
Empathie 58, 77, 99
Engel 15
Entschuldigung 6, 14
erlösen 134
Erlösung 135
Eskalation 82, 86, 89, 119, 160
Eskalationsargumente 81
Etablierung des Bösen 68
ewiger Frieden 131
Existenzerhellung 8
Exorzismus 80

F
Fanatiker 169
Fanatismus 37, 62, 71, 77, 78, 79, 99, 133, 134, 135, 165
Fanatismus der Mitläufer 79
Fanatismus der Tugend 132
Feminismus 47
Fiktionalismus 88
Folgen 6
Französische Revolution 132
Friedensutopien 160
Frömmigkeitskonkurrenz 39
Frömmigkeitswettstreit 57
frugaler Kommunismus 161
frugaler Sozialismus 161

G
Gehorsam 3, 127, 135
Generationenneid 62
Gewalt 10, 136, 152, 156
Gewissen 11, 12, 36, 54, 55, 56, 79, 88, 89, 90, 118, 129, 132, 136, 147
Grausamkeit 28, 63, 65, 100, 131, 149
Grausamkeit gegen Tiere 129
guter Wille 115

H
Hang zur Nachahmung 96
Hass 29, 30, 37, 49, 59, 71, 79, 106, 130, 131, 137
Hassreden 156
Hedonismus 149
Heiliger Krieg 160
Heilsfanatiker 68
Herz 9, 15, 17, 18, 19, 21, 22, 26, 27, 122, 150, 154, 162
Herzensbildung 168
Hoffnung 23, 37, 70, 167
horror vacui 42, 88
Hund 147, 148
Hybris 69, 140

I
Ideale 76
Idealismus 76, 77, 79
ideal observer 159
Impartialismus 39, 40

Indifferenz 53, 54
Industrialisierung 35
innere Faktoren 2
innere Faktoren des Bösen 162
innere Sanktionen 146, 147
inneres Kind 164
Instrumentalisierung 166
Irrtumstheorie 88

K
Kapitalismus 32, 35, 36, 83, 162, 163
Klassenjustiz 158
Knabe 47, 82
Kollektivschuld 118
Kommunismus 35, 66, 81, 163
Konkurrenz 38
Konsequentialismus 55, 56, 57, 58
konstruktive Kritik 154, 155, 156, 159
Kredit 90
Krieg 6, 51, 52, 68, 84, 107, 129
Krieg gegen Drogen 109
Kritik 79, 93, 96, 151, 167
Kult des Nichts 69
Kultur der Gewalt 166
kumulative Übel 99, 100

L
Laster 5
lex talionis 106
liberale Kultur 156
List der Vernunft 70

M
Mädchen 47
Maß 29
massenhafte Tötung von Tieren 101
metaphysisches Böses 143, 163
mimetischer Determinismus 95
Mimetismus 96
Misandrie 31
Misanthropie 68
Mitgefühl 12, 29, 32, 105
Mitläufer 100
Mitleid 28, 31, 53, 54, 73
Moral als Tausch 96
moralischer Kredit 86, 89, 90, 151, 160

N
narrative Erklärung 30, 53, 58, 64, 65, 66, 68, 71
Negation 68
neurotische Schuldgefühle 148, 149
Nihilismus 166
Null-Toleranz 80

O
Opfer 1, 14, 15, 28, 76, 91, 115, 126, 137, 138, 152
Opportunismus 96, 97

P
pädagogische Strafen 110
Paränese 29
Parteien 50, 51, 80, 81
Paternalismus 116, 117, 169
paternalistisch 115, 117
Pessimismus 71
politische Religionen 132
Polizeiethik 104
prima-facie-Pflichten 154
Privatjustiz 136
proletarischer Hass 66, 67
Prophet 73, 81, 124, 169

R
Rache 137, 150
rein 82
Reinheit 12, 18, 19, 20, 25, 32, 37, 50, 62, 77
Ressentiment 59, 61, 78, 106
Reue 12, 25, 88, 89, 90, 137, 145, 146, 147
Revanchismus 60, 83, 130
Revolution 69, 84, 136, 160

S
Satanismus 72
Satanisten 75
Scham 146
Schamkultur 149
Schuld 5, 6, 8, 24, 30, 89, 92, 103, 104, 106, 107, 118, 129, 145, 146
Schuldgefühle 10, 11, 55, 56, 64, 146, 147
schuldig 40, 54
Schuldkultur 147, 148, 149
schwarze Pädagogik 110
Sekten 79
Selbstachtung 164, 165
Selbsthass 71, 91
Selbsthilfe 38, 117, 124, 125
Selbstjustiz 104, 105
Selbstkritik 155, 156, 167, 168
Sieger der Geschichte 132, 133, 134
soziale Kritik 156, 163
Sozialismus 36, 66, 136
sozialistisch 54, 135, 136
Strafe 7, 10, 11, 32, 107, 137, 138
Strafvollzug 109
Strategie des Bösen 92
Sucht 91
Suizid 72

Sachregister

Sündenbock 92, 113, 146
Sündenfall 91
Symbole 4
Symbolik 119
Symbolismus 162

T
Tabula rasa 70
Tadel 10, 11, 107, 108, 109, 157, 158, 159
tätige Reue 89, 137
Terminator 70, 71
Terror 56, 57, 135
Terrorismus 57, 81, 82, 104, 132
Terroristen 104
Teufel 7, 8, 23, 36, 45, 67, 68, 69, 83, 92, 109, 131
teuflisch 25
Theodizee 2, 116
Tierfabriken 56
Toleranz 78
Totalitarismus 127
Tragödie 55
Trauer 69, 70, 71, 105, 111, 149
Traurigkeit 150
Trost 39
tu quoque 95, 101, 108, 122
Tyrannenmord 118

U
Überbevölkerung 139, 140, 141
Überforderung 55
Überkriminalisierung 159
Unbestechlichkeit 132
Ungehorsam 3
Utilitarismus 11
Utopien 69
Utopismus 168

V
Verantwortung 5, 6, 11, 22, 24, 91, 92, 99, 100, 118, 129, 160
Verlierer 81, 84, 121, 124, 133, 163
Verlierer der Geschichte 134
Verneinung des Lebens 166
Verzeihen 12

W
Würde 103

Z
zweites Böses 7, 9, 10, 48, 49, 104, 107, 108, 131, 158, 167